中国恒大之腾飞

商业传奇许家印

方志远　罗奥　杨薇／著

SPM
南方出版传媒
广东经济出版社
—广州—

图书在版编目（CIP）数据

中国恒大之腾飞：商业传奇许家印/方志远，罗奥，杨薇著．．—广州：广东经济出版社，2019.4
ISBN 978-7-5454-6493-1

Ⅰ.①中… Ⅱ.①方… ②罗… ③杨… Ⅲ.①①许家印-人物研究 ②房地产企业-企业管理-经验-广州 Ⅳ.①K825.38 ②F299.276.51

中国版本图书馆 CIP 数据核字（2018）第 260203 号

出 版 人：李 鹏
责任编辑：黄 圻 周伊凌
责任技编：许伟斌
中国恒大之腾飞：商业传奇许家印
ZHONGGUO HENGDA ZHI TENGFEI：SHANGYE CHUANQI XUJIAYIN

出版发行	广东经济出版社（广州市环市东路水荫路 11 号 11～12 楼）
经销	全国新华书店
印刷	东莞市翔盈印务有限公司 （东莞市东城街道莞龙路柏洲边路段）
开本	787 毫米×1092 毫米 1/16
印张	22.5
字数	342 000 字
版次	2019 年 4 月第 1 版
印次	2019 年 4 月第 1 次
书号	ISBN 978-7-5454-6493-1
定价	55.00 元

如发现印装质量问题，影响阅读，请与承印厂联系调换。
发行部地址：广州市环市东路水荫路 11 号 11 楼
电话：（020）38306055 邮政编码：510075
邮购地址：广州市环市东路水荫路 11 号 11 楼
电话：（020）37601950 营销网址：**http://www.gebook.com**
广东经济出版社新浪官方微博：**http://e.weibo.com/gebook**
广东经济出版社常年法律顾问：胡志海律师

目 录

CONTENTS

第一章

导言——中国恒大之腾飞

大国崛起，华夏生辉，恒大集团欣逢盛世。恒大者，古往今来连绵不绝，曰恒；天地万物增益发展，曰大。恒大集团自创立以来，数万名员工勠力同心，矢志超越，只为一个宏愿：民生为本、产业报国，为更多的人创造和谐的生活，这也是一份真正属于社会主义事业光荣建设者的所有恒大人的恒者大业。

——许家印

第一节　恒大的飞跃
——从“规模型”到“规模+效益型”

提到中国房地产行业，就不得不提恒大，它是一家很值得业内探讨和尊敬的企业，有着艳羡中国的超级富豪——许家印，他的名字在公众里耳熟能详、如雷贯耳。

除此之外，在每年披露年报之际，恒大不仅是投资者紧紧盯住的房企，更是投行、媒体、专家等社会各界都关注的龙头企业，这也许就是恒大的魅力所在。从各大媒体披露的数据来看，恒大2017年年报和不久前公布的2018年上半年的年报可以用成绩斐然、跨越式发展来描述。

最让笔者关注的是，如今的恒大年利税达790亿元，和上市前2008年13亿元相比，增长近60倍，与恒大总资产发展基本同步。2018年，距离许家印宣布全民启动“新恒大”仅半年时间，“新恒大”又交出了一份业内有史以来最佳的半年业绩单，多项核心指标继续领跑业内。

经济学鼻祖亚当·斯密在其《国富论》中的一段名言是：“企业在主观为自己生产的同时，给社会带来了福利包括税收就业等。”恒大的发展更好地诠释了这句名言。今天的恒大成为世界200强企业水到渠成、名副其实。

1．2017 年恒大多项指标行业领先，2018年上半年继续领跑

2017年是地产加速发展的一年，虽然有“限售”等楼市调控政策不断加码，以及加入调控行列的城市名单越来越多的外在因素，但作为大规模的龙头房企，恒大凭借自身品牌、城市布局以及投资能力的优势，销售业绩依然大幅增长。

2018年3月26日，恒大发布了2017年全年业绩报告，为大家提供了一个鲜活的企业如何响应党的十九大提出的中国经济由高速增长阶段转向高质量增长阶段，推动经济发展质量变革、效率变革、动力变革的最新商业案例。

刚参加“两会”归来的恒大主席许家印，也在业绩会上表示：“一味追求规模的恒大已经过去了，对今后的恒大来说，利润的重要性高于规模。”他在会上勾勒了一个新的蓝图，向大家宣告“新恒大”的诞生，所谓的新对于恒大而言包括三个概念——“新起点” “新战略”“新蓝图”。据到场的媒体表示，为了突出“新恒大”的概念，这12个字被放在了业绩会现场的背景板上（见图1–1）。

图1–1　许家印（中）率团队出席2017年全年业绩发布会

从数据显示来看，恒大确实交出了被媒体评为史上最佳的年报，多项核心指标达到行业领先：在已公布年报的碧桂园、万科、恒大和中海等4家龙头房企中，恒大在规模、利润和土地储备等指标上全面领先。

表1-1　四大房企2017年核心指标数据

数据	恒大	碧桂园	万科	中海
总资产/亿元	17618.0	10496.0	11653.0	5191.0
现金余额/亿元	2877.0	1484.0	1741.2	837.0
营业额/亿元	3110.2	2269.0	2429.0	1335.5
毛利润/亿元	1122.6	587.9	828.2	439.9
毛利率/%	36.1	25.9	34.1	32.9
净利润/亿元	370.5	287.5	372.1	338.9
土地储备/万·m^{-2}	31200.0	28000.0	13463.8	6375.0

数据来源：根据上市公司最新公开资料整理。

如表1-1所示，2017年，恒大营业收入达3110.2亿元，同比大幅上涨了47.1%，位列行业首位。截至2017年年底，恒大总资产达17618.0亿元，同比增长超三成，继续领跑所有房企，和上市前2008年的285.2亿元相比，增长了近61倍。此外，恒大净资产高达2422.0亿元（见表1-2），较2016年增长了204.3%，资本实力大幅提升。

表1-2　2013—2017年恒大、碧桂园、万科、中海规模指标

指标分类	指标名次	恒大	碧桂园	万科	中海
规模指标	总资产/亿元	17618.0	10496.7	11653.5	6454.0港元
	年均复合增长率	50.0%	50.2%	24.9%	21.5%
	净资产/亿元	2422.0	1166.1%	1866.7	2735.4港元
	年均复合增长率	32.2%	26.2%	15.4%	25.3%

备注：中海地产资产及净资产货币单位为港元。

数据来源：企业业绩公告、CRIC。

此外，恒大2017年抓住难得的并购机遇，加上之前就已形成的强大土地基础，2017年总土地储备再创新高，充分做到“手有余粮，心中不慌”，为其未来的稳步扩张奠定了坚实的基础。截至2017年年底，恒大总土地储备建筑面积达31200万平方米（合3.12亿平方米）（见表1–3），成为首家土地储备超过3亿平方米的房企，土地原值达5336亿元，世邦魏理仕对此评估值为10386亿元，其庞大的土地储备规模稳站行业首位，足够支撑企业未来3~5年的快速发展。

表1–3　2013—2017年恒大、碧桂园、万科、中海土地储备情况

企业	土地储备/万平方米					年均复合增长率
	2013年	2014年	2015年	2016年	2017年	
恒大	15100	14700	15600	22900	31200	20%
碧桂园	7227	7910	10979	16604	28180	41%
万科（权益）	—	—	7424	7639	8741	—
中海	5043	4942	5237	7451	8278	13%

数据来源：企业业绩公告，CRIC。

2017年国内一、二线土地市场竞争越发激烈，房企拿地成本普遍上涨，

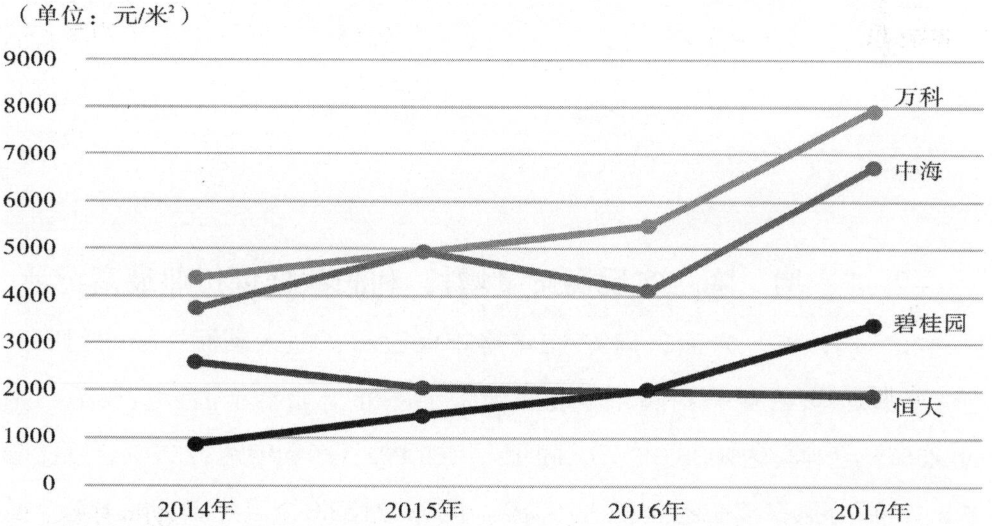

数据来源：企业业绩公告，CRIC。

图1–2　2014—2017年恒大、碧桂园、万科、中海新增土地储楼板价

但恒大通过收并购、城市旧改、合作开发等灵活多变的方式，不仅获取大量优且低成本的项目资源，降低投资风险，而且有利于企业运营项目效率提升。2017年恒大新增土地储备建筑面积达1.26亿平方米，其中收并购占比达57%。恒大2017年平均拿地成本约1889元/米^2，一、二线拿地成本约2513元/米^2，远低于碧桂园的3398元/米^{2}和中海6723元/米^2，成本优势相当突出（见图1–2）。

如表1–4所示，2018年，恒大规模适度增长，各项数据继续领先行业，上半年营业收入达3003.5亿元，同比增长了59.8%。总资产17699.0亿元，净资产3245.0亿元，现金余额2579.0亿元，均为行业第一。此外，恒大2018年上半年销售额达3042亿元，同比增长了24%，已达全年5500亿元销售目标的55%。公司下半年可售货量约7000亿元，只需要销售50%就可以达到3500亿元，恒大2018年销售额突破6000亿元几无悬念。

表1–4　恒大、碧桂园、万科、保利、绿地2018年上半年主要规模指标（单位：亿元）

规模指标	恒大	碧桂园	万科	保利	绿地
营业收入	3003.5	1318.9	1059.7	595.1	1580.6
总资产	17699.0	14030.4	13451.5	8138.6	9037.9
净资产	3245.0	1424.5	2057.8	1683.4	995.9
现金余额	2579.0	2099.1	1595.6	975.1	768.4

数据来源：企业公告、CRIC。

2.“一增一降”实现高质量增长　利润数据创行业最高纪录

在“增效益”方面，据2018年半年报显示，恒大利润指标均创历史新高。除了核心业务利润和净利润大幅上涨外，上半年恒大实现毛利率36.20%，毛利润达1088.6亿元，同比大增61.8%；净利率达17.70%，同比增长5.4个百分点；核心利润率达18.3%，同比增长3.8个百分点。据了解，恒大各项利润指标均创上市以来最高纪录，净利润和核心利润分别同比增长了129%和101.5%达到530.3亿元和550亿元，创行业有史以来最高纪录。值得注意的是，恒大在2018年上半年净利润已超过碧桂园、万科、保利、绿地等四家房企之和，稳坐“利润王”宝座的同时领先优势进一步扩大（见表1–5）。

在“降负债”方面，2018年上半年，恒大净资产大增34%达到3245亿元，有息借款大幅下降了615亿元，“一增一降”推动净负债率下降至127.3%，较2017年同期大幅下降近五成。2017年，恒大核心业务利润达405.1亿元，同比大增94.7%，净利润达370.5亿元，同比大增110%，净负债率大幅下降近六成，实现高质量增长；营业额达3110亿元，同比大增47.1%；总资产达17618亿元，同比增长30.4%；现金余额2877亿元。

尽管恒大市值已是国内上市房企第一，但市盈率明显低于其余四家龙头企业，可见其估值优势明显，未来拥有巨大的上涨空间。

表1–5　2018年上半年恒大、碧桂园、万科、保利、绿地主要利润指标（单位：亿元）

利润指标	恒大	碧桂园	万科	保利	绿地
毛利润	1088.6	349.7	289.9	164.8	198.0
净利润	530.3	163.2	135.2	93.1	83.0
毛利率	36.20%	26.52%	27.36%	27.70%	12.53%
净利率	17.70%	12.37%	12.76%	15.65%	5.25%
市值	3800.0亿港元	2546.2亿港元	2636.2	1432.5	764.2
动态市盈率	5.35倍	7.38倍	13.62倍	10.27倍	6.31倍

数据来源：企业公告、CRIC。

这个亮眼的业绩对于恒大董事局主席许家印而言，意味着“新恒大”的序幕已拉开：这些创历史新高的业绩数据也成为恒大的“新起点”。许家印认为，恒大已经定下了规模加效益的发展战略调子，就要规模适度增长，注重增长质量，“做企业家一定要进取，以前恒大做规模第一房企，现在要做利润王”。

本书将揭秘“新恒大”究竟是如何坐稳“利润王”这一宝座的。

2016年，恒大以3734亿元销售额夺得地产“规模王”。然而恒大，不仅仅是大，2017年在新战略的实施下，恒大更是大力提高产品品质、增加产品附加值，并通过强有力的成本控制等实现利润大增：毛利润、核心净利润、毛利率等盈利指标均远超碧桂园、万科和中海三家龙头房企。2017年，恒大以405亿元核心净利润成为地产的“利润王”，同比增长94.7%，毛利润达到1122.6亿元，同比大幅上涨了88.9%，年均复合增长率高达42%，成为四家龙头房企中毛利润规模最大、增速最快的企业，并实现净利润370.5亿元，大幅上涨了110.3%，虽然略低于万科的372亿元，但考虑到2017年恒大一次性卖出万科股票亏损了70亿元，剔除这个非经常性损益因素，恒大实际的净利润远超万科。此外，2017年恒大核心净利润更是超越原来的利润之王中海地产，实现规模和效益双丰收。

事实上，恒大的盈利能力大幅提升早有征兆。2017年年初，恒大全面启动战略转型，由“规模型”发展战略向“规模+效益型”发展战略转变，在保持规模适度增长的同时，重点注重增长质量、增加效益。从过去的“三高一低”向“三低一高”（低负债、低成本、低杠杆、高周转）模式转变，经过一年的战略转型与调整，这个指导方针带给恒大的变化和功效显著，既修复了恒大早期侧重“规模为王”的风险和潜在的问题，又为企业自身打下坚实根基，为均衡发展、助力回A创建一个新体格。果然，恒大在2017年无论与同行横向比，还是与自己过去纵向比，都交出了这近乎完美的“成绩单”。

这已是恒大业绩连续第二年爆发式增长，为什么仅仅只隔一年时间，恒大的利润能成倍增长，且在2018年依旧强劲呢？其实，早在2017年年中，恒大就已经初现核心利润大规模增长的端倪。当时，恒大半年的盈利就已经超过了2016年全年。

而从2018年恒大半年报来看，在2017年上半年净利润大增224%的基础上，2018年再度实现129%的巨大增幅，规模适度增长领先行业，净利润超四大龙头房企之和。为此，恒大总裁夏海钧认为，业绩的大幅提升源于强大的成本控制、不断提升的产品附加值、偿还永续债后释放的巨大利润空间以及超前的土地储备战略。

3.提质增效秘密："新战略"的一年探索

数据披露后，很多人不禁在想，为什么恒大的增长能如此快速呢？

恒大利润及各项业绩数据的大幅增长，和公司的超前规划有关。资料显示，2017年元宵节还没过，恒大就召开工作会议，许家印在会上宣布要开始战略转型，实施"规模+效益型"发展模式以及低负债、低杠杆、低成本、高周转的"三低一高"经营模式。

基于这两大模式，许家印提出了一系列加强管理、降低成本、提高效益的管理优化手段。

他提出，要在保证20%左右规模增长的同时，又要确保效益的增长。恒大要从拿地开始，做好规划、设计、招投标、材料供应、工程管理、营销和物业管理等房地产开发全环节的管理提升，在确保产品精品化的同时，向开发建设的每一个环节求取效益。

在企业内部的奖惩考核机制上，同样体现了这两大模式的理念。比如实施浮动工资、奖金与效益挂钩，以及每月对地区公司进行排名，根据利润来分配每月的效益奖金等。此外，还设置了销售、融资、开发报建、工程进度、工程质量、设计质量、工程结算、物业维修与保修等13个额外的单项奖，根据工作完成情况进行排名，对地区公司相应部门全员进行奖罚。

可以说，此次出炉的业绩无疑验证了两大模式的成功，这两大模式将成为恒大未来长期坚持的"新战略"方向。

不得不提的是，恒大的新战略并不止两大模式的实施。多元化一直是国际大企业进一步打开增长空间的必经之路，在这方面，恒大将在现有的多元产业格局下，积极探索高科技产业，逐渐形成以民生地产为基础，文化旅游、健康养生为两翼，高科技产业为龙头的产业格局。

党的十九大报告强调，要积极推进科技强国建设。业内人士表示，从2018年上半年业绩来看，恒大年利润超千亿元将成常态，即便每年在高科技产业投入上百亿元，也仅占其净利润约10%，强大的盈利能力足以支持高科技

产业布局。可以预见的是，随着其利润高速增长，恒大将进一步加大在高科技产业的投入，为建设科技强国贡献更大的力量。

同时，在利润大增的同时，恒大也成功兑现了降负债承诺。据年报显示，净负债率大幅下降近六成，资产负债率也下降至71.1%。据悉，2017年，恒大成功引入1300亿元的战略投资，并在两个月内迅速还清了1129亿元的永续债，加上其盈利能力的提升，推动净资产大增204%达到2422亿元，瑞信认为恒大负债率改善明显，并将于2018年进一步下降。

4."新恒大"到来 投资前景普遍被看好

"今天的恒大总资产达到17618亿元，和上市前2008年的285.2亿元相比，增长了近61倍；今天的恒大净资产达到2422亿元，和上市前2008年的85.8亿元相比，增长了27倍；今天的恒大年利税为790亿元，和上市前2008年13亿元相比，增长了60倍……"发布会上，许家印以一连串的增长数字，宣布"新恒大"到来。

除了总资产、净资产和年利税，上市后增长84倍的年销售规模、增长76倍的毛利润、增长270倍的核心利润、增长7倍的土地储备，这些足以让恒大跻身世界500强前200的业绩数据，共同构成了公司的"新起点"。

对于恒大的新变化，资本市场显然最为敏感。事实上，就在恒大前不久发布盈利预告后，多家券商、投行就迅速上调了恒大的目标价。

美银美林上调恒大评级至"买入"，目标价是每股33港元，其报告显示，恒大的基本面良好，盈利增长及资产负债表不断改善都是主要的正面因素。瑞信则发表研究报告指出，恒大2017年核心盈利符合该行及市场预期，利润率及负债水平均有改善，因此将评级上调至"优于大市"。瑞信进一步指出，恒大销售资源充足，以及销售执行能力强，将支持销售持续增长，并将进一步降低净负债率。

上市短短9年，恒大实现了价值数十倍的高增长，足见许家印过人的经营智慧和实干魄力。在他的掌舵下，“新恒大”的前景更令人充满期待。届时，“新恒大”就不是“利润王”三个字能概括了。2018年，恒大的销售目标定为5500亿元，不过按照过往来看，恒大年底成绩一般都会超出目标。恒大2018年上半年销售额达3042亿元，同比增长了24.6%，已达全年5500亿元销售目标的55%。公司下半年可售货量约7000亿元，只需要销售50%就可以达到3500亿元，可以看出2018年销售突破6000亿元几无悬念，这也意味着恒大2018年的营业收入会达到6000亿元左右。

第二节　高净利润从何而来
——解析盈利大幅提升背后的四大措施

显然，今日恒大的画风已经不同！

一般而言，要想看出一个地产企业的经营是否稳健，主要就是看规模、利润和负债这三个指标。虽然房企的财务报表数字密密麻麻，但还是这三个指标会被媒体进行分析解读，这三个指标也是资本市场评级公司，穆迪、惠誉、花旗等国际评级机构评价中国房企每年经营好坏的三大KPI指标。

对于恒大而言，2017年，是恒大成绩单中漂亮的一年！因为恒大在规模、利润、负债取得了均衡发展和各自利好的优异表现。其中，恒大的净利润达到了370.5亿元，增幅达到了110.3%。当时很多恒大人认为，未来恒大净利润达600亿元不是什么稀奇的现象，而是可预见的结果。果然，在2018年，恒大依旧高质量增长稳坐“利润王”之位。

2017年是恒大利润释放元年，2018年恒大净利就较腾讯的426亿元还要高出百亿元。即便在全球企业盈利排名上，恒大也是名列前茅。

业内普遍认为，其利润之所以提升，一方面是由于其大力提升产品品质，增加产品附加值；另一方面，恒大进一步降低营销、管理、财务三大费用，适销对路。2017年累计下降2.5个百分点，两大举措实现利润率大幅提升。此外，恒大高性价比的产品推动销售持续高增长，从而实现利润总额迅速增加，成为一个向管理要效益的优秀企业案例。

恒大在过去给人的印象一直是业绩的高增长、高负债和低利润。如今在上市之后，创造了一个行业奇迹，这个奇迹不仅是恒大，更是所有房企，甚至连互联网行业都惊叹和嫉妒的复合增长率——即在上市后近10年时间里，恒大一直保持了年均71.9%的复合增长率，这在龙头房企中位列全国第一。

表1–6　四大房企复合增长率

企业名称	复合增长率		
	3年平均	5年平均	10年平均
恒大	54.9%	35.9%	71.9%
万科	28.4%	24.3%	32.8%
碧桂园	42.9%	48.2%	46.1%
保利	20.7%	24.6%	38.7%

表格来源：克而瑞咨询《四家龙头房企销售金额复合增长率》。

数据来源：企业公告，中国房地产决策咨询系统（CRIC)。

从表1–6来看，我们就能理解恒大过去的“高负债和低利润”是怎么回事，否则10年年均71.9%的增长，又怎么可能实现。所以理性地看，不谈销售增长率只片面地谈负债率是没有意义的。

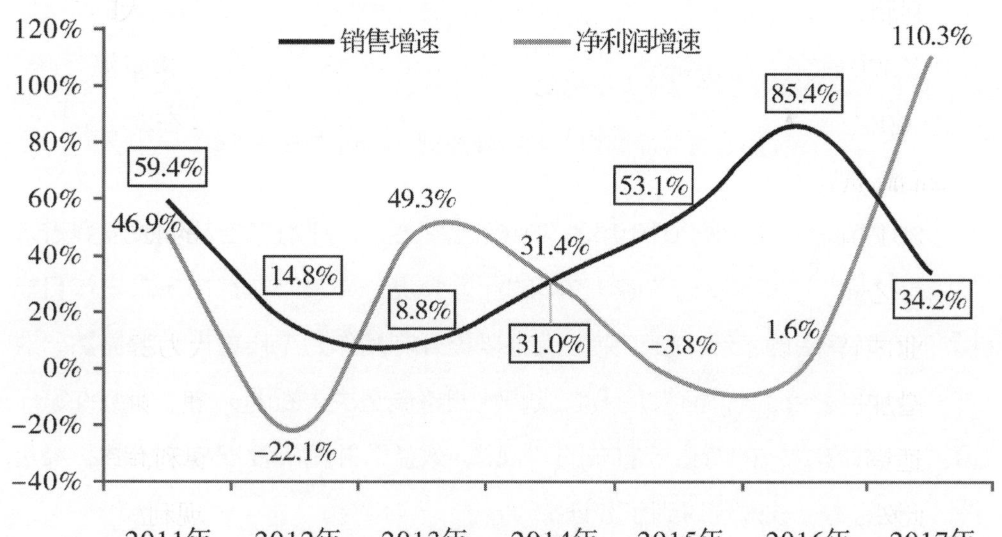

资料来源：公司年报，恒大研究院。

图1–3　恒大2011—2017年销售及净利润增速对比

2010—2016年，恒大的净利润仅增长了119.5%达到176.2亿元，销售增速明显快于利润增速，而2017年，则是利润增速远高于销售增速，仅一年时间，净利润增长至370.5亿元，增速高达110.3%，销售增速则为34.2%（见图1–3）。

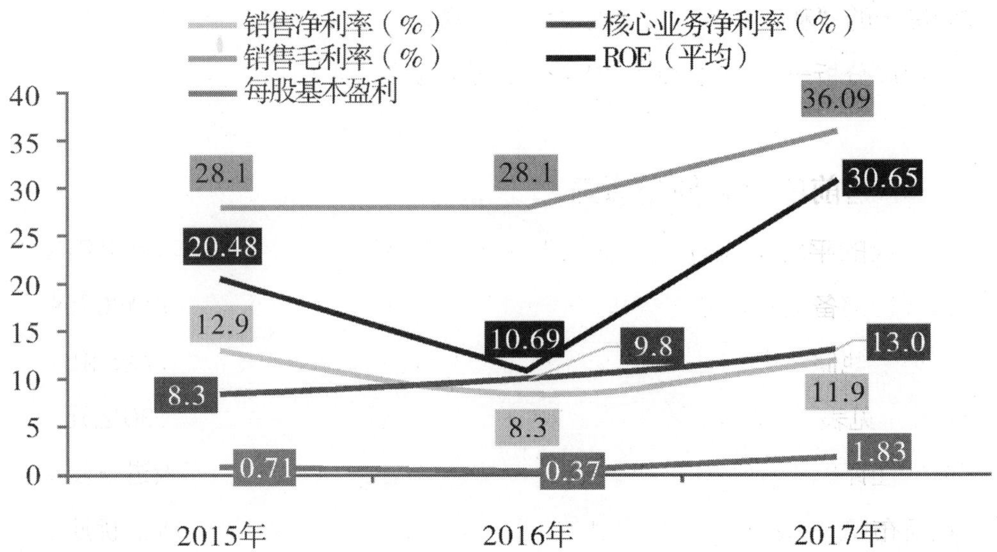

资料来源：公司年报，恒大研究院

图1–4　销售净利润与核心业务利润率均有明显提升

2017年的恒大，在2016年取得规模冠军之后，开始宣告从规模发展进入"规模+利润"并行发展。在2017年的业绩会上，许家印在宣布未来三年目标计划时，就曾明确表示，接下来恒大将以提升利润作为工作重点。很显然，对于一家巨头房企而言，恒大是采取战略性调整最坚决果断的一个，何况许家印还是在2016年夺冠的背景下宣布的"规模+效益"并重的发展战略模式，经过了一年的努力，成效也得到了验证。

许家印曾表示："未来2~3年，楼市总成交量还会继续增加，随着人均面积越来越大，3~5年后市场总需求会开始下降。但是无论怎样下降，对龙头房企而言都是没有问题的。恒大2016年销售尽管已经达到3700多亿元，但在整个市场中的占比也仅约3%，占比并不高，增长的空间还很大，所以房地产业对恒大来说永远是朝阳产业，因此，要进一步地做大做强房地产业。”

因此，恒大真正的考验来自如何继续保持这种有质量的增长。

微利时代，高利润从哪里来？这是行业的超级难题。此前能做好者唯有央企中海，民营企业就难了，而且规模型民营企业就更难了。2017年恒大能成为房企的“利润王”，这就显得尤为不易。

可以分析一下，恒大2018年盈利大幅增长原因在哪？

1. 超前的土地储备策略

恒大的平均土地成本一直处于业内较低水平。截至2018年上半年末，恒大土地储备达3.05亿平方米，上半年新增土地投资建筑面积为3086万平方米。总土地储备和上半年新增投资的平均土地成本分别为1683元/米^{2}和1446元/米^2（见表1-7及图1-5），明显低于同行。土地储备原值为5130亿元，世邦魏理仕评估值达9750亿元，已大幅增值4620亿元。同时，恒大进一步优化了项目布局，重点深耕一、二线城市，一、二线城市土地占比68%。优质的低成本土地储备和热点城市土地增值都对恒大实现高利润率起到了关键的作用。

数据来源：企业公告、CRIC。

图1-5 恒大2009—2018年上半年总土地储备建筑面积及平均成本

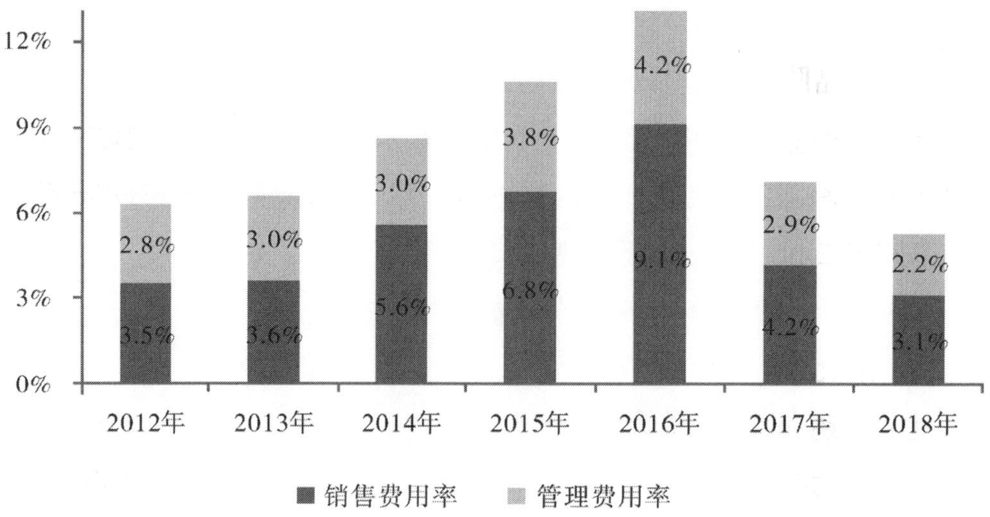

数据来源：企业公告、CRIC。

图1-6　恒大2012年（上半年）至2018年（上半年）销售费用率

表1-7　2018年上半年恒大、碧桂园、万科、保利、绿地新增土地投资平均成本（单位：元/米²）

企业名称	恒大	碧桂园	万科	保利	绿地
新增土地成本	1446	2387	5054	7099	1948

2．强有力的成本控制

恒大成本控制能力行业领先，在买地、设计、招标、销售等环节，通过标准化管理、大规模开发保持强大的竞争力。2018年上半年恒大营销及管理费用率同比下降1.8个百分点（见图1-6）。

3．财务成本大幅下降

恒大净负债率进一步大幅下降至127.3%，降幅超三成，成功兑现降负债承诺，这主要是因为上半年恒大借款总额大幅下降615亿元，净资产同比大幅增长34%达到3245亿元。此外，恒大于2017年上半年提前还清了1129亿元的永续债，该笔永续债此前支付了214亿元利息，还清后大大降低了财务支出，释放了股东利润。

4. 产品附加值持续提升

恒大打造全环节精品，所用材料均为国内外知名品牌，通过配套先行、升级物业服务、完善售后等措施，塑造了强大的品牌形象，通过提升产品附加值以及连续三年实施无理由退房，保证了毛利率及净利率稳步上升。

5. 强化统一集采优势，以规模向合作伙伴换效益

通过“统一规划、统一招标、统一配送”的标准化运营模式，恒大在保障产品品质的同时实现了成本的有效控制。此外，随着销售规模的大幅度提升，恒大与战略合作伙伴形成更紧密的利益共同体，助力恒大从各个环节供应商处获得更多折扣和让利，最终实现利润上涨。

对于一家5000亿元量级的巨无霸企业而言，这个净利率已经难能可贵了，利润进一步提升，对恒大投资者而言也是非常希望见到的局面。目前，恒大正推进与深深房的分拆重组。有资本市场人士认为，一旦恒大成功回归国内资本市场，三年销售总额对应的是超过2800亿元的净利润，加上其50%超高的派息比例，将创下A股的分红纪录。

这也许仅仅是开始，许家印在2017年年初的内部讲话中曾提到，恒大核心业务利润率要以每年2%~3%的增速提升，并且要连续保持2~3年。可以想象，若恒大的盈利能力进一步提升，其利润规模显然将有更大的拓展空间，这对于目标是要回归A股的恒大而言，也是一大好消息。

第三节　一鸣天下惊扬名
——世界500强“三连跳”

1.世界500强排行榜三年“三连跳”飙升，名列第230名

世界500强排行榜由《财富》（*Fortune Magazine*）每年发布一次，是衡量全球大型公司综合实力最著名、最权威的榜单，是判断企业实力、规模和国际竞争力的重要指标，在全球范围内具有巨大影响力。

2018年7月19日，美国著名杂志《财富》正式发布了2018年世界500强排行榜，恒大以460.19亿美元的营业收入位列第230名，较2017年大幅上升了108位。恒大在世界500强排行榜已经实现“三连跳”。2016年其首度入榜位列第496位，2017年飙升至第338位，2018年则攀升至第230位，三年时间大幅上升266位，成为近几年世界500强排名提升最快的企业之一，这也是历史上单年排名提升最快的企业之一。

值得一提的是，《财富》世界500强其实是以企业年度营业收入作为主要评定指标，如若单纯比较利润这一项，恒大还将以36.06亿美元的净利润位列利润榜第153位，排名再上一个台阶。

据恒大人透露，许家印曾在2018年年初表示，到2020年，恒大要成为世界百强企业，而根据市场按照当期榜单数据的预估，在2019年恒大在世界500强排名将进入前90位，而这也将意味着许家印的目标也极有可能提前得到兑现，届时恒大将与微软、宝马等世界巨头旗鼓相当。

此外，在2018年7月公布的《财富》中国500强榜单中，恒大表现得也很强势，排名第22位，较2017年再上升7位，位列上榜房企中的第一位。

在房地产领域，恒大一直以追赶者的身份引起关注，能够后来居上取得成功，确实值得探讨。

从分析来看，前瞻战略铸就业绩快速增长的基因是恒大排名在世界500强榜单上迅速飙升的重要原因。恒大这家成立才22年的年轻企业增长速度惊人，2009年刚上市时营业收入为57.2亿元，2017年营业收入就已达到2114.4亿元，增长近36倍。此外，恒大核心指标中的总资产、销售额、净利润等均取得高速增长，七年间分别增长超过21倍、12倍和16倍。

消息传出后，不少媒体登载报道时对“恒大速度”进行了大篇幅的褒奖，据资料显示，恒大仅用20年即跻身世界500强，2017年又成为世界500强历史上排名单年提升最快的企业之一，在恒大第八个“三年计划”开局之年就完成了三连跳。从恒大发展的路径来看，其始终围绕与中国老百姓生活息息相关的民生领域，形成“房地产+服务业”的产业布局，并坚持只在国内投资，成功在中国经济快速发展的红利中不断壮大，可谓中国企业快速成长的范本，极具代表性。

这些增效益、控成本举措加上持续强劲的销售，推动恒大规模的持续高增长。目前恒大业务涵盖房地产、健康和文化旅游，并已完成由“房地产业”向“房地产+服务业”的转型，多产业协同发展将持续快速增长，推动其在世界500强中的排名继续攀升。

市场人士表示，随着业绩持续快速增长，以及多元产业不断做大做强，预计恒大今后在世界500强中的排名将不断提升。据数据显示，500强总营业收入年均增幅不足1%，2017年更是下降11.5%，而恒大增幅在30%左右。

事实上确实如此，短短20年，恒大呈现出可谓惊人的发展态势，“恒大速度”令世人惊叹。资料显示，恒大1996年从零开始创业，仅三年便位列广州十强；2006年开始扩展全国，三年即完成布局；到2016年，跻身世界500强。2017年，恒大业绩又创新高。

值得一提的是，据全国工商联在2018年8月发布的“2018中国民营企业500强”榜单，恒大位列第7位，同时发布的“2018中国民营企业服务100

强”榜单，恒大位列第3位。

2.两个月不到完成财富榜三级跳 2018年年中再登中国首富

2017年的秋天，楼市低迷，往年“金九银十”的辉煌并未再现。地产界哀鸿遍野，然而恒大在这个秋天竟奇迹般飞舞“开挂”。

在地产界舆论最热的秋季，许家印2017年登顶“首富”的新闻持续发酵。2017年9月18日，中国恒大早盘大涨，让恒大集团董事局主席许家印身家一度升至395亿美元，一举超过马化腾，成为福布斯实时富豪榜上的中国首富。

2017年10月6日，午间收盘，中国恒大报31.5港元/股，涨幅2.44%，创历史新高。许家印以身家438亿美元（约2914亿元人民币）坐稳中国首富位置，在全球富豪榜中排名第14位。

同年的10月30日，胡润研究院发布《2017胡润房地产企业家榜》，宣布许家印时隔六年再次成为首富，此时他的财富已经是五年前的10倍。这个三级跳的首富，在业内似乎缺乏一种freestyle，也就是一种鲜活感，他在公众印象中不像王健林有时候会吼一吼摇滚、唱一首曲儿、不经意间飙出一些金句迅速成为网红段子手，也不像王石冲冠一怒为红颜，不爱江山爱美人。许家印的形象更为传统，甚至保守。然而，此次许家印气势如虹，“许家印”这个在大众印象中不如马云、马化腾、王健林等人的名字也在2017年开始在大众视线中越来越活跃，成为关注的焦点人物。

福布斯在2017年对超过2000名亿万富翁的净资产进行了追踪，其中排名前10位的亿万富豪的净资产增长总额为2040亿美元，而2016年仅为747亿美元（《福布斯》2017年收入统计的时间跨度为2017年1月1日至12月14日）。

其中，杰夫·贝索斯（Jeff Bezos）以338亿美元位居榜首，2017年财富增长高达338亿美元，同时他还是世界首富，资产净值高达986亿美元。在前十榜单中有三位企业家来自中国，其中恒大集团许家印位列第2位，腾讯马化腾位列第5位，碧桂园杨惠妍列第8位。

福布斯2017年11月16日发布了最新的2017年中国富豪榜。中国恒大集团董事局主席许家印位居榜首，许家印的财富净值从2016年的656.6亿元猛增至2813.5亿元。福布斯称许家印已经是全球最富有的房地产巨头，这位中国亿万富豪的财富从2017年年初以来几乎翻了两番。

问鼎首富源于恒大股价的大幅上涨，而股价上涨的核心驱动力则是强劲的业绩增长。在住宅和办公楼项目的助推下，恒大的股东应占利润在2017年上半年增长到了2016年同期的9倍以上。过去一年时间，公司股价攀升469%，也使这位地产富豪的财富净值增加了2156.9亿元，是财富净值增长最多的富豪。当年，数名上榜的房地产开发商、互联网企业家、制造业企业家的财富均实现显著增加，许家印是其中之一。

2018年8月28日，许家印喜事连连。由于中国恒大和恒大健康的强势表现，许家印身家猛涨。根据福布斯实时富豪榜排行榜，许家印身家达到414亿美元，折合超过2800亿元人民币（按照6.8的汇率粗略计算），超过马化腾的410亿美元，再度成为中国新首富。值得一提的是，就在2018年3月公布的福布斯全球亿万福布斯富豪榜，许家印身家只有303亿美元，恒大健康成为其身家增长最大助力。

据公开信息数据显示，许家印及其夫人间接持有了恒大健康57.86%的股份。随着恒大健康股价的持续暴涨，粗略计算，该公司为许家印夫妇贡献了近600亿元人民币的市值增长。中国恒大方面，截至2017年年报，许家印持股101.62亿股，持股市值增长近300亿元人民币。

据了解，这至少是许家印第三次登顶中国富豪榜了，而他第一次和“首富”联系在一起还是2009年冬天。

2009年11月5日，恒大在香港联交所正式上市。当天收盘，恒大市值达到705亿港元，许家印也凭借68％的持股将479.49亿港元（约合422亿元人民币）收入囊中，首次成为中国首富。

不过，这个首富之位来得有些迟，2008年许家印本有机会坐在这个位置上的。2007年，恒大启动IPO计划，当时业内人士预测，如果恒大在香港上市成功，许家印将有可能成为中国的新一任首富。然而后面的发展有点出乎意料，2008年3月20日，土地储备量位居全国第一的恒大集团在香港首次公开发行股票遇冷搁浅。

IPO计划失败后，部分业内人士甚至直接将其与“死亡”挂钩。不断传出“被收购”“被倒闭”的恒大随即拿出骄人的业绩打脸“吃瓜群众”，2008年恒大实现销售收入118亿元。

中国房地产指数系统秘书长、搜房控股有限公司董事长莫天全曾公开表示，2008年下半年全国主要城市商品房的成交量都有40％左右的下滑。在楼市遇冷的大背景下，恒大这场“业绩争夺战”打得并不容易。

为了回笼资本，恒大地产当时开启了“特价模式”。2008年国庆期间，恒大地产在全国12个核心城市的18个精品楼盘同时开盘，并予以“八五折”特价销售。而这一“让利策略”让恒大在国庆黄金周短短七天时间内取得了50亿元的销售业绩，占2008年全年业绩的42.37％，成为资金链回血的第一大功臣。

2009年3月5日，参加全国“两会”政协联组会议的许家印对记者也回应恒大资金链问题：“2008年一季度，恒大计划上市，但受到金融危机影响延缓了，120亿～150亿元的融资计划没有实施，对企业有很大的影响，恒大因此比别的房地产企业多了一个寒冬。”随后，许家印话锋一转，“但对于恒大来说，最冷的寒冬已经挺过去了。”

挺过这一关后，接下来恒大迎来了“柳暗花明又一村”。沉寂了一年的恒大卷土重来，2009年重启IPO。此次的上市之路，恒大走得尤为顺利，截至公开认购时，恒大保证金认购额高达38.6亿元，较其招股超额近5倍。一年时间，从跌入谷底到重新登顶，无论是上市还是成为首富，对恒大和许家印来说都不是易事。

2017年许家印重登首富后，有业内人士分析表示，2017年最大的赢家无疑就是59岁的许家印了，拿着2900亿元的成绩单，再次问鼎中国首富，并创下胡润榜历年来财富最高值。又再次问鼎最新的2017年中国福布斯富豪榜，许家印的财富净值从2016年的656.6亿元猛增至2813.5亿元。

有业内人士认为，恒大业绩大增，特别是利润激增得益于掌门人许家印前瞻的战略眼光，“登顶首富有着必然性”。

同时，他在2017年上半年迅速还清了1129亿元的永续债，同时，年内成功引入1300亿元战略投资，其净负债率将大幅下降近四成。而同期股价增长近5倍，这也意味着许家印的财富几乎是2016年的4倍。

当然许家印还有机会再次问鼎中国富豪榜，一旦恒大的市盈率赶上市场水平，他的财富可再增长300亿美元。不过首富的身份对于一个成熟的企业家来说，就像规模之于龙头企业，意义已经不是很大。许家印和恒大管理层，需要持续面对的问题是，如何将一艘超级航母一直行驶在安全的边界之内。

3．“95后”成长速度非一般 成民企佼佼者

成立于1996年的恒大，是中国不折不扣的“95后”。那一年，万科的营业收入超过10亿元，富力地产的销售收入大概在6000万元。在2016年之前的20年里，恒大一直处于追赶者的角色。如今恒大能在短短22年便活成了一个热血青年，从一个刚刚出生的“婴儿”成长为世界级的企业巨人，一家财经媒体这样评价道：“20岁，挑战行业霸主，树立了房企的新标杆；21岁，刷新500强排位，为中国民营企业的实力背书。恒大在青涩的年龄里，就取得了常人难以想象的成绩。”

然而，成功没有捷径，更无从效仿，作为少有上榜的中国民营企业来说，恒大能够成功入围世界500强，它背后的成功之道更让人好奇。

其实仔细研究恒大的发展路径，会发现恒大不仅扮演了“数据刷”的狠角色，其成功模式与中国经济也如出一辙——发展快、增长稳。

过去的20年，是中国迈入世界强国的20年，作为世界第二大经济体，国家正在加强高新产业、先进制造业、现代服务业的投入。同样，房地产作

为最大、“最重”的服务业，经历了20年的高速发展，也到了转型、改革的节点。

恒大在过去的20余年中，坚持只在国内投资，在中国经济快速发展的红利中不断壮大。但房地产业是一个挑战大于机遇的行业，对于房企来说，变则兴、不变则亡。

企业布局要有前瞻性，但不能过分超前。从成立伊始，许家印就实施前瞻性的发展战略，种种发展规划，让恒大充分分享了中国经济过去30多年高速增长的红利，企业以每年30%的增速增长，规模、实力更呈现出惊人的发展态势。

据资料显示，恒大1996年从零开始创业，仅三年便位列广州十强；2006年开始扩展全国，三年即完成布局；到2016年，销售规模行业第一，年销售额3734亿元。2017年， 恒大又交出了一份漂亮的成绩单，多项数据占业内第一。

据分析，预计到2019年，恒大营业收入大概率达到5000亿元，届时在2019年世界500强排名或升至第100位左右，恒大或将成为中国第一个“100强”房企，增速最快的中国民营企业。

就个人红利而言，恒大的薪资水平高出行业平均水平20%左右，因此吸引了各行各业优秀人才纷纷加入。

同时，恒大也最先嗅到了行业转型的趋势，制定了诸多前瞻性策略，其产业布局，也代表行业趋势的顶层设计。2014年，恒大坚定不移地迈入“多元+规模+品牌”战略阶段，到2016年，已经完成了多元化布局。

目前恒大业务涵盖房地产、文化旅游和健康养生，并积极布局高科技产业，在量子通信、量子计算机、航天工业、航天技术、人工智能、生命科学与现代农业等领域进行积极探索，完成由“房地产业”向“房地产+服务业”的转型。

除了能保障企业的稳定增长，恒大多产业协同发展，也拥有了多个增长极，推动其在世界500强中的排名继续攀升。这种布局还实现了产业间的风险对冲，在遭遇危机时发挥互补作用，降低了企业成长中的风险。

此外，多元化是恒大在高速发展中找到平衡的关键，也是恒大进军世界500强企业并快人一步的秘诀。

第四节　伟大奇迹在延续
——“新起点”“新战略”“新蓝图”

房地产作为资金密集型行业，高速增长的房企普遍采用高负债、高杠杆、高周转、低成本的“三高一低”发展模式，其逻辑在于房企要实现高增长必须储备大量土地，从而沉淀大量资金推高负债。作为发展最快的龙头房企，恒大自2009年上市以来销售额、总资产等核心经营指标实现12~23倍增长，负债率也因此处于较高水平。

事实上，在业绩高速增长的背后，恒大一直在扩张与负债之间寻找平衡点。

1.“新”恒大做减法的智慧——去杠杆成果显著

据中指院报告称，2017年百强企业负债压力加大，资产负债率均值为78.9%。因此，要想在效益上有所突破，房企除了善做加法，还要有做减法的智慧。

2017年年初，恒大启动战略转型，提出要坚定实施发展战略和发展模式的转变。在发展战略上，由“规模型”发展战略向“规模+效益型”发展战略转变；在发展模式上，由以往高负债、高杠杆、高周转、低成本的“三高一低”发展模式向低负债、低杠杆、低成本、高周转的“三低一高”发展模式转变。战略转变的核心就是大幅降低负债率。

2017年是恒大经营模式转型的开局之年。为实现降负债率目标，恒大实施三大措施：一是计划未来三年实施土地储备负增长，即土地储备每年下降5%~10%，相当于每年减少1000万~2000万平方米土地储备；二是恒大地产第三次引进战略投资者，引入战略投资资金600亿元；三是进一步降低成本，提升产品品质，增加产品附加值，增强盈利能力，增加净资产。

2017年年初，恒大宣布在年内偿还2/3的永续债，截至2017年6月30日，恒大就已提前赎回共计1129亿元的永续债，兑现资本市场承诺。同一年，恒大合计已成功引入1300亿元战略投资，投资者包括中信、中融、华信等实力雄厚的央企、国企、大型金融机构及战略合作伙伴。

三轮战略投资的引入完成了国内房企史上最大规模的股权融资，有效降低了企业净负债率，强大的资金团队带来了多股东效应，体现了投资者对恒大发展前景的信心，也为企业带来大量的现金流，大力增强了企业效益，同时对降低负债起到了立竿见影的作用。

此外，恒大估值提升至3651.9亿元，也显示一众实力投资者对恒大发展前景的认可。

德意志银行、花旗银行、野村证券、摩根士丹利、国泰君安等国内外大型机构纷纷发布研究报告称，恒大共计1300亿元的引战力度超出预期，随着发展战略逐步转变成“规模+效益”，利润水平有望进一步提升，提升目标价至42.1港元/股，这也是资本市场给予恒大最大的掌声。

表1-8　恒大2017年三轮战略投资引入情况

时　间	投资金额	投　资　者
2017年1月2日	300亿元	中信聚恒（50亿元）、广田投资（50亿元 ）、华建控股（50亿元）、中融鼎兴（30亿元）、山东高速集团（30亿元）、睿灿投资（30亿元）、深圳美投（30亿元）、广东唯美（30亿元）
2017年5月31日	410亿元	深业集团（55亿元）、宝信投资（50亿元）、华达置业（50亿元）、麟翔投资（50亿元）、健诚投资（35亿元）、睿灿投资（35亿）、鸿达投资（30亿）、宇民投资（35亿元）、金橙宏源投资（20亿元）、嘉寓投资（20亿元）、深圳中意投资（10亿元）、豪仁投资（10亿元）、永合金丰投资（10亿元）
2017年11月6日	600亿元	苏宁电器（200亿元）、山东高速（200亿元）、嘉寓投资（50亿元）、深圳正威（50亿元）、广州逸合投资（50亿元）、四川鼎祥投资（50亿元）

资料来源：中国指数研究院根据公开资料搜集整理。

“我们多年来都是追赶者的角色，把规模扩张作为公司发展的首要战略。负债率不高，公司没有钱，就不可能发展到现在的规模。”在恒大集团总裁夏海钧看来，恒大用“三高一低”的发展模式牢牢抓住了中国房地产的黄金20年，才能成就恒大的龙头地位。

随着房地产行业进入稳定发展期，企业经营更需要在增长与稳健之间取得平衡，恒大适时启动战略转型也是非常明智的决定。自2017年以来，在引入1300亿元战略投资及一系列降负债措施的推动下，恒大净负债率较2016年年末大降近六成，资产负债率也下降至71.1%，而净资产大增203.3%达到2422亿元。

2017年在恒大引入第三轮战略投资者时，就承诺将通过三年时间把净利润从888亿元增加到1650亿元，即2018—2020年三个财年，扣除非经常性损益净利润分别不得少于500亿元、550亿元及600亿元。

据恒大管理层透露，未来公司将通过降低负债总额、多元产业引入战略投资以及增强盈利能力增加净资产三大措施进一步降低负债率，达到行业中低水平。

值得注意的是，关于降低管理费用方面，恒大在设计、招标、施工、销售等多个环节严格实施标准化管理，其物业销售推广主要通过互联网销售渠道，并充分利用自家研发的手机应用程序“恒房通”。从源头上控制成本，在市场低迷的时候确保成本低于行业水平。

据2017年年报显示，这一年的销售、管理及财务费用分别占合约销售金额的3.4%、2.4%及1.6%，较2016年同期分别下降0.9、0.2及1.4个百分点。

在规模转效益元年，恒大通过“增效益”“降杠杆”，转型初见成效，在规模平稳增长的同时，利润再创新高。恒大已明确表态，未来将使毛利率、利润总额等指标进一步达到更高水平，鉴于未来三年恒大已给出清晰的业绩承诺——三年总利润1650亿元，对应目前约3320亿港元市值，考虑到恒大利润仍将快速增长，市值仍有上涨空间。

2.积极探索高科技，培育恒大龙头行业、服务科技强国大局

楼市进入白银时代，多元化布局显然成为房企未雨绸缪的重要手段。2018年是房地产行业转型的关键之年，多元化业务布局已成为不可逆转的时代趋势。目前许多核心房企将多元化战略方向瞄准了高科技产业、长租公寓、物流地产、物流管理等方向。然而对于恒大而言，在这一方面显然又有了创新性突破。

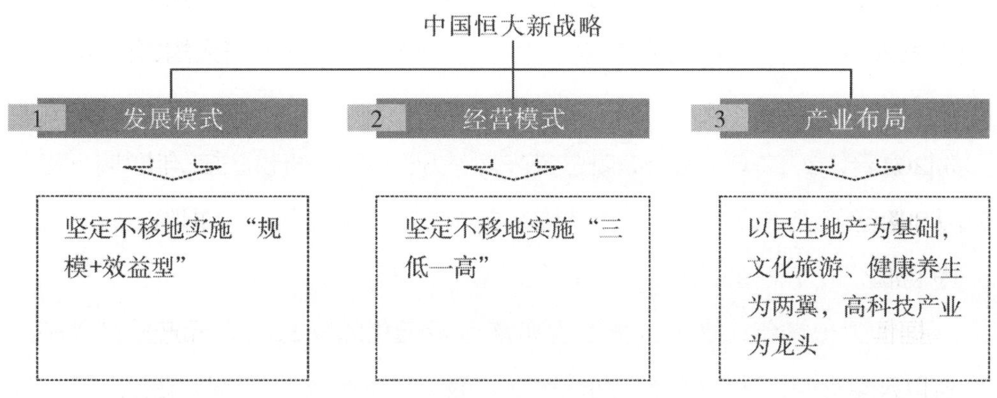

图1-7　中国恒大新战略

众所周知，在整个恒大的发展历程中，始终秉承并严格执行了七个“三年计划”。至2018年，恰好是恒大第八个“三年计划”开局之年。而其中的每一个计划都蕴含着一个主要基调和目标，从1996—1999年的“艰苦创业、高速发展”，到如今的“夯实基础、多元发展”，恒大已一步步成为国内房企的龙头，并在跨界领域中赚足了人气。在2018年，许家印提出为培育龙头行业、实现恒久发展，更好地服务实体经济、服务科技强国战略，恒大将积极探索高科技产业，逐渐形成以民生地产为基础，文化旅游、健康养生为两翼，高科技产业为龙头的产业格局。这也是恒大经过多次探索实践后最终选择的三大服务产业，他们认为这是服务需求非常大以及发展潜力非常大的产业。

在2017年年初宣布完成由房地产业向“房地产＋服务业”转型的恒大，在2017年实现向“规模＋效益型”发展战略及“三低一高”发展模式转变。经历了八年的探索和试错，恒大逐渐形成了清晰的多元化产业的发展思路，即

以民生地产为基础，锁定文化旅游、健康养生、高科技产业三大领域，形成“房地产+服务业”产业格局，不再进入新的领域。事实上，多元化之于恒大已经不是新鲜话题，在经历了大规模的扩张以及瘦身精简后，其发展思路更加明确，基于房地产开发主业进行多元拓展。恒大健康服务于老人，恒大旅游服务于少年儿童，恒大的服务业围绕着中国13亿多人口、全世界1/4人口的庞大需求开展，为中国的经济发展，为拉动内需做出贡献。

目前，恒大旅游集团以恒大童世界为主打产品，打造以大型童话神话主题乐园为核心的大型文化旅游综合体。恒大旅游集团共拥有11个文化旅游项目，总旅游用地储备面积4307万平方米，总在建面积1093万平方米。据恒大健康年报数据显示，2017年，恒大健康总资产为76.56亿元，同比增长171.27%；营业额13.28亿元，增长522.15%，多项核心指标实现大幅提升。2016年，其净利为5019万元，2017年为3亿元，同比增长5倍。

据悉，2018年，在深入推进现有产业多元化的同时，恒大将重点放在各产业的制度建设、队伍建设、文化建设方面。目前恒大已经制定实施多元化产业千人培养计划，于各系统强化各级干部员工。

另外，恒大还在积极探索高科技领域。有分析认为：一方面，处于家国情怀和民营企业应尽的社会责任，恒大作为龙头民营企业，必须要为国家的科技强国战略做出贡献。另一方面，从企业经营的角度看，用10年的时间，从科研到孵化再到产业化，一定可以培养出一大批世界领先的前沿科技技术，高科技产业也将成为恒大的龙头产业。

许家印曾透露，从2018年开始，恒大要在战略上积极探索高科技产业。“比如航天，比如人工智能、生命科学、干细胞、互联网等高科技领域。”

许家印认为，恒大在有机会、有条件的情况下都会去探索，但现在要定什么高科技产业的话还没有，只是针对公司的产业格局提出了计划，“现在仅仅是探索，有机会就探索”。

在探索之路中，恒大动作不断且效果显著。2018年4月，恒大与中国科学院（简称“中科院”）签署全面合作协议，恒大计划未来10年投入1000亿元，即每年投入100亿元，共同拓展生命科学、航空航天、人工智能、新能源等重点领域。6月，双方首批合作项目已经签约，总投资额16.47亿元，分别为“中科恒大”超级计算机、人工智慧、石墨烯、无人机、手术机器人以及大健康海云工程，项目总估值约46亿元，均代表当今世界最前沿的科技发展趋势。

作为恒大在高科技产业的另一大布局，在2018年6月，恒大入主美国新能源汽车公司法拉第未来，正式进军电动汽车市场，首款高端电动汽车FF91已完成首辆预量产车。同时，恒大法拉第未来智能汽车（中国）集团正式挂牌成立，将全面负责法拉第未来在中国的技术研发及所有生产经营管理。根据规划，公司计划在中国华东、华西、华南、华北和华中地区，建设五大研发生产基地。10年后，年产能计划达到500万辆，FF91、FF81等多系列、多车型产品面向全球市场，覆盖高端、中端及入门级。

许家印表示：“未来几年，我们会形成以民生地产为基础，文化旅游、健康养生为两翼，高科技产业为龙头的产业格局。”

表1–9　恒大集团产业布局的战略部署

产　业　集　团	主　要　业　务	已取得发展成果
地产	住宅开发	2017年销售规模5000亿元，地皮储备3亿平方米，在全国280多个城市拥有800多个项目，开创行业“全精装修交楼”和“无理由退房”先河，解决了500万居民的居住需求
健康	恒大·养生谷、博鳌恒大国际医院	目前已布局三亚、海花岛、西安、郑州、扬中、长株潭、云谷山等7个宜居胜地；恒大国际医院引入美国布莱根妇女医院，提供国际一流的肿瘤疾病治疗服务
文化旅游	恒大童世界、海花岛	目前共拥有海花岛、启东、长沙、贵阳、开封、镇江、苏州、沧州、烟台、鄂州、武汉等11个文化旅游项目，总旅游用地储备面积4307万平方米，总在建面积1093万平方米
高科技产业	要积极探索高科技产业，在量子通信、量子计算机、航天工业、航天技术、人工智能、生命科学、农业等领域进行积极探索	

数据来源：公司公告、恒大研究院。

仔细观察发现，地产公司多元化发展后从事的仍然是他们更为熟悉的工作内容，如围绕着房子进行资源整合，在新的行业进行运营推广和服务工作等。比如教育、医疗等服务机构对于开发商卖房有很好的促进作用，在实际的运营过程中，由于拥有丰富的地产行业资源，地产和教育培训可以很好地结合。除了教育、医疗外，养老地产也正成为房企关注的重点。因此，地产开发商们实施多元化战略进入其他行业的时候，他们显然也并没有放弃自己的优势，“房地产+”是许多房企最好的选择。

另一家近年来突飞猛进的房企巨头碧桂园，也在“地产+教育”的多元化融合方面发展迅速。据资料显示，碧桂园博实乐教育集团现有国际学校6所，其中广东碧桂园学校、句容碧桂园学校、宁乡碧桂园学校2017年有大学预科毕业生。博实乐教育集团和碧桂园地产作为两个独立运营的姊妹公司，在过去几年一直进行深度融合，业务发展形成互补。一方面，教育集团为地产提供配套学区服务；另一方面，地产业务为教育集团带来了经济职场，两者逐步实现双赢。

有时候似乎选择比坚持更为重要，有人分析认为，恒大多元化布局更多的是为了“规模+效益”的成功转型，也为未来发展提前做好战略“备粮”。总体来看，恒大的多元化产业布局瞄准了特定人群，以人的全生命周期的多元化需求为核心开拓市场。

为何财大气粗的恒大也要做好战略“备粮”呢？近年来，房地产行业进入发展新阶段，兼并重组整合明显提速，“大鱼吃小鱼”的戏码不断上演。据数据显示，目前房地产市场销售规模已超11亿元，而恒大的销售虽在行业排第一，但市场占有率亦仅约3.4%，仍有较大的提升空间。在此背景下，如能通过提高效益战略“备粮”，恒大将有足够的弹药在市场格局的重塑大潮中站稳脚跟，扩大优势。

转型“规模+效益”的开年，恒大就交出了一份漂亮的成绩单，摇身一变成为“利润王”。然而，这一刻的胜利对于恒大来说仅仅是新起点，业内普遍认为，在许家印的掌舵下，“新恒大”正朝着更远大的目标加速奔跑。若能实现，恒大不仅能称霸房地产行业，甚至能成为中国民营企业的标杆。

许家印和恒大管理层，需要持续面对的问题是如何将一艘巨轮一直行驶在稳妥安全的边界之内。让恒大走向辉煌的，是许家印的审时度势，运筹帷幄的精准，发展战略的前瞻。

恒大的腾飞蜕变，也生动演绎了“没有最好的战略，只有最适合的战略”这一说法。如今，基本上没有一种模式能打遍天下，没有一种战略能一劳永逸了，那么恒大的战略部署和前瞻性调整是如何一步步转变的呢？下一章将进行详细介绍。

第二章 航母舰队启航——恒大战略转型升级

企业战略非常重要，是对企业未来中长期发展目标的规划，是企业根据自身的潜能、管理、人才、资本以及对市场的研究、对未来的判断所制定的重大决策。前瞻科学的战略引领企业实现跨越式发展。在这充满挑战也孕育希望的新经济时代，恒大义不容辞地担当起开拓者的责任。这一责任，不仅包含着率先实现先进管理方式和战略发展模式的深层次转变，而且包含着履行企业公民职责、引领行业良性发展、促进社会和谐的深远意义。

——许家印

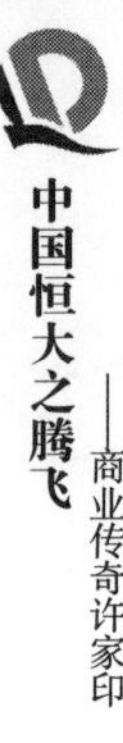

第一节　步步为营，登顶世界之巅

转型，转型，还是转型。进入大变革时代，对诸多品牌企业而言，唯有不断强化转型创新，才能真正把握住经济社会快速变迁的脉搏，抓住新的发展机遇。恒大集团这些年的转型创新可圈可点，不仅体现在发展模式和发展方式上，还体现在产业结构调整和战略布局上，是中国经济领域非常值得关注和研究的典型企业案例和发展样本。

经过22年的发展，恒大现在已经覆盖了中国的260个城市，项目有800多个，总的房地产储备在3.12亿平方米左右，是中国覆盖城市最广、开发面积最多、销售面积最多的房地产商。这一系列数字，充分说明了恒大是一个成长极其高速的企业，创造了很多世界罕见的奇迹，实现了多次跨越式的大发展。20多年来，无论外界鲜花掌声，还是质疑如潮，许家印都头脑清醒，战略清晰，信念坚定，从不迷茫地“犯困”，更不摇摆着“犯浑”。

战略，是指对一个企业或组织在一定时期的全局的、长远的发展方向、目标、任务和政策，以及资源调配做出的决策和管理艺术。在制定战略前，公司必须对不确定因素做出一系列的判断，对商业环境做系统检测。通俗地说，战略就是该干什么的时候就努力干什么，而且干到极致。如能始终如此，那便是持续的赢家。恒大集团的企业战略管理体系的设计，围绕着企业的三个核心问题进行，“恒大在哪里”“恒大往哪里去”“恒大如何行动（竞争）”。“恒大在哪里”——明晰恒大当前的整体状况和优劣所在；“恒大往哪里去”——判断恒大的未来前进方向和发展目标；“恒大如何行动”——决定恒大在什么时间采取怎样的行动。

从零起步到行业第一，恒大总的来说，是走了一条先快后好、先大后强、边快边好、边大边强，最终又快又好、又大又强的道路。有的企业一度发展很快，但大起来之后，却忽视了好，然后大乱；也有的企业一开始就要求很好，发展却慢了，错失了跑马飞奔的黄金时代，而且失不再来。恒大则是该大的时候全力以赴地大，该好的时候全力以赴地更好。包括对大趋势下关键节点的把握，恒大也是精准得可怕。

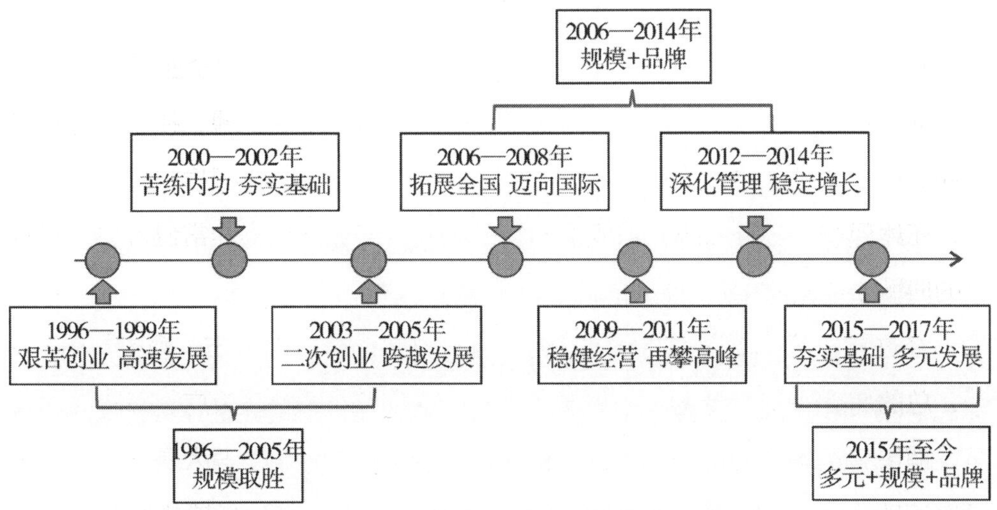

图2-1　恒大发展的历程与战略目标

外界眼中的恒大，永远是快、准、狠，在各界雷厉风行。在这背后，是集团内部的居安思危、谋而后动。创立22年，恒大经历过六次重大的战略决策和改革，每个阶段，许家印都制定了详细的战略方针，引领公司从七八人的小团队一步步做成行业龙头。数字仅仅展现的是阶段性的结果，要想了解数字背后的成功故事，还要从恒大的发展进程开始谈起，看看恒大是如何成长为如今的巨人。

1.第一次重大战略决策

> 第一次重大战略决策，是1997年的3月1日，恒大在西樵山召开了第一次20人的全体员工大会，确定了“质量树品牌、诚信立伟业”的恒大宗旨，“艰苦创业、无私奉献、努力拼搏、开拓进取”的恒大精神和“精心策划、狠抓落实、办事高效”的恒大作风，形成了恒大的企业文化。
>
> ——许家印

1996年恒大在广州成立，为了从广州2000多家房地产企业中脱颖而出，公司从零开始，采取“规模取胜”的发展战略，以“小面积、低价格、低成本”的产品定位，迅速完成了企业发展最基本的积累。恒大在当时确定的企业宗旨、精神和作风，至今一字未改，这与国家现在提倡的企业家精神是不谋而合的，与国家现在提倡的社会主义核心价值观也是不谋而合的。

为了实施不同时期的发展战略，恒大自成立次年起就制定“三年计划”。“三年计划”极为重要，是对恒大发展战略的具体实施。“三年计划”也是战略，是理念，是目标，又是宗旨和行动指南，每个“三年计划”指引恒大三年的发展，一步一个脚印去实施恒大的战略。

1996—1999年，恒大艰苦创业，进入高速发展第一个三年计划。1996年，恒大在广州成立。公司从无到有、从小到大、从弱到强，逆市出击、抢占先机，采取“短、平、快”的发展策略，取得了骄人的业绩。恒大在亚洲金融风暴中逆市出击，从广州海珠区工业大道的原广州农药厂地块上起步，1997年开发的第一个楼盘金碧花园破土动工。作为新公司恒大的首个楼盘，金碧花园创造了广州乃至中国地产史上一个奇迹，以“环境配套先行”的超前开发理念，高标准起步、低价位入市，实现了“当年征地、当年报建、当年动工、当年竣工、当年售罄、当年轰动、当年入住、当年受益”的八个“当年”，创造了广州楼市昼夜排队购房、两个小时抢购一空的销售奇迹。金碧花园首期销售额达8000多万元，一下子就彻底解决了恒大现金流的问题。金碧花园的成功是恒大发展关键的一步。

1997年3月1日，恒大在西樵山召开第一次全体员工大会，这在恒大发展进程中是重要的历史性时刻，在这次会议上，恒大确定了“质量树品牌、诚信立伟业”的恒大宗旨，“艰苦创业、无私奉献、努力拼搏、开拓进取”的恒大精神和“精心策划、狠抓落实、办事高效”的恒大作风，形成了恒大的企业文化，明确了队伍建设标准，完善了各项规章制度3000条，建立了与时俱进的激励机制和约束机制，创立了独特的“目标计划管理”体系。经过三年的艰苦奋斗，1999年，恒大从2000多家广州房企中脱颖而出，成为广州地产十强第六名。

2000—2002年，恒大苦练内功夯实基础进入第二个三年计划。从2000年开始，恒大进一步夯实发展基础，着力于整合资源、规范流程、提升管理，陆续开发“金碧”系列精品楼盘，企业品牌和实力突飞猛进，位居广州房地产最具竞争力十强企业第一名。

2.第二次重大战略决策

> 第二次重大战略决策，是2004年公司做出了打造精品的重大战略决策，要实现产品的升级换代。同时也为两年后的2006年提出的拓展全国、迈向国际战略做准备。
>
> ——许家印

从2003年开始的第三个三年计划，是恒大发展一个非常重要的阶段。许家印提出了“二次创业、跨越发展”。为什么说这个阶段是“二次创业”？当时恒大的产品还是以小面积、低价格、低成本为主，这是由公司初创时的客观条件所决定，当时行业已经有很多大企业，恒大才从零开始，必须通过这种短、快、平的产品迅速打开市场、做大规模。许家印认为，一次创业是恒大成立，在广州一个城市，从一个楼盘发展到十几个楼盘。但公司要拓展全国，就一定要确保产品质量，需要在很多方面树立更高标准。因而，2004年，公司做出了“打造精品”的重大战略决策，要实现产品的升级换代，着力实施立足广州、辐射珠三角，同时这也为两年后的2006年的拓展全国、迈向国际战略做准备。

2004年对恒大而言是个分水岭：在此之前，恒大是以规模取胜，之后度过资本原始积累的初创阶段，恒大开始走“规模+品牌”路线，而打造品牌最核心的则是精品战略，其中最重要的因素就是保证产品品质。2004年5月，恒大砸掉金碧世纪花园耗资千万但不符合精品标准的中心园林，就是为了提升产品品质、实施精品战略而采取的一大举措。这段时期恒大一直在丰富产品线，建立从中端产品到中高端产品到高端产品再到旅游地产产品的完整体系，以及2004年对产品进行本质上的升级换代，比如，恒大在全国中高端的产品有恒大城、恒大绿洲，高端产品有恒大华府，旅游地产则有恒大金碧天下。

厚达数百页的《金碧精品标准》是参照国际惯例及规范标准制定的，涉及项目设计、施工、监理等各个环节，力图用严格的质量标准体系严把“精品”质量关，比如，设计过程中注意的细节是很多公司难以想象的，其中包括阳台上洗衣机的放置位置及其高度都经过慎重的考虑，真正站在消费者的角度，为其建造完美的家。此举开创了中国房地产行业质量建设之先河，赢得各界广泛赞誉，反响强烈。恒大还在这个时期研究和探讨了公司拓展全国后的发展模式，也就是现在的紧密型集团化管理模式，采用统一规划、统一招标、统一采购、统一配送的标准化运营模式，确立了全精装修交楼的民生地产定位。为什么要用这样的模式呢？这种模式能实现“三个确保”——确保防控风险、确保控制成本、确保产品质量。基于这种模式，恒大在上马项目、规划设计、材料供应、招投标、预决算、工程管理、质量管理、销售、交楼等方面均由集团进行直接严格把控。所以，多年来，恒大的总体成本控制较好，而且保证了全国产品的品质。

为什么说理念要改变、要提升呢？在许家印看来，企业要发展，发展理念极其重要。理念不改变，实施不了战略。比如，公司早期选择合作单位，往往以成本价格为主要考量标准。但2004年恒大开始打造精品，产品更新换代，就需要寻找中国前十名的企业，材料都是世界或中国知名品牌，这就是理念的改变。为什么要提出精品战略呢？那就是要转变理念，实实在在打造精品。当时，公司的计划是向全国拓展、扩充版图，仅仅有规模没有品牌是不行的。如果一方面提出要拓展全国，一方面还只用原来的理念和品牌，早就被别人"打垮"了。

许家印认为，只要楼盘素质好，投入产出比就会高。实践证明，自开展打造精品活动以来，恒大销售势头更好，效益大为提高，接下来恒大的运转就自然而然转入了高速奔跑阶段，在广东快马圈地。2004年，恒大一举跻身中国百强房企前十，并于2004年、2005年、2006年，连续三年蝉联前十强，实现了"规模取胜"的战略目标，实现跨越式发展，为全国拓展奠定了坚实的基础。

3.第三次重大战略决策

> 第三次重大战略决策，是2006年公司提出"拓展全国、迈向国际"。
>
> ——许家印

2006—2008年是恒大拓展全国、迈向国际的第四个三年计划时期，在许家印看来，这三年是恒大非常关键的三年。

恒大集团当时制定了两大战略决策：一是提出全国扩张的重大发展战略，即在立足珠三角的基础上，"拓展全国、迈向国际"，全方位拓展企业发展空间。虽然是2006年提出这个战略决策，但实际上，在2004年提出精品战略的时候，公司已经在做这次决策的研究和探讨。等到2006年正式提出要拓展全国、迈向国际时，满足这个战略发展需求的产品标准和管理模式都已经形成

了，基础已经奠定，因此取得了非常快速的发展。

2006年4月30日，许家印在当时中层以上领导干部会议上提出，按照恒大的发展蓝图，三年后的恒大会相当于当年的20倍。当时的恒大在广州、上海、天津、沈阳、武汉、昆明、成都、重庆、南京等22个大核心城市拥有恒大系列项目近50个，深度拓展全国的战略格局全面形成，为企业未来的快速发展奠定了坚实基础。果然，到2008年年底，恒大各项核心经济指标较2006年都实现了10~20倍的超常规增长，创造了公司跨越式发展的奇迹，成为中国房地产企业迈向国际的标杆。“大家可能认为，老板在鼓劲，只是说一说而已。但是，通过恒大全体员工的共同努力，我们实现了这一蓝图，创造了一个世界性的奇迹。”许家印说。

二是在集团系统范围内全面实施“六大经营战略”，即规模战略、品牌战略、人才战略、管理战略、文化战略、国际化战略，这六大战略是分支战略，确保了恒大品牌的大幅度提升，成为集团大上台阶的“加速推动力”。

（1）规模战略

“规模最大”是恒大发展战略的根基。在2006年之前，公司扎根广东，迅速做大规模；从2006年开始，公司拓展全国，高速增长，跨越式发展。在具体执行层面，公司超前布局中国二、三线主要城市，尤其是其中增值潜力大的高价值区域；同时注重开发大型房地产住宅项目，这既带来了项目开发的低成本，更为公司的规模化、标准化运营和可持续开发提供了有利条件。随后的几年，随着公司在规模战略上的持续努力，各大关键指标都实现了高速增长。土地储备方面，到2007年年底，公司土地储备已经增长10倍左右，达到4500万平方米，同时已拓展到全国18个主要城市；开工面积方面，也由几十上百万平方米增长到上千万平方米；销售业绩方面，2006年，公司全年实现销售额达16.5亿元，2007年是32.4亿元，2008年是60亿元，到了2009年则是303亿元，实现了连续好几年的倍增。

再对比2006年与2017年的数据，公司销售额、现金余额、纳税总额、总资产等多项主要经济指标都实现了超200倍的增长，进入城市、项目数量、员工人数等实现了近60倍的增长，实现了超常规、跨越式发展，创造了企业发展的世界奇迹。

现在回过头来看，这些业绩的取得是战略决策指导下结出的硕果：从2004年实施规模战略开始，通过多年时间的积累和发展，公司业绩在接下来数年实现了突破式的成倍增长，这就是规模战略的胜利。

表2-1　2006—2017年恒大在国内房企的排名情况

时　间	排　名　情　况
2006—2008年	跻身业内20强
2009—2014年	跻身业内10强
2015—2017年	跻身业内3强

（2）品牌战略

“品牌最响”是恒大发展战略的核心。这一战略决策推行伊始，因为产品质量不过关而受处分的有无数次、无数人。随着全体员工思想意识的迅速提升，恒大在规划和装修等方面积极学习、借鉴领先同行的优秀做法，并着手与产业链上下游的全球知名企业开展战略合作事宜。比如，在施工上，早期出于节约成本的考虑，公司会选择稍小的包工队来施工；自从提出品牌战略后，公司就制定了房地产开发全过程的6000多条“精品工程标准”，与国内外800多家上下游龙头企业，包括主体施工、园林建设、材料设备、装修装饰等行业排名前十位的“中字号”顶级龙头企业建立战略合作伙伴关系，确保了高品质、高性价比的民生住宅产品覆盖全国。许家印认为：要不惜代价先把好产品做出来，然后再核算成本。公司持续实施精品战略，恒大品牌深入人心，成为行业唯一一家全部精装修交楼的大型房企，屡创销售奇迹。公司以前瞻性的品牌战略、科学高效的品牌运营，塑造了享誉中外的品牌形象。到了2007年国庆节，恒大御景半岛开盘，恒大实施产品升级换代、打造精品品牌战略的第一个产品就横空出世了。从此，恒大的产品品质实现了大幅提升，为公司全国拓展奠定了非常好的产品基础。2016年，恒大品牌价值达到392.6亿元，连续七年

荣获中国房企品牌价值第一名。

（3）人才战略

恒大之所以有今天，人是第一生产力，“团队最优”是恒大发展战略的保证。公司创立之初即明确队伍建设标准，建立高标准的人才引入及培养机制，在员工学历、毕业年限、工作经验、专业水平等方面设定了严格的任职要求，95%以上的员工具有大学本科及以上学历。同时，公司制定了薪资保障和绩效考核双重标准，不断优化人才结构，打造了一支优秀的领导团队及高素质、执行力超强的铁军队伍。

在人才战略的具体实施上，公司在向全国拓展前就完成了大量后备人才的储备。当时，一个部门配有很多的经理、副经理和经理助理，基本上不限编制，就是为了储备人才。所以，在向全国拓展的关键时候，每增加一个地区公司，集团就能迅速派出一批优秀的业务骨干，组成一个优秀的团队，把地区公司骨架快速搭建起来，把恒大的管理和文化传承到各个地区的子公司。

拥有一支高素质的房地产开发建设团队，是恒大发展到今天的一个最坚实的战略基础，代表了公司的规模，更是公司持续稳健发展的有力保障。

（4）管理战略

在管理战略上，恒大已经形成一套完整且行之有效的成熟管理体系。根据不同的发展时期和发展阶段，恒大采用了不同的管理模式，管理架构也发生过几次变化。在公司向全国拓展并落地生根后，管理架构就开始逐渐定型和稳定下来。恒大的管理战略，从管理学的架构设计上来看是非常先进的。公司创立独特的目标计划管理体系，把计划管理和目标管理合二为一，成为恒大跨越式发展的制胜法宝。同时制度安排使集团总部和地区公司能拧成一股绳，像一个大集体般齐心协力。集团总部不管具体业务，离开地区子公司就没有业绩来源；地区子公司没有总部各职能部门的全力配合和服务，也无法高效开展各项工作。可以说，恒大实施的紧密型集团化管理模式，是非常超前的，也是一般企业学不到的。一旦管理模式形成以后，其他房地产企业要改成恒大模式也不是轻易改得了的。

具体到运营模式上，公司始终致力于推进标准化。集团总部通过紧密型集团化管理，对全国各地区公司实施标准化运营，包括上马项目、规划设计、材料供应、招投标、预决算、工程管理、质量管理、销售及交楼方面由集团直接把控，地区公司严格执行，实现成本控制和质量管控双效合一。

恒大在标准化运营模式上的持续努力，一是保证了公司产品的体系化、项目运作的规范化，确保每一个尚未成熟的地区公司不走弯路，最大限度地降低全国拓展带来的风险；二是确保精品模式复制全国，精品战略能够在每一个地区子公司、每一个项目上坚定不移地实施，从根本上实现恒大在全国产品品质的领袖地位；三是通过公司集中招投标、集中采购、统一配送体系，数量的规模化和品质的精品化，为控制项目开发成本奠定了坚实基础；四是确保恒大多年来积累的优秀企业文化能成功传承到各地区子公司，全国员工都能秉持恒大的作风。

恒大在管理战略上所设定的管理模式和管理架构，所实施的标准化运营模式和集中招投标、集中采购的供应模式，决定了恒大超常规跨越式的发展速度。恒大有今天这么高速的发展，是靠全体员工的努力拼搏才得以实现的，也是公司在管理模式上持续改善结出的硕果。

（5）文化战略

把企业带到什么样的方向，形成怎么样的氛围，是企业文化的问题。恒大从一成立，就开始着手文化建设。公司在成立之初即确立“质量树品牌，诚信立伟业”的恒大宗旨，“艰苦创业、无私奉献、努力拼搏、开拓进取”的恒大精神，“精心策划、狠抓落实、办事高效”的恒大作风，一直延续至今。同时，建立与时俱进的激励机制和约束机制，重奖重罚、从严管理，为保证公司健康发展、树立良好企业文化，起到非常重要的作用。

企业文化建设做得好，能形成良好的氛围，全体员工能团结一心、拧成一股绳，公司上下就是一盘棋。许家印经常讲：“不利于工作的事情不做、不利于工作的话不说；不利于团结的事情不做、不利于团结的话不说。”文化建设从一开始就要抓，就是为了形成今天这样好的氛围。只有全恒大齐心协力、上下步调一致，坚定不移地落实董事局的战略决策，才能形成强大的执行力和战斗力。

（6）国际化战略

2006年，恒大提出要“迈向国际”，这是个重大的战略决策，通过引入淡马锡、德意志银行、美林银行等国际投资者，为公司高速发展提供充足的资金支持。这个战略选择开阔了恒大的视野，让恒大站在一个国际企业的高度来制定企业发展目标和企业战略，决策公司的重大事项，来管理和发展企业。在实施国际化战略的过程中，恒大的众多管理举措也借此在很多方面得到了大幅提高，比如现金流管理，就是国际化以后才有的新兴管理举措，因为有了现金流管理，公司可以在任何时候尤其是市场发生变化的时候，做到把控风险并提高抗风险能力。

2009年，恒大在中国香港成功上市，成为迈向国际的重要里程碑。随后在国际资本市场引入巨额资金投入国内建设。从2013年起，恒大不断深化与哈佛大学、英国BRE等国际顶尖机构的战略合作。2016年，公司跻身世界500强，迈上国际新台阶。

4.第四次重大战略决策

> 第四次重大战略决策，是2007年6月做出公司上市的重大决策。
>
> ——许家印

迈向国际必然要踏上国际资本舞台，上市是恒大发展的里程碑。2006年4月30日，在金碧大世界的6楼会议室，许家印提出要走向国际和谋求海外上市的想法，到2007年6月正式做出公司上市的重大决策。尽管2008年遇到全球金融危机，2009年恒大还是顺利实现了这一宏伟目标并完成了在国际债券市场上的巨额融资。公司在上市前后成功实现了多笔国际融资，为公司的高速发展提供了充足的资金支持。如果没有这种经济支撑，恒大也不可能有今天的大好局面。

上市看起来简单，但事实上却困难重重。2008年3月，恒大地产启动了登陆港交所的路演，市场对其估值一度高达1200多亿港元，但是遇到雷曼兄弟破产，一场金融危机席卷全球，恒大上市融资的计划被迫搁浅。当时恒大在全国有32个楼盘、906万平方米在建单位，加上大规模拿地，100多亿元的资金缺口对企业而言影响非常大，许家印和恒大差一点就倒下了。

可以说，恒大在2008年遭遇了全球金融危机和公司上市受阻的两个寒冬，这是公司发展历程中最艰难的时刻。许家印心急如焚地向各方求救，其中包括郑裕彤。据传，为了取得其信任，在三个月时间里，许家印每周都要和他吃一次饭，并去郑家打牌。这番苦心并没有白费，郑裕彤成了帮助许家印渡过难关的关键人物。2008年6月，郑裕彤联手科威特投资局、德意志银行和美林银行等投资机构，总共斥资5.06亿美元入股恒大。其中，郑裕彤通过旗下周大福以1.5亿美元买入恒大3.9%的股份，成为这轮私募中的领头羊。恒大的领导干部团队也没有气馁，没有一个中层以上领导离职。2009年春节，所有领导除夕下午放假，正月初二正式上班，大家封闭开会研究对策。

直到2009年市场转暖，恒大上半年销售额便突破了百亿元，销售面积位列全国三甲，许家印借此一扫晦气，重启了上市计划。11月5日，恒大地产成功登陆港交所，当天股价大涨34%达到4.7元。

2009—2011年是恒大稳健经营、再攀高峰的第五个三年计划。2009年销售额达到303亿元；2010年，恒大成功发债27.5亿美元，创造了中国房地产企业全球发债的最大规模纪录，全年销售504亿元；到2011年年末，恒大总资产达1790亿元，已在全国120多个主要城市开发项目200多个，土地储备、在建面积、销售面积、竣工面积、利润指标等重要经济指标均列为行业领先，品牌价值突破210亿元，规模与品牌进一步取得大幅跨越。之所以说稳健经营，是因为原来恒大增长已经非常快速；之所以说再攀高峰，是因为许家印希望恒大不要失掉跨越式发展的势头，不能失去跨越式发展的机遇。

5.第五次重大战略决策

> 第五次重大战略决策，是2013年1月4日我在年度大会上提出的“大智慧、大战略、大发展、大胜利”。
>
> ——许家印

高速增长以后企业管理往往会滞后，所以恒大必须在管理上精耕细作。2012年，恒大步入稳定增长期，全面实施向管理要效益方针，并继续以房地产发展为基础，通过拓展商业、酒店产业，探讨体育、文化产业，加强队伍建设和企业文化建设，进一步提升恒大品牌，确保实现可持续稳健发展，开始了深化管理、稳定增长的第六个三年计划。

乘着党的十八大会议胜利召开的东风，2013年1月4日，许家印召开了年度大会，并提出“大智慧、大战略、大发展、大胜利”的决策。恒大根据当时公司内部自身条件和外部市场环境，提出了这个重大战略决策，制定出“到2020年实现销售额5500亿元、土地储备超过3亿平方米、解决就业超过200万人”的奋斗目标。这在当时是不能想象的，要知道恒大2012年销售额只有923亿元、土地储备只有1.4亿平方米，解决就业人口42万人。

2013年下半年以来，恒大在深化管理、完善制度、队伍建设等方面的改革力度非常大。除了对集团总部和地区子公司进行了管理上的量化考核（是公司在管理上的里程碑式改革），许家印于2012年还提出开展“两大运动”尤其是“打击官僚主义”运动，这也是提升恒大各级管理团队和员工队伍综合素质的最直接、最有效的手段。此外，恒大还举行了提高产品质量会议、经营理财会议、成本控制会议，这些都是深化管理的体现。

截至2013年年底，恒大总资产达3481.5亿元，公司销售额首次突破千亿元，多项核心指标位居全国前列。2013年，恒大实施大战略，与世界名校哈佛、中国名校清华达成战略合作。到2014年年末，公司销售额、销售面积、净利润、开工面积、竣工面积等各项核心指标连续五年实现平均30%以上的增长，再创高速增长的新纪录。

6.第六次重大战略决策

> 第六次重大战略决策，就是2017年我们启动战略转型。
>
> ——许家印

2015年，恒大在进一步夯实房地产主业的基础上，拓展金融、文化旅游及健康等多元产业，开启了第七个三年计划。2016年，恒大在销售额等各项经济指标创下新高，成为世界大型房企。从2017年开始，在发展模式上，从原来的“规模型”向“规模+效益型”模式转变，在经营模式上，从原来的高负债、高杠杆、高周转、低成本的“三高一低”，向低负债、低杠杆、低成本、高周转的“三低一高”模式转变。这是恒大在2017年年度会议上提出的战略决策。党的十九大报告提出我国经济已转向高质量发展阶段，恒大的战略决策顺应了新时代的新要求。

（1）从“规模型”发展战略向“规模+效应型”发展战略转变

如今，成为全球大型房企的恒大，审时度势新趋势和新未来，开始转身做强了。“恒大在过去20年，实施规模取胜的发展战略，围绕规模迅速地发展，2017年销售额近4000亿元，规模已经非常大，从2018年开始，保持规模适度增长，重点注重增长质量，增加效益，开始实施‘规模+效益’的发展战略。以效益为中心，这是企业的属性，所以，恒大2018年开始要由‘规模型’向‘规模+效益型’转变。”许家印在某次会议上强调。

与之配套的是恒大要在每一个环节上打造精品，向精品要效益。于是，恒大开始保持规模适度增长，重点注重增长质量，以效益为中心，回归企业的根本属性。根据许家印2017年年初透露的消息，集团的整个经营目标与考核机制都已围绕此做了调整，包括四大产业集团总部领导按照季度进行浮动工资和奖金的奖罚；地产集团各地区子公司全员浮动工资、奖金与利润挂钩；将地区子公司划分为特大型公司、大型公司和中型公司三个级别，让同等级别的公司相互PK，等等。

（2）“三低一高”模式初见成效

曾经“三高一低”的模式给恒大带来高增长的同时也带来了高风险，已经做过“老大”的恒大决定放慢步伐、稳健发展。“求变”是恒大2017年给自己的新命题。其中，从“三高一低”向“三低一高”的转变是恒大最为重视，也最下功夫的一个方面。2017年上半年，恒大提前完成了共计1129亿元的永续债赎回工作，既是恒大降低负债的决心，也是其转变迈出的第一步，效果十分显著。

2017年上半年，恒大提前还清了1129亿元的永续债，资产负债率下降至75.5%。据公司披露的数据显示，2017年年末，恒大资产负债率已经下降到67%，2018年年末下降到60%，预计到2019年年末下降到55%左右。

恒大降负债的措施还包括土地储备负增长，以及扩大盈利规模增加净资产。以土地储备负增长为例，众所周知，拿地支出是房企资本开支中的大头，沉淀过多的土地储备容易挤压大量资金，推高负债率。据2017年年中报显示，恒大拥有2.76亿平方米土地储备，位居行业首位，在维持经营需求的同时适当降低土地储备，更有利于减少资金沉淀、降低负债率。2017年上半年，恒大的利润也再创新高，达到了231亿元，同比大增249.6%。而中海、碧桂园、万科的半年净利润分别为184亿元、75亿元和73亿元，恒大再次全面领跑房企龙头。值得一提的是，恒大的利润中归属股东利润188.3亿元，同比大增832%，股东回报率达51.8%，同比增长43.6个百分点，各项利润指标均创上市以来最高纪录。接下来恒大的“减负”工作继续循序渐进。为此，恒大在2017年7月至2020年6月，将土地储备总量控制在每年负增长5%~10%；力争在2020年6月30日将负债率降至70%左右。

许家印曾在一次工作会议上指出，判断一个企业的未来走向，最重要的是辨明历史方位，把握发展大势。他强调：“在回顾总结恒大这么多年发展时，会发现我们最大的成功之处是：赢在战略。正因为有了前瞻、科学、正确、有效的企业发展大战略，才成就了今天辉煌灿烂的恒大。”

战略决策对于一个企业来说非常重要，恒大历次的战略决策都经历了时间和市场的充分检验，证明了恒大战略决策的前瞻性、科学性和正确性，同时进一步说明战略决定成败的真理。恒大20多年历经六大战略决策阶段，形成了科学、前瞻、有效的发展模式，不断创造跨越式发展奇迹，为经济社会发展做出了贡献。

第二节　恒大商业战略模式的再创新

2018年3月26日，在恒大香港业绩发布会上，许家印宣布了开始实施第七次重大战略决策，也就是“新恒大、新起点、新战略、新蓝图”。所谓的“新恒大”，就是今天的恒大。今天的恒大是什么样的概念？今天的恒大是一家总资产达17618亿元、净资产达2422亿元、年销售额达5010亿元、毛利润达1122亿元、利税达790亿元、核心利润达405亿元、现金余额达2877亿元、土地储备达3.12亿平方米的世界200强企业。“新恒大”概念后面有三个关键词：“新起点”“新战略”“新蓝图”。2017年的各项核心经济指标是“新恒大”的发展基础，是恒大的新起跑线。过往所有的积累，都是为如今的“新恒大”所做的准备。

所谓的“新战略”，就是要坚定不移地实施“规模+效益型”发展模式，要坚定不移地实施低负债、低杠杆、低成本、高周转的“三低一高”经营模式，并在产业布局上积极探索高科技产业，逐渐形成以民生地产为基础，文化旅游、健康养生为两翼，以高科技产业为龙头的产业格局。

“新蓝图”则是到2020年年底，实现总资产3万亿元，年销售规模8000亿元，年利税1500亿元，负债率下降到同行中低水平，成为世界百强企业。

对于许家印的大目标，外界早就习以为常。从1996年至今，正是伴随着一个个“天方夜谭式”的大目标，恒大实现了令人惊叹的大发展，成就了中国地产业的“规模王”和“利润王”。提出大目标并且超额实现是许家印的一贯作风。在此背景下，恒大2020年实现“3万亿元”的目标显得理所当然。相较目标，许家印给恒大的“新战略”定位，更令外界所关注。

1.发展模式：坚定不移地实施“规模+效益”型战略

2018年是恒大第八个“三年计划”的开局之年，主题是“深化转型、提质增效”。根据新战略的发展要求，恒大的发展重点在于提升增长质量，提高发展效益，主要通过不断地提升服务、提升管理、增加产品附加值，以及强大的成本控制能力，以利润为指挥棒，驱动企业向 “规模+效益”战略转向。

（1）严格管控三大费用，有效控制成本

恒大的成本管控能力在业界颇受肯定，近年在降低费用上更是下足功夫，强化统一规划、统一招标、统一配送的标准化运营模式，从规划设计、招投标、材料供应、工程建设等各个环节节省成本。尤其是从2017年开始，恒大向每一个环节求取效益，大力降低营销、管理、财务三大费用。据数据显示，2017年恒大的三费费用率为7.4%，较2016年同期降低了2.5个百分点。在一年的时间里，恒大总资产大增、净资产大增、利润大增、负债率大降，实现了高质量增长，顺利完成了战略转型，这就是战略决策成功带来的显著成果。

（2）打造高性价比产品，推动业绩持续增长

恒大历来坚持打造高性价比精品住宅，并有一套严格的精品工程标准，通过打造恒大的全环节精品，奠定产品长期的品质优势。2017年更是精益求精，重点完善“高配套”，使消费者乐于为品质买单，通过精装修交楼、配套先行、升级物业服务、完善售后等措施打造精品，系列举措之下产品附加值得

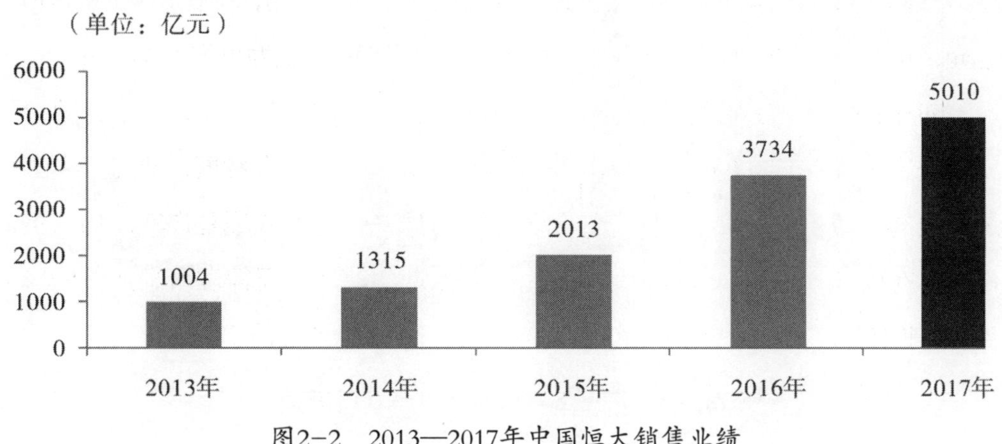

图2-2　2013—2017年中国恒大销售业绩

以大幅提高。恒大有着强大的成本控制能力，故能实现在注重品质的同时也保障价格契合民生需求，“无理由退房”更使其优势明显，如此高性价比的产品直接推动销售业绩持续高增长，从而有助于利润总额的迅速增加。

2.经营模式：坚定不移实施“三低一高”

2017年，恒大集团利润大增、负债率大降，在行业内实现了真正意义上的高质量增长。如图2–3所标，2009年公司上市，截至2017年年底，短短几年时间，不断强化转型升级的恒大集团实现净资产2422亿元，和上市前的85.8亿元相比，增长了27倍；年销售规模达5010亿元，和上市前的60亿元相比，增长了83倍；毛利润达1122亿元，和上市前的14.8亿元相比，增长了75倍；年利税达790亿元，和上市前的13亿元相比，增长了60倍；核心利润405亿元，和上市前的1.5亿元相比，增长了269倍；土地储备达3.12亿平方米，和上市前的0.45亿平方米相比，增长了6倍……

据数据显示，恒大2018年上半年核心利润达550.1亿元，同比大增

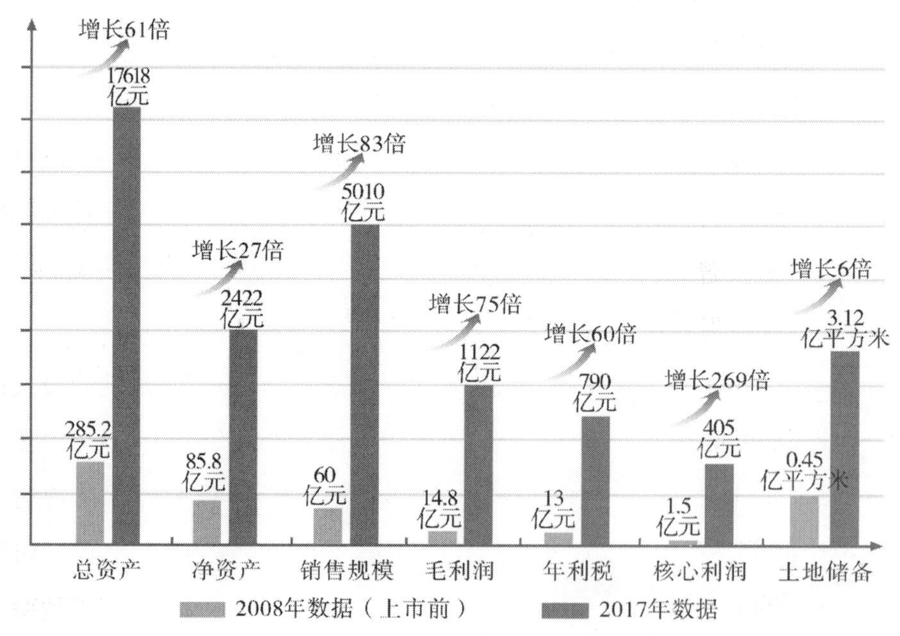

图2–3　恒大上市以来的数据对比图

101.5%；净利润达530亿元，同比大增129.3%；营业额达3003.5亿元，同比大增59.8%；总资产达17699亿元，净资产达3245亿元，均创行业有史以来最高纪录。此外，净负债率较2017年年末下降超三成。

其中半年净利润高达530亿元，超过碧桂园、万科、保利、绿地四大龙头企业净利之和，甚至较腾讯的426亿元还要高出百亿元。即便在全球企业盈利排名中，恒大也是名列前茅。

这已是恒大业绩连续第二年爆发式增长，在2017年上半年净利大增224%的基础上，2018年再次实现129%的巨大增幅。恒大总裁夏海钧表示，业绩的大幅提升源于强大的成本控制、不断提升的产品附加值、偿还永续债后释放的巨大利润空间以及超前的土地储备战略。

据了解，恒大采用统一规划、统一招标、统一配送的标准化运营模式有效控制成本，近年大幅降低销售、管理、财务三大费用，上半年销售管理费用率同比下降2个百分点。加上恒大连续三年实施“无理由退房”政策，不断提升产品附加值，都为毛利率及净利率的稳步上升提供了保证。此外，在2013—2017年5年间，永续债合共吃掉恒大214亿元的税后利润，2017年1129亿元永续债已经全部偿还，为恒大释放出巨量的利润空间。

“但对未来业绩影响最大的，还是恒大超强的土地储备战略。”业内人士表示。据半年报显示，恒大的土地储备达到3.05亿平方米，平均土地储备成本仅1683元/米^2，上半年新增土地储备平均成本为1446元/米^2。根据克而瑞统计，万科上半年新增土地储备平均成本为5500元/米^2、碧桂园为2826元/米^2，恒大土地成本优势明显，为业绩高增长奠定了良好的基础。

2018年年初，许家印提出要坚定不移地实施“规模+效益”型的发展模式，保持规模适度增长，重点注重增长质量。随着业绩大幅提升，也进一步打开了恒大估值的上升空间。一位证券分析师认为，目前港股前十大上市房企平均市盈率为8倍，而恒大作为行业“利润王”，市盈率却仅为5.35倍，可谓是估值最便宜的地产蓝筹，远低于万科、碧桂园的13.62倍与7.38倍市盈率。如果恒大达到碧桂园的7倍市盈率，股价应为40港元/股，市值约为5200亿港

元；如果恒大能够达到万科的13倍市盈率，股价应为75港元/股，市值约为9700亿港元。而目前恒大市值只有3800亿港元，这意味着恒大股价仍有巨大的上升空间。

业界人士表示："任何一家企业销售业绩的增长都与其高质量产品品质分不开，恒大集团之所以实现了销售业绩的大幅增长，也是因为高性价比产品的推动以及不断提升的产品附加值，从而实现了利润总额的迅速增加。另外，就是企业的成本控制水平，恒大集团公司采用统一规划、统一招标、统一配送的标准化运营模式，同时多渠道融资综合成本较低，相比小型房产企业优势明显，这些举措非常值得业内研究和学习。"

3.产业拓展：积极探索高科技产业

旅游、健康、高科技产业都是千亿甚至万亿级规模的朝阳产业，发展前景非常巨大。为培育龙头行业、实现恒久发展，更好地服务实体经济、服务科技强国战略，恒大积极探索高科技产业，逐渐形成以民生地产为基础，文化旅游、健康养生为两翼，高科技产业为龙头的产业格局。

恒大做出探索高科技产业的重大决定，一方面，从社会责任的角度，这是企业家应有的家国情怀和民营企业应尽的社会责任。以科学技术为核心驱动，建设科技强国，已经是中国由上至下的共识。党的十八大以来，党中央把科技创新摆在国家发展全局的核心位置，特别强调科技创新要在高质量发展、经济供给侧结构性改革和现代经济体系构建中发挥核心支撑作用。党的十九大再次强调要加快建设创新型国家，加强国家创新体系建设，强化战略科技力量。恒大继续走在了民营企业的前列，积极响应国家战略，布局高技术产业，为国家的科技强国战略做出贡献。另一方面，从企业经营的角度，用十年的时间，从科研到孵化再到产业化，将培养出一大批世界领先的前沿科技技术成果，高科技产业也将成为恒大的龙头产业。许家印经常说，恒大要么不做，要做就做第一。在这种心态的驱使下，做地产，恒大成了规模和利润的双料冠军；投资足球，许家印直奔亚冠，提前两年完成目标；做文旅项目，童世界出身就是业界领先，后者的单体规模超越迪士尼。更重要的是，恒大在多行业冲击第一的动能，也给行业整体带来了巨大变化。此次布局科技产业后，业内专家分析认为：恒大的入局，极有可能架构新的创新体系，对大力推进科技研发及成果转化，以及建设世界科技强国具有重要意义。

2020年是第八个“三年计划”的收官之年，恒大提出要用三年的时间成为世界百强企业。进入世界百强并非空谈，根据2017年的世界500强榜单，百强的营业额门槛是5000亿元，到2020年，即便有所提高也应该在5500亿元左右，而到时相信恒大营业额能超过6000亿元，那就能顺利成为世界百强企业。上市短短9年，恒大实现了数十倍的高增长，足见许家印过人的经营智慧和实干魄力。在他的掌舵下，“新恒大”前景更令人充满期待，不仅将称霸房地产行业，甚至能成为中国民营企业的标杆。

第三节　跨界多元化产业延伸

随着经济的发展、互联网技术的更新与市场环境的变化，中国经济的发展也面临增长方式的转变。据国家统计局的数据显示，2017年前三季度的经济运行数据，社会消费品零售总额达26.3万亿元，同比增长10.4%。最终消费支出对经济增长的贡献率已经远超其他行业达64.5%。在此背景下，众多企业开始转型，以赢得更好的生存空间与竞争能力。而说起战略转型，事实上从2009年起开始，恒大就尝试多元化发展，通过组建庞大的调研团队，在多个领域、多个产业进行了大量的调研、投入、探索和实践。

1.布局产业帝国

2010年，恒大地产销售突破500亿元，闯进全国前五，并以831万平方米的销售面积，直逼万科的841万平方米，位列第二。同年3月，许家印斥资1亿元收购因为假球丑闻而降级的广州足球俱乐部。11月，又砸下10亿元在北京(楼盘)成立恒大文化产业集团，涉及音乐、动漫和影视等六大板块，而其中最为抢眼的是，高晓松和宋柯领衔的恒大音乐。2009年，出于大学时对中国女排夺取世界冠军的崇拜情结，许家印投资2000万元组建了“恒大女排”，邀得大名鼎鼎的“铁榔头”郎平执教。这一事件随即引发轰动效应，席卷了各大媒体的重要版面。有人做过测算，如果单以广告版面计算，要达到同样的宣传效果，恒大花费至少数亿元。这一连串看似“不务正业”的投资，实则又是一条环环相扣的商业逻辑。从源头来说，进军体育与文化两大产业，其实可以追溯到恒大地产的营销手段，邀请娱乐明星助阵项目开盘，本就是恒大聚集人气的撒手锏。

事实上，在8年前，恒大集团已经开始研究探索多元化产业，并于2014年涉入矿泉水、粮油、农牧等诸多产业。从民生地产到体育、从体育到文化，这次，又从文化到旅游大健康，再到高科技，恒大再次玩跨界。4月9日，北京，恒大与中科院签署全面合作协议，宣布在未来10年内投入1000亿元打造三大科研基地，全面进军科技产业。许家印称：恒大将在生命科学、航空航天、集成电路、量子科技、新能源、人工智能、机器人、现代科技农业等重点领域，和中科院齐心协力，共同创建引领前沿科技的“三大基地”，即科学技术研究基地、科研孵化基地、科研成果产业化基地，为科学家团队提供顶尖的科研条件、孵化基地、后勤保障，以及灵活的激励机制，把“三大基地”打造成为全球顶级科学家的聚集地、世界级科创中心。

2018年4月21日，此前不久宣布要布局高科技产业的恒大集团，正式进入了这一领域的农业分支——高科技农业。许家印表示，恒大高科技农业集团将运用高新农业技术、高端农业装备和现代管理经验，采用国际先进的全智能精准环境控制技术，大数据、物联网和智能机械自动化等，实现全季节、全天候生产，全过程集约化、标准化、智能化。“绿色优质、高产高效”正是其产业目标，恒大高科农业集团也将建设成为技术优、实力强的高科技农业龙头企业。

2.由“房地产业”向“房地产+服务业”转变

2014年，恒大从企业长远发展、打造百年老店的高度，正式提出“多元+规模+品牌”的发展战略，在进一步夯实房地产主业的基础上，逐步拓展多元化产业。经过不断摸索，公司逐渐将多元化战略落墨于文旅、健康等板块，并在行业内率先宣布完成“房地产+服务业”的产业新格局。超越万科成为全球著名房企的恒大将如何继往开来？恒大已经走过的9年多元化之路，未来又有什么样的规划？恒大集团董事局主席许家印在恒大集团2018年度工作会议上，给出了明确的答案。

2017年年底，恒大实现了“两个完成”。恒大的第一个“完成”，是已经完成了多元化发展的产业布局。过去9年来，恒大一直在多元化的道路上探索与实践，先后涉足文化旅游、能源、制造、健康、快消、金融等产业和领域。

2017年8月和12月，恒大集团分别推出恒大童世界、恒大·养生谷，作为旅游及健康产业的拳头产品。在此次业绩发布会上，许家印又宣布恒大集团将介入高科技产业。在多元化战略布局上，恒大集团一直都在积极探索。许家印觉得，恒大在多元化的9年南征北战下来，有成功的经验，也有失败的教训。在形成以民生地产为基础，文化旅游、健康养生为两翼，高科技产业为龙头的发展格局后，许家印认为，恒大的多元化布局已经完成，未来在多元化方面不会再像以前那样在新的产业、新的领域做大量的调研、探索和投资。

由原来单一的“房地产业”发展成为“房地产+服务业”，是恒大的第二个“完成”，也意味着恒大已经成功转型。这也是恒大经历了9年探索和试错后进一步明确的多元产业的发展思路，即以民生地产为基础，锁定健康、文化旅游、高科技产业三大服务领域，形成了“房地产+服务业 ”的产业格局。

许家印曾说过：“国家有‘中国梦’，而恒大这种发展的大格局，将实现我们的‘恒大梦’。”他强调，这么多年来，尽管恒大一直在健康高速地发展，但几乎没有谈过恒大梦，“在我的心目中，那些快速的发展都不是梦。如今，我们已经进入现在这个大格局，这个大战略，不断将其付诸现实，实现恒大发展规模与影响力的再次跨越，这才是真正的恒大梦。全体恒大人必须用二次创业的精神，继续齐心协力和努力拼搏，才能实现我们的恒大梦。”

第四节　奠定制胜的法宝

恒大集团的战略管理，遵循科学的“三阶段”方案实施，即战略设计、战略实施和战略评估。恒大集团将战略管理的三个阶段有机结合、融为一体，形成战略设计是战略实施的基础，战略实施又是战略评估的依据，而战略评估反过来又为战略设计和实施提供经验和教训的良性循环，三个阶段的系统设计和衔接，保证了恒大在整体效益上取得最佳结果。事实上，恒大的战略从来都不是一成不变的，从最早期的“快速低价、现金迅速回流、站稳市场脚跟”到后来的“配套取胜、品牌带动、质量过硬”再到“规模战略、成本战略、人才战略、文化战略、国际化战略”直至今天的“规模+效益型”和“三低一高”，没有一个不是建立在对战略实施过程中遇到的环境变化和自身资源的变化做出符合趋势的调整，在不断评估中修正战略的结果。但在整个实施过程中，许家印对恒大集团战略管理最核心的原则是不变的。

1.坚定“做多中国”

许家印是受过正规高等教育的高才生，创业前已在国有大企业和民营企业有过系统化历练。创业后，他把这变成恒大的优势并因此给地产业带来革新。其中最主要的改变是，将房地产开发变成了一项以标准和规范驱动的事业，也将恒大变成了一家以计划目标管理、钢铁意志和纪律、制度驱动的现代公司。但这些不少同行也都能做到或学到。恒大超越这个层面的成功核心，应该归功于许家印在战略上的前瞻及坚定，坚定“做多中国”的决心和信心。对企业来说，管理、执行算是谋，如何与时俱进，与社会共赢才是道。

这些年，不少人到海外购物，但国际化程度很高的恒大，即使到海外购物，也是买教练、买球员、买最好的文化创意、买顶级的医疗资源，尤其是引入大量海外资金，并全部注入内地。或许在许家印看来，13亿多人的市场那么大，去什么海外。正因为更集中、更聚焦、更坚定在内地发展，才有了恒大跨越式的业绩。如今的恒大，在年销售规模超5000亿元的背后，是年纳税超420亿元，员工12万多人，直接或间接解决了220多万人的就业。与此同时，恒大已累计为公益事业捐款100多次超过105亿元。近年，其承诺无偿投入110亿元，帮扶贵州毕节全市100多万人脱贫的案例已成为中国精准扶贫的典范。

而对恒大的社会贡献，许家印却是多做少说，更别说以功自居。非要说一说，他也就是一句："恒大的一切都是党给的、国家给的、社会给的。"2017年，许家印在多个场合明确表示："民营企业把自己的企业做大做强，为社会创造更多的财富、解决更多的就业、上缴更多的税收，这就是最大的民生。"

2.紧跟政策步伐

恒大之所以能发展成为世界大房企，与其在20多年始终与国家发展节奏紧扣有莫大关系。许家印一直被认为"紧跟政策前进，且永远快人一步"。这份远见的背后，是恒大从未停止的变化与进化。

许家印是改革开放的标志性人物。他出身贫寒，靠知识改变命运，白手起家创立恒大。在这期间，他与恒大的发展，始终紧扣社会与时代的脉搏。从"衣食住行"的基本需求，延伸至健康、文化的高级需求，再到科技的国家级需求，恒大一直紧随大政方针。许家印的格局和抱负，决定了恒大的进化基因，他希望自己和企业能深入国民需求，始终为商业文明创造新的价值，成为一家真正伟大的企业。因此，依托"住"起家后，恒大迅速向国民"活得健康、过得快乐"靠拢，再向科技产业这一符合国家大战略的方向靠拢。

许家印在集团发展的第八个三年计划定调，与中长期国家经济发展的主基调也是高度吻合的，即"稳"字当头。不难发现，"稳"也将成为恒大接下来发展的重要战略。其中，在多元化方面，由于布局已经完成，恒大不会再像以前那样在新的产业、新的领域做大量的调研、探索和投资。而恒大高科技产业、恒大旅游、恒大健康三大新产业的发展，更要坚守“稳健第一、发展第二”的原则。大大小小的决策都必须以稳健为主，确保在没有任何风险的情况下，才能做大量的投入。

3.精准把握形势

“应势善谋，玉汝于成。对于恒大这样一个特大型企业来说，围绕着公司发展方向制定为期三年的发展规划，制定得这么科学准确、战无不胜，确实不容易。我们做到了，并且坚定贯彻实施了，所以我们实现了大跨越，实现了大发展，实现了我们的伟大目标，创造了奇迹。”许家印曾对员工如此说道。

识时务者为俊杰，才是中国房企战略选择和优化的依据。不顾市场，不顾行业，而是一味地想做到产品极致、服务极致、口碑极致，这虽然是最好的战术，但却未必是最好的战略选择，或者这是一种产品经理的战略偏好。

房企战略有千种，但归根结底还是三条最大的战略路径选择：第一，先做大再做强；第二，先做强再做大；第三，边做强边做大。这样来看，恒大算是中国一家真正擅长战略的房企，很多人都会聚焦在恒大的负债、利润问题上，多年来一直被媒体和投资机构关注。但事实上，这些并非一个地产江湖的本质，没有成功的企业，只有时代的企业，恒大是识时务者为俊杰的企业。

通俗地说，恒大在地产界高歌猛进的十多年大周期中，高速发展，业绩暴涨，过去采取了高负债、高杠杆、高周转、低成本的“三高一低”的发展模式，这个模式，遭到很多人诟病，但可能是最匹配行情的战略。客观地说，在一个高增长，房地产行业“进8退2”的上升浪潮中，这种战略选择却是吃透行业上升浪最好的、最合适的、价值最大化的战略。

所以，从上述来看，许家印和恒大把握机遇，充分认知中国现实的能力确实高人一等，对政策和行业发展的精准前瞻更是令人慨叹，而这种眼界并不是一般房地产企业所能达到的。仔细观察，三年计划启动后，从2014年到

2016年，恒大就开始进入高速发展期，期间年销售业绩日益见佳，且增速不断提升。到了2016年，合约销售额和销售面积同比增速分别达到了85.5%和75.2%。截至2017年年底，中国恒大的合约销售额和合约销售面积分别达到5009.6亿元、5029.9万平方米，同比增速分别为34.2%、12.6%。

出现这种现象的原因无非是以下两点：

第一，得益于恒大前期的战略规划。

第二，得益于市场的持续放量宽松。

两点原因相辅相成，恒大在市场开始繁荣前，打好了一定的基础，做好了十足的准备，才能在市场向好前搭上市场的“顺风车”。

因此，恒大战略之变，源于行业之变，恒大是真正把“与时俱进”这四个字吃透的企业，这是许家印的智慧所在。地产调控的常态化，高地价、高风险、低利润的行业大趋势，未来地产的新征程，恒大必须变。回顾恒大历年来的战略和销售业绩以及新增土地储备情况，可以看出：恒大始终坚持紧跟政策形势，所有战略的调整都是基于一个“变”字。

从2006年开始，恒大将整体战略目标定位为“规模+品牌”，指的是规模的进一步提高以及提升集团的品牌形象。规模进一步提升的关键在于上市融资，而品牌形象的提升不仅仅是产品的形象，还有很重要的一点是集团的形象，此时，上市恰好是一种无形的宣传。在此之前，恒大已为上市做了充分准备，如2008年前后，土地市场相对低价且低迷，恒大开始大规模拿地，当年新增土地储备达3990万平方米，完成规模的关键一跳。

自2009年上市以后，通过资本市场融入资金后，随后几年又开始疯狂拿地，可以看到，此时新增土地储备在2010—2012年分别达到了5113万平方米、4084万平方米、2600万平方米，这也奠定了自2014年开始，恒大在市场向好的情况下，其销售的稳步提升。

2015年前后，市场再度低迷，恒大再次大举拿地，成为冲击行业龙头关键的一击。也是在2015年前后，恒大预见调控政策加码、市场分化的趋势，快速将重心回归一、二线城市以及相对处于价值洼地的城市。

此时企业预判到了成熟期，同时集团的规模和品牌效应已经具备，故提出“多元+规模+品牌”的战略，并且在2017年提出，要从“规模型”企业转变为“规模+效益型”企业。

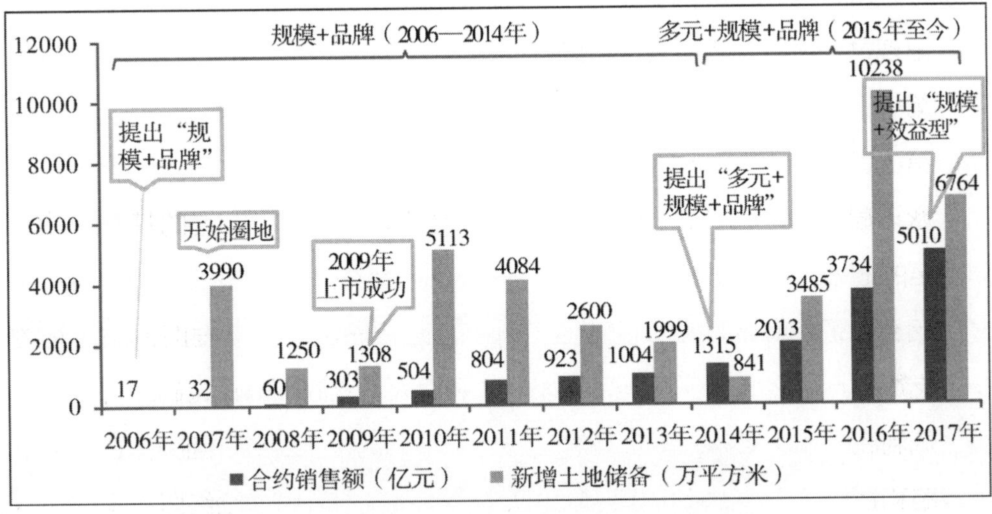

图2-4 中国恒大历年来的战略施行成果情况

注：2017年新增土地储备数据为2017年半年数据，因数据的不可得性，2006年新增土地储备数据缺失。

负债买下的土地不但为持续成长提供了根基，还赢得了大幅升值。截至2017年年末，恒大原值5336亿元的项目土地，已增至世邦魏利仕估值的10386亿元，增值5050亿元。

对一、二线城市的回归，以及各类市场的均衡发展，则为其挖掘机会同时防范风险提供了保障。到2017年年底，恒大已进入全国228个城市，一、二线城市土地占比69%。这才让恒大有足够的实力进行战略转型；成功引入1300亿元战略投资，迅速还清了1129亿元永续债；也有了成为行业“利润王”的最佳年报。所以，恒大的每一个战略都是在结合市场的运行周期以及企业自身发展的需求上制定出来的。

当然无论战略制定得多么有效，如果不能恰当地实施仍不可能保证组织

的成功。另外，在战略实施过程中，最高管理层的领导能力固然重要，但中层和基层管理者执行计划的主动性也同样重要。恒大无疑是战略实施方面的高手，它通过“狼性团队、唯才是用、制度明确、重奖重罚”的管理方式，采用“总部集约管理、地方高度标准化实施”的管控手段，有效地将战略目标清晰地分配到各战略单元和个人，保障了战略实施得到彻底的执行。恒大通过系统性打造一种“狼性文化”，保障“恒大人”在首次熏陶后都变成“工作狂”，各级员工在明确的战略目标和工作分布下能清晰知道自身的职责范围，切实将大目标落实到日常工作之中。在此过程中，恒大根据市场环境的变化，动态调整目标和战略措施乃至管理架构，形成了一套与环境动态匹配的“恒大模式”，保障了战略的落地和适应性。前瞻而正确的战略、科学的管理与严格的执行标准、标准化的运营和体系相配合才是恒大奠定胜利的法宝。

第五节　组织架构和运营机制

1.管理团队

恒大集团的高管团队有以下特征：管理层架构合理，分工清晰；高学历，大部分有从事房地产、金融高管经历；年龄集中在35~45岁之间，整体年轻。年富力强、经验丰富、结构合理的高管团队是恒大最具竞争力的优势之一。

2.恒大集团组织架构和分工（如图2-5所示）

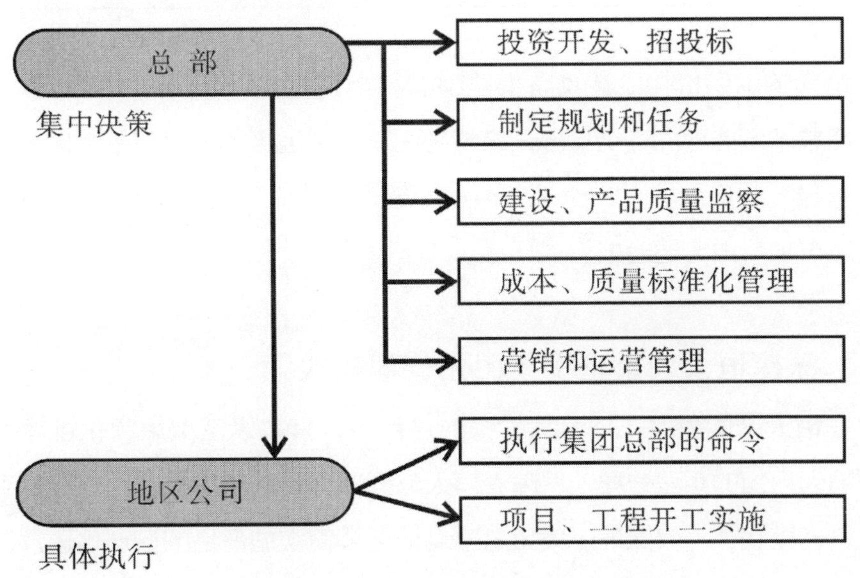

图2-5　恒大战略的多元化平台

恒大共有员工12万多人，高度集权下总部组织庞大，下设17个职能部门，垂直管理各个地方公司的对口部门。

恒大采用“紧密型集团化管理模式”，公司管控权力高度集中在总部，形成“总部—地方公司”的两级架构，总部全面决策各项业务，地方公司负责执行落实。地方公司有简单的人事权，但一线经理实施的人事变动需要上报地区经理，再由地区经理上报总部人力资源部进行相关审批。

恒大“总部—地方公司”两级架构及其分工见表2-2。

表2-2　恒大“总部—地方公司”两级架构中的“人、财、物”管理分工

人	各下属公司总经理助理及以上干部的入职、任免、工资、奖惩及解聘等，须报集团董事会分管领导审批后执行，总经理须再报集团董事局主席审批后执行；中层干部及一般员工的入职、任免、工资、奖惩及离职等由下属公司决定办理
财	财务由集团统一管理，统一执行集团财务管理制度，对外提供报表须经集团财务中心审核后方可报出；资金由集团统一计划管理，各公司在每月底申报下月资金使用计划，资金中心须在每月初报相关领导审批并下发。财务必须严格按资金计划支付
物	计划内大宗材料采购及300万元（含）以下的计划外材料采购，由恒大集团下属材料设备公司自行招标和采购；300万元以上的计划外材料采购由集团招投标中心组织招标采购

恒大的组织机构设计具有大总部的特点，相对于各地方公司而言，恒大的集团总部职能部门齐全，部分职能部门还设置地区办公室遥控地区公司。全国按省级行政区划设立28个地方公司，管理260多个城市800多个项目，一、二线城市项目占比超七成。

3.深探恒大“紧密型集团化管理模式”

在恒大帝国攻城略地迅猛扩张的过程中，其“紧密型集团化管理模式”就像恒大兵团的兵法一样，保障着恒大每到一地都能所向披靡。这种扁平化的垂直管理模式，不仅保证了集团总部对地区公司实施严格的标准化运营，还最大限度地降低了集团在全国拓展中带来的经营风险。

恒大“紧密型集团化管理模式”从管理学的构架设计上来看非常科学先进，制度安排使集团总部和地区公司能拧成一股绳，像一个大集体般齐心协力。紧密型集团化管理模式，是恒大处理集团与各地区公司管理关系的概括，在这种模式下，公司的重大问题都由集团进行统一管理，它的重点就是强化整个集团对各地区公司的垂直化管理，包括人力资源、资金财务、工程建设、成本控制、合同履约、项目营销等房地产开发建设重要环节。紧密型集团化管理模式非常适合高速发展的企业，它能达到“三大确保”：确保每一个尚未成熟的地区公司不走弯路，降低风险；确保降低成本；确保精品战略能够在每一个地区公司、每一个项目上坚定不移地实施，从根本上实现恒大在全国产品品质的领袖地位。

这种管理模式的核心是“标准化”和“复制”，总部负责制定详尽可行的标准和执行管控，地区公司负责贯彻执行。

恒大实行的标准化运营模式，集团总部通过紧密型集团化管理，对全国各地区公司实施标准化运营，包括管理模式、项目选择、规划设计、材料使用、招标、工程管理以及营销等七重标准化，开全国房地产标准运营之先河，在快速扩张的过程中可谓屡立奇功。恒大的标准化是一个严谨设计的体系，这七重标准化也是恒大成本控制的关键。

4.恒大高效执行力的管理关键——严格的绩效管理机制

许家印曾论述：“我们必须倡导‘无情管理’。很多时候，管理与感情总是存在尖锐的矛盾，但是任何工作，我们都应该站在管理的角度思考，而不是同情，不是感情用事。”从钢铁厂出身的他，深知企业管理就像炼钢，感情用事炼不出好钢，只有用严格的制度管理，才能化解感情因素导致的风险，保障企业稳健发展。

除了用无形的“恒大文化”来感染员工外，恒大的团队管理也通过严格的绩效管理机制来实现。

在现代企业管理中，绩效管理强调通过计划、组织、指挥、协调与控制等管理手段来使公司、部门及员工个人业绩提高，以确保企业战略目标的实现。绩效可以理解为业绩和效率，绩效管理是将企业目标和员工个人目标联系起来，以获得业绩和效率的一种过程。在计划制订实施的过程中，以绩效考核为核心的绩效管理无疑是对目标计划管理的又一次深化，又一次提升。经过多年的摸索与实践，恒大已经将绩效管理融进企业目标计划管理当中，并取得了良好的效果。

在恒大的绩效管理中，首要的环节就是制订绩效计划。恒大所制订的绩效计划体现出两个特征：一是对企业战略目标能进行有效地支撑；二是能真正体现员工的实际工作业绩。以企业战略目标为导向的绩效管理是依据企业战略发展的需要来确定员工的行为标准和方向，员工应该做什么，做成什么样子，都是根据企业的战略逐层分解的结果。当然，有了好的企业战略目标还需要公司员工共同努力去实现。

在企业管理的规章制度中，薪酬与奖惩制度是最根本、最重要的制度，它直接关系到各个员工最切身的利益，制定得是否合理，也直接关系到企业经营管理的效率高低和成败。所以，企业要想提高效益，须先提高效率；要想提高效率，须先提高员工的积极性、责任心、凝聚力；要想提高员工的积极性、责任心、凝聚力，必须先制定合理的薪酬与奖惩制度，薪酬与奖惩制度就是企业管理的根本方法。纵观恒大十余年发展历程，奖惩分明的企业文化历久弥新，已成为支撑恒大高速发展的重要法宝。

企业的管理制度就好比一座火炉，如果员工有意或无意碰到它就要被烫伤，就得受罚；如果不碰它，就会安然无事；如果给它添柴，企业的火炉烧得更旺，就会给大家更多温暖的奖励。因此，火炉的存在并不是要使员工被烫，而是使员工感受温暖，获得热量。这个形象的比喻道出了企业奖罚机制的精神所在。

对于企业来说，正确有效地实施奖惩机制可以起到三个方面的作用：一是可以直接转化为企业效益。研究发现，同样一个人在通过充分激励后所发挥的作用相当于激励前的3~4倍。二是可以激发员工的主人翁精神。三是可以广开才路，集结员工的智慧和才能。

从2005年开始，恒大集团即实行全面的绩效考核管理制度，上到集团高管，下到普通员工，全部参与到以实现战略目标为导向的绩效考核体系中。许家印特别讲话强调了“绩效管理，全员参与、重在执行、严在考核”的重点。他认为，绩效管理是所有人的工作，高层管理者需要通过绩效管理来实施战略、达成企业目标，中层管理者通过绩效管理来更好地完成部门任务，对于员工个人来说，绩效管理有助于达成工作目标、提高个人绩效、实现职业生涯发展规划，总之，绩效管理是企业中所有人的任务。

恒大的绩效管理除了考核各部门的负责人以外，还对集团管理系统领导班子进行考核。所有考核的基本机制均将计划完成率与奖励工资挂钩；根据部门工作特性，有本职计划考核，有关联部门考核；计划有权重分值，根据延迟情况有实际得分，计算完成率；工作特性不同，有计划指标，有奖励有处罚。

绩效考核的标准来自岗位职责和目标计划的完成，恒大在目标计划管理上也是做得相当严格、全面和科学：恒大首先制定企业的发展战略和中长期工作目标，围绕企业的中长期工作目标制订三年计划，再以年计划保三年计划，以季度计划、半年计划保年计划，以周计划、两周计划、月度计划保季度计划、半年计划。

恒大目前实行的绩效模式，主要体现在以下几个方面。

（1）将员工奖金的确定和工资的调整同绩效挂钩

目前，很多中国企业都有绩效奖金一说，但是几乎有70%的中国企业在员工个人绩效奖金的确定上并没有真正和个人绩效挂钩，有的只是凭评估者印象发放，有的干脆在分配中采取平均主义，没有真正发挥其对员工的激励作用。恒大并非如此，它的每一位员工每月都有奖金系数，都同工作绩效挂钩。

（2）将员工的能动性同绩效挂钩

中国不少企业虽然做到员工的绩效与奖金和工资挂钩，但并未真正发挥调动员工的积极性的作用，有的绩效管理程序复杂，有的绩效管理过程不公，恒大从根本上解决了这些难题。它的绩效管理过程公平、公正，绩效管理程序简单有效，确保第一时间激发员工的能动性，反馈绩效成果百分百实现。

（3）将员工的职业生涯规划同绩效挂钩

员工的绩效，不仅要体现出员工某一时期的成绩和问题，也应当体现出企业对员工职业规划安排。当前，许多企业的员工只是为公司“打工”，没有使自身的职业生涯与企业的发展结为共同体，主人翁意识不强。恒大则利用合理科学的绩效考核管理形成了卓有成效的职业规划体系，成功实现从人力资源向人才资本的转变，有效的绩效考核确保了员工归属感及职业规划的实现。

恒大的绩效考核体系非常全面且详细， 全体中层干部和普通员工的每一个职位的每一项职责都有详细的标准并对应相应的分值，考核的方式采用以季度为周期的公司全员考核，即每年1月、4 月、7 月、10月完成上一季度全员综合考评工作。在综合考评内容构成上，按照集团公司对中层干部及普通员工岗位的不同要求，从综合素质、精神作风、工作业绩三大方面分别进行全方位考察，其中综合素质占20％、精神作风占40％、工作业绩占40％，总分为100分。每一层级的考评分数会略有不同，以全体中层干部和普通员工为例，被考评中层干部的分值由主管领导综合评议、部门中层民主评议及部门员工民主评议三个方面进行综合评定；被考评普通员工的分值由部门领导综合评议、部门中层民主评议及部门员工民主评议三个方面进行综合评定。最终考评结果采取加权平均的计算方式，将三种打分按照4∶3∶3的比例进行加权计算。

绩效考评的结果，将直接和薪酬福利挂钩。恒大员工月薪资收入包括固定工资、奖金两部分，均以税前值计算。固定工资部分包含基本工资、岗位工资和综合补贴三部分，奖金部分包含浮动奖金和额外奖金（员工转正后按奖金考核规定享有）组成，根据所在部门主要经营计划指标完成情况及个人绩效考核结果计发。

除了和薪酬挂钩外，针对考核结果不理想和目标计划达成不力的情况，恒大还有一套严厉的“失职问责管理机制”，对出现问题的部门严格纠错，避免再犯。

许家印曾指出：“在恒大，每位员工都要有强烈的责任感和主人翁精神，都要有高度负责的精神，精心策划的工作作风，以司为家，站在对公司高度负责的立场上做每一件事。只有这样，恒大的发展速度才会更快，创造的奇迹才会更大。”许家印曾做了题为《严格责任，失职问责有效管理》的讲话，对事关公司管理与发展的一些重大事项进行了深入讨论，并着重剖析了近期公司个别重要单项工作所暴露出的一些不良苗头。会议要求继续深入持久开展“三大运动”，着重在强化责任、严格管理上采取措施，坚决推行“失职问责制”。

所谓的“失职问责制”，就是要求出现问题的部门严格执行“三不放过”制度：一是没有查清原因不放过，必须开分析会，剖析根源，找准原因，制订预防措施。二是没有落实责任单位和责任人不放过。要明确责任，使当事人和其他员工受到教育。三是没有处理不放过。处理应形式多样，因事制宜，从口头检查直到开除，视情节而定，目的是为了让当事人和其他员工吸取教训，避免再犯。

在恒大，企业通过严谨计划、明确责任、绩效考核、奖惩分明、承担责任、失职问责等多项责任措施，通过制度将企业运营和个人发展紧密相连，将企业前途和个人命运相连，将企业健康和个人品行相交，形成恒大独有的管理文化。

第六节 “独步天下”的恒大模式

所谓“天下武功唯快不破”，恒大凭借背后超强执行力驱动高效运转，在短短两年内完成突破 3000 亿元的销售额并逼近 5000 亿元的销售额，其独特的运行机制功不可没。

经过长期锻造后，恒大集团形成了自己的核心竞争能力，所谓的核心竞争力是企业竞争力中那些最基本的能使整个企业保持长期稳定的竞争优势、获得稳定超额利润的竞争力，是将技能资产和运作机制有机融合的企业自身组织能力，是企业推行内部管理性战略和外部交易性战略的结果。现代企业的核心竞争力是一个以知识、创新为基本内核的企业某种关键资源或关键能力的组合，是能够使企业、行业和国家在一定时期内保持现实或潜在竞争优势的动态平衡系统。

有了这一模式，恒大就不只是胆大，而是强大。所以在许家印身上，不仅解决了企业做什么的方向问题，也通过一套专业体系解决了怎么做才能防风险的问题。这种专业能力，在商学院是学得到的，只是恒大做得更彻底和极致。

在充分分析恒大集团整体战略和各业务模块运营模式的基础上，本书提炼出恒大的五大核心竞争力（如图2–6所示）。

1.企业领导人有突出的企业家精神，团队保持旺盛的创业激情

彼得·F.德鲁克认为：“所谓公司的核心竞争力，就是指能干别人根本不能做的事，能在逆境中求得生存和发展，能将市场、客户的价值与制造商、供应商融为一体的特殊能力。”可见，企业核心竞争力从某种意义上讲，是企

业家精神的一个反映或扩展，它体现的正是企业的创造与冒险，体现的正是企业的合作与进取。企业家在企业中的独特地位，决定了企业的核心价值观必然受其重要影响，决定了企业的组织创新、管理创新、价值创新等冒险活动只能由企业家自身承担。它同时也决定了企业的经营发展的兴衰成败，从而也就决定了企业核心竞争力能否形成。因此，企业家在其精神的鼓励下对企业核心竞争力起着关键性保障作用，企业家精神通过企业家自身保障了企业核心竞争力的培育与提升。

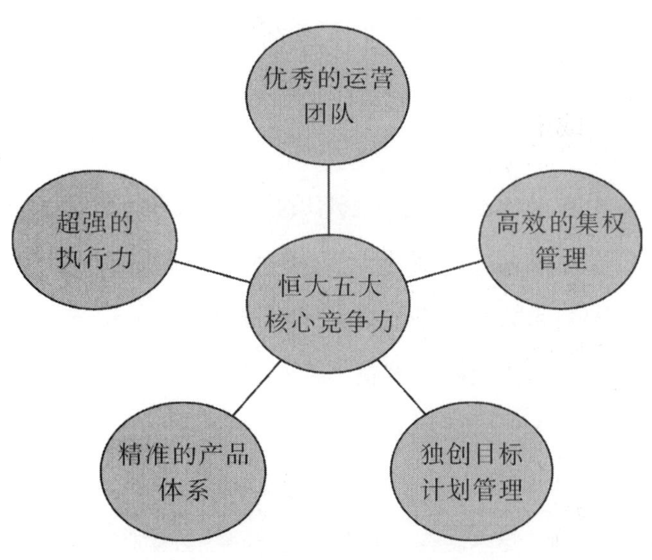

图2-6　恒大五大核心竞争力体系

企业家具备以下四个方面的精神，这四个方面在恒大掌舵人许家印身上都有突出的表现。

（1）创新精神

创新，是企业家的灵魂，体现为一个成熟的企业家能够发现一般人所无法发现的机会、能够运用一般人所不能运用的资源、能够想出一般人无法想出的办法。企业家创新精神的体现在于：引入一种新的产品；提供一种产品的新质量；实行一种新的管理模式；采用一种新的生产方法；开辟一个新的市场。

纵观恒大的发展史，就是许家印的房地产创新史，从采用小户型开发珠岛花园开辟新市场，到低价策略迅速赢取市场，到采用速度取胜的管理模式，到明星开盘体育营销，无一不是许家印创新精神的体现和结果。

（2）冒险精神

一个企业经营者，要想获得成功，成为一名杰出的企业家，必须要有冒险精神。对一个企业和企业家来说，不敢冒险才是最大的风险。企业家的冒险

精神主要表现在：企业战略的制定与实施；企业生产能力的扩张和缩小；新技术的开发与运用；新市场的开辟和领先；生产品种的增加和淘汰；产品价格的提高或降低。

冒险，似乎是许家印的天性。恒大的白手起家、恒大第一个房地产项目、恒大大规模储备土地、恒大在金融危机中逆势上市、恒大入主广州足球、恒大豪斥数百亿进军童世界、养生谷……这一幕幕硝烟弥漫的恒大故事，都是企业家的冒险精神淋漓尽致的体现。

（3）创业精神

企业家的创业精神就是指锐意进取、艰苦奋斗、敬业敬职、勤俭节约的精神。主要体现在：积极进取；克服因循守旧的心理；企业家的顽强奋斗；敬业敬职的职业道德；勤俭节省的精神风貌。

创业精神，似乎就是为许家印个人而设的，他为恒大的奋斗可以用“玩命”来形容，恒大“人人都是拼命三郎”的风气深受其影响，在这个崇尚“狼性”的企业家眼中，似乎没有不可能的事，他无数次将常人眼中不可能的事在排除万难后都完成了。

（4）宽容精神

企业家的宽容精神是指企业家具有宽容心，愿意与人友好相处，愿意与他人合作的态度和精神。主要体现在：尊重同行和下属；尊重人才；善于使用人才，敢于起用人才；虚怀若谷，善于听取别人意见，尤其是批评自己的意见；发扬民主精神，避免独断专行。

许家印从早期的职业经历中体会到，企业的第一要素是人才，所以他在恒大员工的薪酬激励和人文关怀上从来都是毫不吝啬，从恒大集团总裁到普通员工，只要有能力可以胜任，不问年龄出身，做到推贤举能，大胆启用精兵悍将。在对外合作方面，恒大更是善于借力打力，与政府、同行、上下游、客户及各类科研机构保持着良好而紧密的关系，体现了非常到位的合作精神。

对恒大领导人许家印稍有了解的人都知道，他的人生几乎就是用“拼命”二字写成，二十几年如一日地将全部心血倾注在恒大这个“儿子”身上。他身上具备典型的中国企业家精神，将成大事所需的野心和细心，奇妙地融合在一起，充满了“中国梦”的色彩。

“那些愿意把变革视为机遇，并努力开拓的人。”这是管理学大师彼得·德鲁克在其著作《创新与企业家精神》中对企业家的定义，非常符合对许家印的描述。

恒大集团高层领导管理团队平均年龄42岁，年富力强激情澎湃、专业经验丰富，平均房地产开发管理经验16年。在“许氏风格”的统领下，越是高层人员，工作越拼命，但“最拼命的是许老板”。恒大集团的所有产业的管理团队，都深深打上这种旺盛的创业激情的烙印，保持着强悍的战斗力。

在最前沿的经济学观点中，企业家精神和土地、人力、资金并列为“稀缺资源”，而且当中最稀缺的资源，在恒大狂飙突进的过程中最重要的核心武器，不是别的有形资源，而正是以许家印为首的恒大团队愈演愈烈的创业精神。

2.建立在高度集权和标准化基础上的快速扩张

“一个企业的管理如果上不去，那就没有核心竞争力。企业管理不是盲目无序的，这需要有一整套思路。早在2004年，伴随着恒大向全国的拓展，为适应企业向全国拓展的发展需要，就确立了集约化的‘紧密型集团化管理模式’。这一管理模式确保了我们每一个尚未成熟的地区公司少走很多弯路；确保精品模式复制全国，从根本上实现恒大在全国的产品品质的领袖地位；确保企业文化成功传承到各地区公司，全国员工都能秉持恒大作风。”许家印表示。

恒大的“紧密型集团化管理模式”最大的亮点在于企业的标准化运营，通过多年的探索，目前，恒大在房地产开发建设从上到下的各个环节都形成了一整套标准化运营模式，以标准化的流程及业务运营体系来推动公司发展。对于未来，许家印表示，恒大要在现有的基础上，不断研究中国房地产业的发展趋势，优化领先全行业的精品地产标准化运营模式，进一步深化和扩大标准化程度和范围，构筑起覆盖产业全流程的精品产业链，并持之以恒推广这一当前最先进的模式，将系统成熟的运营经验复制到全国所有项目，确保每个项目均得以成功开发及销售。

在恒大，公司上下都有一册由许家印亲手起草的《恒大学习资料》，其中几万条规章制度，上至企业决策和方针规划，下至员工的伙食、接送、住宿，都建立起一个个硬性标准，这是恒大的“基本法”，一切事务都按规定里面的条文实施。

正是这套模式，一方面保证了集团总部绝对管理的权力，另一方面建立了标准就容易复制。令业界震惊的恒大速度，就是建立在这个基础上保证了恒大不会出现大的失误，抗风险能力强，“快而不散”。

3.铁血管理、狼性文化锻造的超强执行力

许家印认为，强大的执行力对企业来说代表着一切。经过多年的积淀，恒大形成了非常好的工作氛围。在恒大，新员工只要入职三个月，受其高效执行力文化的工作氛围熏陶，很快就会自发变成标准的“恒大人”——“工作狂”“拼命三郎”。

正是这种执行力的影响，恒大的团队非常稳定，“当2008年遭遇‘两个寒冬’，遇到很大困难，外界有些不了解公司的人对恒大议论纷纷的时候，我们900多名中层以上领导，没有一个人因此离开恒大，这是我们最引以为傲的事情。这表现出来的优良的恒大精神和恒大作风，说明了恒大的每一名员工都对公司充满信心。了解恒大的人都知道，恒大的团队、恒大的管理、恒大的文化、恒大员工的素质在全国地产行业中，没有可以等量齐观的。”许家印在度过2008年金融危机之后曾骄傲地说。

恒大“质量树品牌，诚信立伟业”的企业宗旨、“艰苦创业、无私奉献、努力拼搏、开拓进取”的企业精神、“精心策划、狠抓落实、办事高效”

的工作作风、“三位一体”的企业文化，从字面上看很虚，但把这些字的理解深入骨髓，并通过强有力的执行将其转化为生产力，恒大确实做到了。

强大的执行力最直接的表现，就在许家印自己身上。恒大的会议开到次日凌晨两三点才结束是常态，因为许家印不能容忍问题过夜。

在促成美林银行对恒大投资的过程中有一段细节，许家印拿出一份清单，上面列着恒大计划收购的30个项目，随便指出一个，花了多少钱、施工怎么样、出了什么问题、造了多少层，许家印都了然于胸，因为每天晚上，全国所有项目2000元以上的支出，上百页的账目清单，他都一行一行过目，全国项目的进度他都了然于胸！

许家印曾自信地说：“如果恒大决定在一个新的城市上马一个全新项目，可以保证在两小时内组建一支过硬的队伍进入运作，同时不会出现大的失误和漏洞。”

“我给沈阳总经理打电话，九个小时后他就到了西安，成为西安的总经理。”许家印可以举出很多类似的例子。

恒大这种“铁腕治军”的管理方式移植旗下的所有产业当中，其他相关企业不必多说，就连“跨界”的恒大足球俱乐部，也是得益于“狼性文化”的严格实施保证了令行禁止，形成卓越的战斗力。

在一场足球比赛中，郑智因冲动受了处罚，见到许家印后不敢坐下来，一直站着，反复检讨。许家印说，认识到问题，以后不要发生就可以了。然后现场定下规矩：以后遇到这种情况，罚款3万~10万元。

“大家有没有意见？”他问在场的球员，大家鼓掌通过。

不出半个月，郜林第一个撞到了枪口上。当时许家印正在北京看球赛直播，当场就打电话给俱乐部董事长，要求严格执行规定。

强大的执行力是企业快速发展的动力和源泉。恒大地产在挥手之间向全国扩张，并在国际资本市场上纵横捭阖、大举融资，离不开恒大地产审时度势、厚积薄发的战略眼光和深谋远虑以及乘势而起、把企业做大的豪迈心胸。全国各地同时开盘，大幅度折扣，快速销售和回笼资金这类恒大的招牌动作，动辄斥资千万的大手笔营销，都远非一般企业敢于尝试。这靠的是远见和雷厉风行的执行力。在恒大内部，一个指令可以在半小时内从集团高层传达到最基层的员工。同时，集战略眼光和细节管理能力于一身，既能统揽全局又能把握细节，抓大而不放小，正是这种细节管理能力和强大的执行力，使恒大地产经历了大风大浪，仍然能够屹立潮头，迎来云开雾散、阳光灿烂的时刻。

执行，是成就一切事业最终的落脚点，恒大帝国的构建，无非也是如此。

4.独创目标计划管理是快速成长之法宝

地产20年就做成行业全球第一，恒大足球豪取中超七连冠和两夺亚冠，许家印提出的目标常常令人瞠目结舌，但却总能实现，其中的核心保障是他超强的战略决策与管理能力。

恒大的纪律和执行力有目共睹，这不但爆发出强大的力量，还能做到“冠军总归这里”，依靠的也是领先的战略决策和管理水平与能力的护航。

中国古代著名的经济学家和政治学家管仲有句名言：“凡将举事，令必先出。”西方的现代管理学家、提出目标管理理论的德鲁克强调，不是有了工作才有目标，而是有了目标才能确定每个人的工作，企业的使命和任务，必须转化为目标。

刚参加工作就在国企大搞制度建设与纠错，一成立公司就搞“三年计划”，强推目标计划管理的许家印，是在大师的基础上不断创新做自我的现代管理理论和实践的探索者。

他将恒大管理和业务的每一个环节都高度标准化、细节化和制度化，建立起一整套“照本宣科”即能达到优质水准的标准化、中央集权的管理体系，然后在这个体系下，始终强调“精心策划、狠抓落实、办事高效”的12字方针，并围绕这12字方针不断进行理论指导实践，实践再优化理论，对每个人要在什么时间、通过什么方法、按照什么标准、做到什么程度、完成什么样的任务都做出规定，然后加强监督与执行，继而确保了恒大的大政方针落到实处以及每个环节的高效有序。

另外，目标计划管理，则是许家印将目标管理和计划管理结合在恒大独创的管理模式上，也是恒大高速成长的法宝。

如今，恒大目标计划管理的模板和信息化程度，已经做到计划、目标都分解到年、分解到半年、分解到季度、分解到月、分解到周，每周都能统计当周十多项大指标完成率的高度。

据了解，在恒大集团内部，有一个在地产界独特的部门——管理及监察中心，各地区公司也设有综合计划部，两级部门统一形成了多级项目计划管理体系，这个体系就是对项目开发保持高速运转而负责。根据恒大介绍，该公司对于项目计划把控细化到每一周，确保拿地之后的半年内开盘销售，除非遇到严重的不可抗力，否则开盘时间是死命令。

“在管理学上，通常目标管理和计划管理是两个独立章节，恒大将两者合一，恒大的计划都是带有目标性的。”许家印在一次内部讲话中说。

这并非许家印的随口一说，而是根据他持久的观察发现的，刚毕业的大学生都有一个规律：“入职后干劲十足、信心百倍；但过了三个月以后，就忘记目标和理想，甘于平庸；再过三个月，工作激情就没了。”他发现了问题，并把问题解决了，其解决之道就是目标计划管理。

通过这个目标计划管理，恒大让走进公司的每一个人都永远无法忘记自己的目标和理想，也无法没有激情。没有激情，你就无法完成目标计划；完不成目标计划，你就无法在恒大立足；而一个目标计划完成，马上又会给你新目标计划。

如今有句流行语，“不逼自己一把，你永远不知道自己有多强大”。许家印总在逼自己，也总在通过“目标计划管理”体系来紧逼恒大，所以恒大才如此恒大。

而今，伴随2020年新目标计划的出台，许家印和恒大再逼自己几把的一系列新目标、新激励、新约束，也已配套落实到了每一个环节的每一个人头上。

第三章

恒大地产格局——宏伟大业的根基

房地产是恒大的基础产业，必须坚定不移地夯实基础。求木之长，必固其根本。恒大所有产业的发展都建立在房地产主业的基础上，房地产是我们的根、我们的本，根深才能叶茂。所以夯实房地产是恒大不断壮大、发展其他产业的最重要的基础。因此，恒大自成立以来始终将房地产主业的发展放在首位，实现多年来的健康快速增长。

——许家印

第一节　恒大地产20年
——向下扎根，打牢根基

恒大地产，是中国地产界的一个标杆，在2016年走向辉煌，在2017年持续了这一巅峰的发展，践行从“规模型”向“规模+效益型”转变，不断提升产品附加值。截至2017年12月31日，恒大已成功进驻城市286个（其中地级市223个，县级市63个），覆盖了除中国台湾、澳门地区以外的国内全部省级行政单位，累计上马新项目334个，新增土地储备约1.4万平方米。土地储备实现大幅增长，布局进一步优化，为公司稳健经营、多元发展奠定坚实基础。

恒大是如何从一家小公司成为世界著名房地产公司的呢？让我们看看它的历史发展轨迹吧。

1996年，当许家印率领七八个员工创办恒大时，中国企业500强排行榜尚未问世。2017年，恒大集团已位列世界500强第338位。除此之外，恒大集团还位列中国民营企业20强、中国房地产企业十强、广东省民营企业十强，创造了奇迹般的“恒大速度”。

从广州市海珠区工业大道南，到覆盖广州各大区域，辐射珠三角，再走向全国；从七八名员工到形成超11万人的团队；从注册资金3000多万元，到拥有总资产1.5万亿元；从默默无闻到位列世界500强第338位；从第一个项目奠基到全国260多个城市800多个项目的全面拓展，其中一、二线城市占七成。

20多年的耕耘，恒大地产一直向下扎根，将根基打牢、夯实基础，确定了“质量树品牌、诚信立伟业”的恒大宗旨，这些到现在一个字未改，代表了恒大地产人的精神和文化。

1.恒大第一次大跨越实施的十大战略

许家印在2013年集团系统年度工作会议上的重要讲话中，对恒大战略发展的路径做了这样的精辟总结，他在讲话中提道：恒大实现第一次大跨越，也就是从2006—2011年实现核心指标平均46倍的增长，其实已经在大战略上进行了2~3年的谋划。恒大先后谋划实施了十大战略。

战略一:确立了恒大向全国拓展的紧密型集团化管理模式。

管理模式是一个企业实现发展的一大根本性战略，缺乏科学完善管理模式的企业，必将走向衰落和失败。可以说，没有紧密型集团化的管理模式，就没有今天如此辉煌的恒大。

恒大的紧密型集团化管理模式，也可以说是中央集权的管理模式，能够做到完全集权到集团总部，由集团总部进行大战略、大方向、大计划的管控。许家印提道：“企业的管理模式涉及管理架构，涉及每一个管理环节，尤其涉及企业上下的管理意识，一旦确定下来是不容易更改的。”

在这一模式下，恒大各个环节决策由集团直接把控，地区公司只负责执行实施。为实现集团决策的快速落地，恒大创立了独特的“目标计划管理”体系，计划与目标分解到每季度、每月甚至每周，并配有量化指标考核；集团监察管理中心会到全国各地去统计数据，每个月统计一次，根据进度来决定员工的奖励机制和资金。在这种紧密型集团化管理模式下，恒大集团任何决策半个小时内就可以到达项目一线人员耳中。

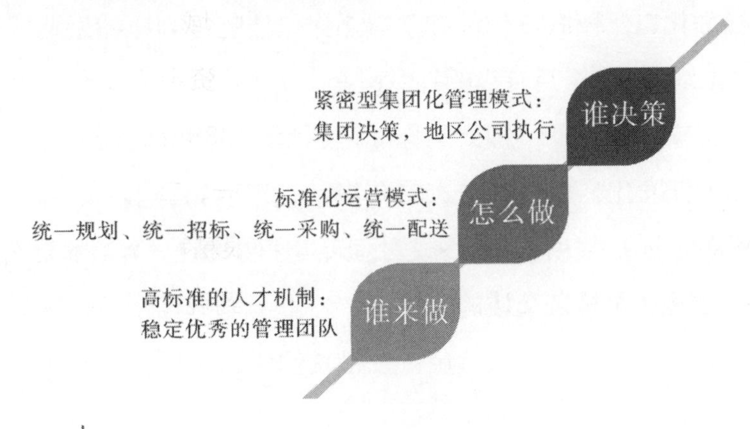

图3-1　恒大管理模式

恒大的管理模式是目前中国独一无二的一种管理模式，是适应公司高速发展、高速跨越，也是能够确保产品品质、控制成本、控制风险的一个管理模式，自然也是其他同行羡慕但是学不来的。这个模式在五年前就已经得到同行龙头企业的充分肯定，并被实践证明是非常正确和科学的。“我们从广州1个城市拓展到全国128个城市，发展成这么大的企业，首先就是我们当初在确立管理模式上，选择了一条正确的道路。”许家印如此说道。

战略二:实施了标准化的运营模式。

这里所指的标准化，不光指产品的标准化，更指的是经营管理的标准化。

恒大采用统一规划、统一招标、统一采购、统一配送的标准化运营模式：依靠标准化的规划设计，迅速完成项目的定位和方案拟定及实施；通过全国统一招投标整合资源，迅速组织新项目施工，确保工程进度及质量；通过实施标准化的工程管理、质量控制体系，保证工程质量；通过实施标准化的开盘模式，实现快速销售的目标。

以恒大的营销为例， 恒大的营销由集团总部统一把控、 统一策划，这样才能确保管理到位，确保公司这么快的发展，销售跟得上、跑得快、随行就市，甚至恒大的人事管理也做到了标准化，从基本的管理架构，到每家分公司、下属公司、每个项目的架构及定编、定员、工资标准等，都全面实施标准化。

恒大标准化运作模式不仅能够获得合作伙伴的让利压缩采购成本，而且有力支撑了拿地后4~6个月开盘的开发速度。

对此，许家印表示：“恒大的标准化运营，是经营的标准化、管理的标准化、产品的标准化，是我们在2006年以前，用两到三年的时间钻研、研究的成果。严格标准化及执行，最终成为恒大高速增长的一个基本要素。”

战略三:实施了全精装交楼的大战略。

这个大战略是恒大的一大特色，也是其他任何大规模的龙头企业都很难做到的。

在恒大刚开始推行全部精装修交楼的时候，其实内部阻力很大，员工意识不到精装修的前瞻性和重要性。幸亏恒大有着这种紧密型集团化管理模式，恒大董事局也是顶着压力要求全体员工严格实施，才推动了精装修大战略的顺利开展。

未来国家如果强行推行精装修交楼、所有企业都希望像恒大一样做精装修交楼的时候，恒大全精装交楼大战略的重要性和前瞻性就会显现出来，这就是战略优势。“这不仅是我们的一大特色，也是我们抵抗市场风险的一把利器。越是市场行情不好的时候，毛坯房就越难卖掉，精装房就越成了市场的香饽饽，人无我有，人有我优，这又是我们的一大优势。”许家印指出。

战略四:实施了普通住宅园林环境配套豪宅化的大战略。

这是恒大的另一大特色。许家印认为，当前的房地产竞争越来越激烈，质量和品质极其重要。对老百姓来讲，环境配套是关系生活品质的重要构成部分。尽管恒大打造的是普通住宅、民生地产，但事实上恒大一直是按照豪宅的环境和配套进行设计施工。这个理念，对擦亮恒大品牌、推动恒大发展、赢得老百姓认可都起到了关键作用。由此可见，恒大普通住宅园林环境和配套豪宅化的这一个大战略，是极其重要的战略，具有深远的意义。

战略五:材料统一集中供应战略。

这是一般企业做不到的。材料供应是一个系统工程，一个执行力强大的企业才能实施这种集中供应战略。而恒大的材料使用的都是国内外知名品牌的产品，产品质量过硬，即便是埋到墙里面的电缆水管等材料也都是采用了国内外知名品牌产品。所有材料全部集中供应的战略模式，既杜绝了假冒产品，又杜绝了材料漫天要价，实现了材料供应成本控制，更重要的是，赢得了全国老百姓高度认可。

恒大站在战略的高度采取集中供应，抢先若干年和国内外知名的材料供应商建立联盟。许家印表示：“等未来几年形势非常好的时候，这种竞争优势就会进一步凸显。我也相信，老百姓在入住若干年以后，会渐渐感觉到恒大房子质量的过硬，进一步提升恒大品牌的信赖度。”

战略六:建立房地产全产业链的战略联盟。

恒大目前已经和房地产全产业链的国内知名的施工企业、材料供应商、设计单位等全球几百家龙头企业组成了稳固的、长期的战略联盟，进行长远的战略合作。

通过这么多年的集中招投标，恒大已经组成了优秀的企业战略联盟，这是对恒大未来发展作用不可估量的一大战略。许家印认为，中国知名的装修企业都是恒大长久的战略联盟，并且是排他的战略联盟。这种资源的垄断，对恒大未来的发展有着深远的意义。

战略七:人才队伍建设高标准化战略。

这是恒大打造百年老店的一大战略。企业的竞争就是人才的竞争，人才是企业的生存之本。从恒大成立那天起，就极其重视人才战略，设立极高的门槛要求：所有员工均要求大学本科及以上学历，一般岗位需要五年以上工作经验（不包含应届生），技术岗位的需要八年以上工作经验（不包含应届生）。同时，恒大每年接收大批应届的名牌大学毕业生，以培养后备人才队伍。

在人才战略上，恒大一直实施优胜劣汰的管理机制，打造出一支综合素质过硬的铁军队伍。“团队最优”是恒大发展战略的保证。公司创立之初即明确队伍建设标准，建立高标准的人才引入及培养机制，95%以上员工具有大学本科及以上学历。这说明恒大队伍的文化素质之高，在全国企业界难得一见。

高标准的人才自然要匹配高标准的激励，股权激励和高额薪酬成为吸引和留住人才的撒手锏。2017年10月，恒大公布一份惠及广泛的股权激励计划，将向7994名核心员工派发7.4亿股期权，占公司总人数的7.8%，无论是新增期权总额还是激励人员的规模，均创下了行业最高纪录；12月，又以1500万元年薪将经济学家任泽平招致麾下，在地产圈、金融圈和学术圈都引起极大关注。翻看恒大集团现任高管，入职10年甚至20年的人物并不少见，稳定优秀的管理团队为恒大的崛起打下了坚实的基础。

“企业发展最核心的竞争是人才竞争、文化竞争、管理竞争。经营理念、经营思想、战略上的竞争，这些方面我们走到了前头，而一个企业的成败，在于产品品质、成本控制，归根到底在于企业管理和企业文化。”许家印指出，企业的管理和文化，又归根到底来自企业的队伍。所以说，队伍建设方面的大战略非常重要、非常必要。

战略八:实施严格管理、奖罚分明的管理战略。

这是许家印站在公司长期可持续发展、打造百年老店的高度所实施的一大战略。恒大在管理上一直强调“失职问责三不放过”原则，也就是没有查清原因不放过、没有落实责任单位和责任人不放过、没有处理不放过，这是从严管理的直接体现。

同时，恒大一直在推行有奖有罚、奖罚分明的管理办法，坚持以奖惩为手段，以制度为准绳，对每个单位、每个员工的工作进行绩效考核。可以说，恒大的奖惩机制是支撑恒大高速发展的重要法宝，是规范员工行为、推动公司高速发展的管理利器。自2007年以来，集团董事局先后数次对全国各地区公司开展大规模的“奖励先进、惩罚后进”的考核。2012年，恒大深入开展了“结合实际、整顿队伍”运动，独创了全国企业界独一无二的七大核心绩效考评管理方式，进一步树立了用业绩说话的管理导向。

战略九:抢先市场、布局全国的格局战略。

大到国家经济，小到企业发展，都要遵循市场的逻辑。市场的逻辑，是让别人幸福，自己也幸福。市场经济是普惠大众的经济制度，谁服务的人多谁就赚钱多。恒大是中国较早进入二、三线城市的龙头企业，并快速完成全国性的战略布局。从2004年率先进军二线城市，到2010年率先进入三线城市，恒大是中国项目布局最广、进入城市数量最多的龙头房企。这一前瞻性战略，给恒大业绩的井喷式增长奠定了坚实基础，已经并将继续给公司发展带来深远的影响。

战略十:实施恒大文化建设战略。

企业文化是企业的灵魂，是推动企业发展的精神动力。许家印一直强调：“企业小的时候，靠的是人管人；企业发展到一定规模的时候，靠的是制度管人；企业发展到更大规模的时候，靠的是文化和制度共同管人。”

2.标准化运营模式——恒大地产七大运营优势

恒大通过紧密型集团化管理，在运营方面采用了统一规划、统一招标、统一采购、统一配送的标准化运营模式，最大限度地降低了全国拓展带来的经营风险，确保成本控制和产品品质的均好性和一致性。

（1）管理模式标准化

建立董事局、集团高管、地区公司高管三级管理体系，采用紧密型集团化管理模式统一管理。

（2）项目选择标准化

项目区位、规模、定位的标准化，以确保新项目符合集团发展战略，最大限度地降低了决策风险。

（3）规划设计标准化

按照产品定位划分三大系列产品，设计制定了150多种标准户型。

（4）材料使用标准化

建筑、园林以及装修工程等领域大批量采用标准材料，保证了产品质量，节约建设成本。

（5）工程招标标准化

各地区公司所有大型工程都由集团统一招标；参标企业必须是行业龙头或全国十强企业。

（6）工程管理标准化

恒大集团通过标准化的工程建设计划模板及质量考核制度，对所有项目的各个建设节点进行严格的计划管理，对各项目每栋楼都进行进度考核、质量检查以及安全文明生产检查。

（7）项目营销标准化

全国所有项目的营销方案、销售价格按集团统一标准进行审批实施，同时推行严格统一的开盘标准。

恒大以“规模+品牌”的发展战略形成了企业强大的竞争力，在20多年的发展历程中，先后制定出七个“三年计划”，通过科学前瞻的战略规划，以及围绕战略的高效执行，确保公司创造出中国企业界独树一帜的辉煌成就。

恒大地产在许家印的带领下艰苦奋斗，拼搏了22年才有了光辉的今天。

“恒大地产每年的计划，没有一年不实现的。”许家印在2015年业绩会上说的话，2016年的业绩再一次应验了他的正确判断。在地产行业宏观环境错综复杂，收购并购案屡见不鲜的背景下，恒大在地产上依然旗开得胜的秘籍确实值得探讨。总结来说，就是恒大具有大规模快速开发能力、过硬的产品品质、全部精装交楼、市场定位准确的产品线和强大的成本控制能力。接下来的章节将会详细分析恒大在地产领域是如何做到以上几点的。

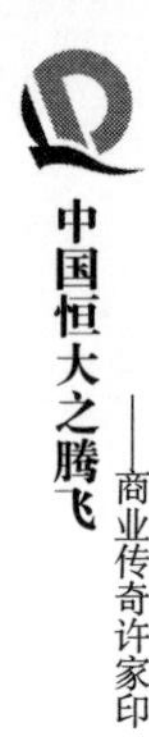

第二节　精品战略、民生为本
——“民生地产”定位价值凸显

恒大的定位在多年的积累中已经相对固化下来，并用子品牌的模式对应不同细分市场的需求。在公司的整体定位中，“民生地产”和“高性价比”是消费者对恒大形象最直观的理解，这种定位使恒大近年来稳坐销售面积全国第一的宝座。

1.多定位策略打开市场

在恒大帝国狂飙突进的过程中，它曾经试过不同的定位策略，每一阶段的定位都为他赢得了当时的市场，而在全国扩张到一定阶段后，恒大的定位基本上稳定下来。恒大曾尝试四种定位策略：

（1）创新定位

寻找新的尚未被占领但有潜在市场需求的位置，以填补市场上的空缺，生产市场上没有的、具备某种特色的产品。比如许家印早期的金碧花园推出了小户型，填补了市场上的空缺，创造了开盘半天即售罄的神话。

（2）避强定位

企业力图避免与实力最强的或较强的其他企业直接发生竞争，而将自己的产品定位于另一市场区域内，使自己的产品在某些特征或属性方面与最强或较强的对手有比较显著的区别。

在针对区域市场时，恒大往往采用避强定位的方式，如在成都市场，恒大已经进入了三四年，但一直都在郊区徘徊，始终没有进入市中心，就是为避开强势对手的锋芒，等扎稳脚跟在当地市场形成巨大号召力时再伺机而动。

（3）迎头定位

企业根据自身的实力，为占据较佳的市场位置，不惜与市场上占支配地位的、实力最强或较强的竞争对手发生正面竞争，从而使自己的产品进入与对手相同的市场位置。

在恒大实力强硬的市场，如华东、华南市场，凭借着高的知名度和美誉度带来的强大市场号召力，恒大往往在最核心的位置和最强的竞争对手如万科等直接竞争；在核心位置，恒大开发出“恒大华府”的品牌，在直接的短兵相接中站稳了市场脚跟。

（4）重新定位

公司在选定了市场定位目标后，如定位不准确或虽然开始定位得当，但市场情况发生变化时，如遇到竞争者定位与本公司接近，侵占了本公司部分市场，或由于某种原因消费者或用户的偏好发生变化，转移到竞争者方面时，就应考虑重新定位。重新定位是以退为进的策略，目的是为了实施更有效的定位。

自2004年起，恒大开始全面实施精品战略，大规模整合优势资源，与国内外房地产相关行业龙头企业强强合作，真正实现了满屋名牌的精品产品。先后开发恒大金碧花园、恒大金碧华府、恒大金碧湾、恒大金碧世纪花园、恒大御景半岛、恒大华府、恒大名都、恒大城、恒大绿洲、恒大金碧天下等系列项目70多个，形成了精品开发建设风格，先后获得50多项国家级殊荣，产品已经成为在全国享有广泛知名度和美誉度的强势品牌。

随后，恒大地产集团利用其持之以恒推行精品地产的标准化运营模式，将多年开发精品地产的成功经验迅速复制到全国其他项目。

恒大地产集团已进入全国各大重点辖市、省会城市，在天津、重庆、沈阳、成都、武汉、南京、西安、长沙、太原、昆明等地，大规模开发精品产品，成功实现规模与品质的同步跨越。

这些精品项目有位于繁华都市中心区域的顶级豪宅项目——恒大华府，设计有私家空中花园、空中别墅等超豪华产品；有位于城郊结合地段不同规模的中、大型豪华住宅社区——恒大城；有坐拥不可或缺的天然美景的城市、城郊项目——恒大绿洲、恒大名都项目；还有城市外围的超级万亩大盘，综合旅游、度假、商务、居住为一体的优质项目——恒大金碧天下。

恒大通过最近三年的动态调整，销售额已从“二、三线占 70%”变为“一、二线占 70%”。在所有产品中，高端占 10%，中端和中高端占 60%~70%，旅游地产等占 20%~30%。这样的结构，既有“量”的规模优势，又有一、二线项目售价相对较高的“价”的优势，量价齐升，是恒大能跃居行业前列的关键。几种产品线根据不同阶层的消费特性区隔得很明显，定位非常清晰，其所采用的营销手法、传媒手段和风格策略也不尽相同，也帮助了恒大打开了中高端市场的销售格局。

2.精品战略让恒大地产全面引爆市场

“中国标准化运营的精品地产领导者”，这是业界对恒大地产的印象。从最初的砸园林、精品誓师大会到后来的邀请国内外专家研讨精品住宅标准，制定数千条精品标准制度，再到与全国150家全国十强企业建立战略联盟，精品理念一直贯穿恒大发展的始终。

提效的关键是标准化，在这个商业化的时代，“一本万利”成为众多企业的生意经，但这种追求利润最大化的运营方式恒大地产却不那么认同。众所周知，恒大坚持薄利多销，产品性价比极高，又因其大多分布于二、三线城市，因此去化率相当喜人。其薄利多销、以量取胜的特点成就了恒大地产“最薄利多销房企”的美名。单从性价比这一点看，恒大连续多年销售面积排名第一就不难理解。

在产品的质量上，恒大地产坚持实施精品战略，严格执行全过程精品标准。在内部推行紧密型集团化管理体系，严控产品质量；对外大规模整合各类优势资源，从规划设计、主体施工、园林建设、装修装饰，到材料设备都与国内外300多家相关行业龙头企业建立合作联盟。与此同时，恒大还是最早做产品标准化的企业，它的产品、建材等集采率在80%以上，产品线分恒大华府、恒大名都、恒大城、恒大绿洲、恒大金碧天下等5类产品。恒大代表了中国房地产的精品标杆，20多年的品质坚持收获了置业者的良好口碑。

恒大的项目以准现楼、全实景园林、精装修立体化全景呈现的“精品化”发售模式，保持了足够的市场竞争力，获得了各地市民的青睐。而高性价比的让利措施，更使其在市场份额占有率方面不断扩大，长期领跑全国楼市。

业内专家同样认为，房企应借鉴恒大地产的正确做法，让利赢得主动，使房地产市场活跃性增加的趋势加快。

到底是标准化之后扩大采购规模，还是有规模以后再推广标准化，这是一个先有鸡还是先有蛋的问题。不过，诸如碧桂园、恒大、万科这样的巨头，无不是在多年前就已经开始推行产品标准化，并作为支撑其规模化扩张的重要手段。同时，基于土地属性与客户需求建立丰富的产品系列与产品库，达到标准化里有个性化。

恒大标准化运作模式不仅能够获得合作伙伴的让利，压缩采购成本，而且有力支撑了拿地后4~6个月开盘的开发速度。

对此，许家印表示：“恒大的标准化运营，是经营的标准化、管理的标准化、产品的标准化，是我们在2006年以前，用两到三年的时间钻研、研究的成果。严格标准化及执行，最终成为恒大高速增长的一个基本要素。”

恒大在地产领域整合全产业链的模式，或许中小房企也能学一点。事实上，但凡成长迅速的房企都有很强的产业链整合能力。比如，恒大通过建立起强大的战略合作联盟，以“全球统一采购，全国统一配送”的模式，在保障产品品质的同时实现成本的有效控制，强大的产业链整合能力让恒大形成了强大的竞争优势。

3.恒大与众不同的“民生地产”定位

党的十九大报告提出：“中国特色社会主义进入新时代，我国社会主要矛盾已经转化为人民日益增长的美好生活需要和不平衡不充分的发展之间的矛盾。”

为此，许家印认为，践行党的十九大精神，要坚定不移地在党的方针路线指引下，弘扬企业家精神，专心专注、一心一意做好企业，多解决就业，多为社会创造财富。恒大一直在坚持践行“民生为本，产业报国”的理念，坚持打造民生地产，为老百姓建更好、更优质的房子。

如今，恒大的定位在多年的积累中已经相对固化下来，并用子品牌的模式对应不同细分市场的需求。在公司的整体定位中，“民生地产”和“高性价比”是消费者对恒大形象最直观的理解，这种定位使恒大近年来稳坐销售面积全国第一的宝座。

相比起其他房地产企业的千变万化，恒大的广告语显得非常直白：“开盘必特价，特价必超值。”

项目广告是一个房地产项目与公众的一次对话，为了给更多的人留下深刻的记忆，大大小小的开发商们在广告设计上是下足了功夫，可谓别出心裁，而在这一点上恒大却反其道而行之，“开盘必特价，特价必超值”，一条道走到黑。于是，恒大广告成为地产圈中的一个特例样板，也让很多人留下了疑惑，恒大为什么要把广告做得如此直白？

曾经有业内人士仔细研究过恒大的广告之后说，恒大把房产广告做得像很多卖场广告一样直接，其实是符合大部分人的消费心理的，买房最关注什么：区位、交通、价格。不和购房者绕弯。卖场式的销售也是恒大与众不同的销售模式。

恒大一直倡导要做“民生地产”，高性价比，让更多的人买得起房其实就是“民生地产”的核心。恒大更加愿意让购房者看见项目的现房实景，真实地感受项目品质，而不是靠精美的广告烘托出来，生硬地给项目贴上一个尊贵的标签。

而更加有趣的是，在近几年的房地产广告中，越来越多的开发商开始向恒大看齐，直揭价格底牌，这其中也包括那些曾经嘲笑过恒大广告简单的人。“购房者越来越理性，他们更愿意看到广告背后真实的房子、房价。”一位业内人士说道。

民生地产的定位和标签以及其后面的高性价比，来源于恒大超强的成本控制以及高效率运作带来的高周转率，实现了开发商和购房者的双赢。

多年来，恒大地产一直高举“民生地产”大旗，相同区域内恒大的房子总比其他品牌开发商的要便宜，“规模+利润”似乎成为摆在很多开发商面前的一道选择题。低价入市的恒大项目显然没有把单位利润放在第一位，但其却连续几年蝉联全国商品住宅销售面积冠军宝座，“恒大模式”到底是什么？

“双拼别墅3000多元/米^{2}起”，恒大推出了这样的低价策略，但并未降低产品品质，在成都已交付的恒大项目中，还获得了消费者较高的满意度。就连很多业内人士在参观过恒大的项目实景后，都感叹“物超所值，超越想象”。

打一个比喻，恒大像一家生产好房子的工厂，它制定了各方面的标准化流程，这些标准有6000多条，比如精装房的标准、园林水景中的鱼不能低于三两重、员工食堂规定等，恒大员工按照这个标准流程去执行，已经形成了一套模式，像工厂流水线一样造房子，让住宅产品实现了工业化大生产。多年来恒大已形成了自己特有的一套开发模式，每个项目从拿地到卖楼时实景呈现，中间只有半年时间，每个项目的销售周期都不长，力求从每一个可控环节省钱省时间，将这一部分的利润让利于购房者。

恒大卖楼肯定是要赚钱的，只不过在快速开发的模式下，恒大并不看重单位利润，而是更加在意资金周转率及产品高性价比，除了秉承恒大所坚持的“民生地产”价值观外，也是因为恒大提前看到了许多开发商没有看见的生财之路，高周转率，达成开发商与购房者的双赢。

近年来，恒大以超前的战略眼光提前布局全国二、三线城市，定位明确、顺应调控、薄利多销，获得了逆市中的业绩突破，坚持民生地产发展战略，可持续发展潜力充足，赢得了市场、金融机构以及投资者的充分认可。

在新型城镇化建设推进的背景下，庞大住房需求仍将继续支撑房地产市场平稳快速发展，房地产上市公司迎来新一轮的发展契机。布局完善、产品多元、模式成熟的龙头上市公司投资潜力更为凸显。恒大受益于城镇化政策导向明显，凭借前瞻性的全国性城市布局、定位且满足刚需的高性价比产品、顺应市场和政策的销售策略等优势，在未来几年仍将强劲发展。

事实上，高举民生牌，做足供给侧改革的文章，就会成就恒大品牌，造就恒大品牌的高溢价。

事实证明，恒大地产这一策略是对的。2018年3月22日， 2018中国房地产百强企业榜发布，恒大荣获榜单第一名。

该榜单由国务院发展研究中心企业研究所、清华大学房地产研究所和中国指数研究院共同研究产生，参考指标主要是企业的综合实力、成长潜力、经营稳健、社会责任感等方面，是衡量中国房地产企业综合实力的权威榜单。

恒大过去一年的稳健发展与其坚定实施战略转型密不可分。值得注意的是，在3月21日由中国房地产业协会、上海易居房地产研究院中国房地产测评中心共同发布的“2018中国房地产开发企业500强”榜单中，恒大同样位列第一名。

在新型城镇化建设推进的背景下，庞大住房需求仍将继续支撑房地产市场平稳快速发展，房地产上市公司迎来新一轮的发展契机。布局完善、产品多元、模式成熟的龙头上市公司投资潜力更为凸显。恒大受益于城镇化政策导向明显，凭借前瞻性的全国性城市布局、定位且满足刚需的高性价比产品、顺应市场和政策的销售策略等优势，在未来几年仍将强劲发展。

4.恒大的民生地产到底是怎样做到高性价比的

恒大的管理模式保证了产品成本低、品质高。恒大超前进入升值潜力大的城市及板块，土地成本控制严格，降低源头的土地成本；恒大标准化运营与集约化管理，降低了运营成本；集中采购、统一配送，实现规模效益，有的原材料采购价是市场价的2~3折，降低了材料成本；工程集中招标，降低了建设成本；快速开发，减少资金占用、减少利息，降低财务成本；建立中国房地产界最具规模的战略合作联盟，已达300多家，从而实现同类产品质量最高、品牌最好、价格最低，性价比最高。

恒大通过管理降低成本以后，本具备较大的利润空间，但恒大选择让利于民，严格控制利润率，形成了薄利多销的格局。

许家印表示，恒大的利润主要来自超前的民生地产发展战略，来自超强的成本控制能力，来自战略合作伙伴（供应商、建筑商）的让利。恒大要少赚或者不赚老百姓的钱，要多建老百姓买得起的精品民生住宅。精准的“民生地产”定位，高性价比带来高市场号召力，高效的管理有效地控制了成本，将部分利润让利于民，但通过薄利多销的最朴素的方式来赢取利润，恒大的做法，道理可谓简单至极，而操作又何其不易！

质量是企业的生命线。“我们需要实实在在的好户型和好装修”，这是广大业主的期望。回顾恒大的发展历史，不难发现它对匠心、创新的极致追求。秉承“9A精工”的理念，恒大地产充分延续恒大集团强大的资源优势，与全球800余个知名品牌战略合作，为业主悉心缔造出满意的公寓。

所谓“9A精工”，具体来说是指——行业领先设计；标准化管理；鼎级名牌荟萃；精品化施工；全球统一采购全国统一配送的物流体系；豪华品质材料；环保健康耐久；人性化关怀和创新家装工艺。

因此，恒大的9A标准领先于目前行业水平，不断创新以符合人们对生活品质不断提高的需求。恒大为了确保产品品质和成本的控制，多年来实施全国统一配送、标准化运营和集团化管理，要求质量达标率保持在80%以上，每个月、每周都对每个项目甚至每套房子按国家验收标准进行评定和考核。因此，恒大交楼的收楼率很高，体现了恒大“质量树品牌，诚信立伟业”的企业宗旨。

如今，恒大分管材料的公司以及监察室、打击办也一直着重严打伪劣的材料，尤其是精装修所用的材料。到现在，恒大用的都是全国以及国际的知名品牌，包括钢筋、水泥、沙子及装饰材料等。一旦发现供应商弄虚作假，就要立即断绝合作关系，并追究相关的经济责任和法律责任。相应地，对公司各级项目责任人也要严管严查，出现质量问题一定要严惩，一旦发现使用伪劣的材料，要一条线地开除。

为什么许家印多次在会议中对员工再三强调材料质量？许家印认为，恒大的施工企业，都是在中国排名前二十位的优秀企业，工程是有质量保证的，但恒大是要求全部精装修交楼，因此材料的选择和质量尤为重要，包括木板、乳胶漆、石材等必须是环保材料。材料保证了，才可以保证工程质量达标率。

“我们一年要面对40万户新业主，每一位业主辛辛苦苦几十年才买得起一套房子，有的钱不够还要贷款，我们要将心比心，开发报建工作一定要做好，到期该办完的房产证就一定要交到业主的手上，用高效的服务来真正体现客户至上。”许家印如此说道。

第三节　恒大地产营销
——全国联动、高举高打的策略

营销，是恒大成功的核心要素之一，为恒大帝国的宏图大业抹上了浓重的一笔，所以，恒大的营销策略也成为众多竞争对手和其他行业研究和模仿的对象。之前我们分析提到，恒大在地产上面的营销非常有章法和特点，以在市场有点冷的 2017 年为例，恒大继续保持全国联动、高举高打的营销风格，在项目促销、全民营销和跨界营销方面重点发力。

1.2017年营销回顾

在项目促销方面，恒大集团层面统一部署、各区域具体策划跟进，抓住特定时间点开展主题推广，做到月月有主题。在“11・11 暖冬淘房节”的带动下，恒大11月销售额达 480.6 亿元，仅次于6月“年中冲刺月”和“10月双节黄金周月”。

在全民营销方面，恒大全面升级恒房通，抛出1%佣金吸引兼职销售员全民参与促成交。2017年3月，恒房通全面升级新版发布，注册成为兼职销售员后，推荐的客户成功签约后3个工作日，系统自动将1%佣金划转至绑定账户，推荐的客户购房额外98折；9月注册恒房通App，即可免费领取10000元购房券。

在跨界营销方面，恒大在这方面的策略一直遵循便民原则，吸引网络消费者关注本公司的产品，借力斯诺克、足球等体育赛事频频亮相，恒大知名度持续提升，良好的品牌联想促进地产销售。2017年8月，独家承办“恒大2017世界斯诺克中国锦标赛”，填补了中国没有斯诺克国际 A 级赛事的空白，通过央视体育频道、欧洲体育一、二台全程直播；10月，广州恒大淘宝队夺取中超七连冠后，广州地标“小蛮腰”亮灯祝贺。

此外，2017年，恒大在营销推广、渠道拓客和案场管理方面已经应用很多“互联网+黑科技”手段进行营销创新，基于大数据的云行销和朋友圈广告精准投放在恒大早已得到了深度应用。

新春置业感恩回馈

1~2月 全国多盘联动，推出以老带新额外98折优惠、老业主推荐成交可获赠成交额1%购物卡或免3年物业管理费等优惠

暖春淘房节

3月 全国180多个城市近500个楼盘举行声势浩大的“冠销全国，暖春新品，千亿钜惠”系列让利惠民活动

无理由退房两周年大优惠

4月 新疆三城四盘联动，各在售楼盘分别推出每日五套特价房、前十名获93折等优惠

5月感恩季　恒大淘房节

5月 山西11个楼盘联动，各在售楼盘分别推出特价房、95折、10万元家电豪礼等优惠

恒大淘房节　年中冲刺大优惠

6月 重庆恒大携旗下多个项目，开展观音桥巡展活动；贵阳、凯里、遵义3城11个楼盘联动，最低享受94折优惠

感恩特惠月

8月 黑龙江23个楼盘联动，各在售楼盘均有特价房源推出

提前引爆黄金周

9月 甘肃公司6城11个楼盘联动，推出分期付款首期10%、买房送家电豪礼等优惠

双节黄金周

10月 云南7个楼盘联动，推出黄金周购房特惠92折、每日前十名认购者特惠98折、再享2万元购房券、家电大放送和金蛋砸不停五重大礼

“11·11”暖冬淘房节

11月 恒大湖南14个楼盘联动，推出每月每日特价房、万元优惠、粮油礼包、抢房要快、购房秒豪礼、活动赢好礼等多重优惠

年末冲刺大优惠

12月 北京公司7城11个楼盘联动，每日前三名认购者享额外98折优惠

图3-2　2017年恒大大型主题促销活动

注：2017年根据公开资料整理，以现场实际数据为准。

2.恒大房地产营销的SWOT矩阵分析

表3–1　恒大房地产营销的SWOT矩阵分析

优势(Strengths)	劣势(Weaknesses)
●拥有一支优秀的管理团队，管理科学化，规范化 ●拥有大量的土地储备，而且拿地成本相对较低 ●制定了明确的发展战略，并能够坚定地执行下去 ●标准化运营模式，降低全国扩张带来的经济风险 ●实施精品战略，形成品牌优势 ●对市场变化的灵敏机动反应能力较强	●大量的土地储备，导致资金链紧张，不小心就有断裂的危险 ●由于以低价入市，走量为主的策略，所以利润相对较低 ●巨额的融资，导致每年很大部分的利润要拿去填补债券、贷款利息
机会(Opportunities)	**威胁(Threats)**
●产品精细化、标准化对市场形成强有力的冲击力 ●薄利多销，价格合理，容易吸引刚需 ●可充分利用经销商的资源优势，对部分市场较有竞争优势 ●在国家严厉的调控政策下，有质量保障的品牌更易让人青睐， 所以形成品牌的恒大更易在竞争中脱颖而出 ●大部分实力不济的房产企业将会在这次调控中破产，转型。 竞争对手数量减少	●资金链紧张，易成为国外对冲基金的狙击目标 ●由于房子的价格总量高，因此刚需一生只买1~2套房，顾客回头率较低 ●使用户买“促销”而不是产品，给持续发展带来很大难度 ●万通地产和华远地产开展网上卖房新模式，对恒大传统的经营模式形成挑战 ●政府楼市调控决心坚决，市场观望情绪较浓 ●部分政策对其融资形成一定的阻力，融资难度增大，成本增高

3.营销策略颇具风格

从恒大营销的SWOT矩阵可以看出，虽然恒大自身资源实力较强，但近几年来房地产大环境变化非常迅速，政府政策和金融环境也频繁变更，恒大根据内外环境，采用了颇具“恒大风格”的营销策略。

（1）恒大选址策略

房产开发包括决策拿地、规划设计、项目施工和销售服务四个阶段。在四个阶段中，决策拿地和规划设计阶段的增值幅度最大，投资决策和土地获取环节最为关键。恒大之所以在楼盘开发上取得这么大的成绩与其土地的获取和正确选择地点是分不开的。在恒大开发第一个楼盘时，是在广州市河南（海珠区）某厂有一地块，由于地生人冷，偏于一隅，虽价格不高，却仍无房地产商敢问津。河南者，被当地人认为是城外。虽然近半个多世纪以来，城外渐变为城内，但却只是个工业区，仍远不及河北的繁华。当时人们就有这样一个说法："宁要河北一床，不要河南一房。"但许家印不这样想，他说："冰激凌要从冬天卖起嘛，我感觉这是个机会！"于是请来了专家分析研究，并根据分析结果果断地拿下了那地块，在处于河南的海珠区率先起步，赢得了该地段地产开发的先机。这就是许家印开发的第一个楼盘——金碧花园。金碧花园的成功开发，也引发了工业大道一带的房地产开发热潮，过去被视为广州贫民区的河南，如今已变成广州的繁华闹市区。到了20世纪末，广州市政府制定了"东移、南扩、西联、北优"的广州城建方略，更加速了河南的繁华，同时也进一步证明了许家印选址的眼光具有前瞻性。

从这些年恒大发展的楼盘来看，恒大选择的地块在开始时都是不被看好的偏远地段，但是实践证明，无论恒大在哪里开发地产，那里的房产价值、土地价值以及经济都有了大幅度的提高。金碧花园如此、金碧御水山庄如此、金碧新城等都是如此。恒大不是靠"偏"取胜，更重要的是对整个市场和城市发展的方向有着敏锐的感知预见能力。在发展过程中，恒大始终坚持稳健拓展的原则，在地域选择上，坚持"依法经营、审慎决策、追求效益、稳健发展"的方针，循序渐进地稳步推进产业发展。

恒大的产品选址原则为：不买贵的只买对的。恒大地产很少在一线城市核心地段拿地，布局二、三线城市已成为恒大地产自2006年实行全国扩张时的最重要战略。恒大拿地，首先，要选择城郊地块，保证地价合理。其次，地块普遍紧靠高速公路，保证汽车行驶半小时之内就能达到主城区。再次，地块面积宽广，通常成千上万亩。恒大拿地另一个标准，是看准市政府规划的前景。而对于旅游地产项目而言，地块则一般位于距离超大城市中心区20~30公里、高速公路出口附近。这些项目具备土地可持续拓展，土地成本低的特点。

（2）恒大价格策略

“开盘必特价，特价必升值”是恒大金碧系列楼盘的标志性营销口号。其意义包含了恒大对消费者价值的让渡。在开盘时，恒大在价格上以绝对的特价来吸引消费者，给予消费者实实在在的优惠，并且给有投资需要的顾客以绝对的增值空间，这样一来便吸引了有不同需求的消费者。恒大在价格策略上，采取的是低开高走的定价策略，其含义是指房地产开发企业随着施工建筑物的成形和不断接近竣工，根据销售进展情况，每到一个调价时点，按预先确定的幅度调高一次售价的策略，也就是价格有计划定期提高的定价策略。

这种策略优势在于便于快速成交，营造出火爆气氛，提高士气，促进良性循环；每次调价能造成房地产增值的现象，给前期购房者以信心，刺激有购房动机的客户快速成交，当市场反应热烈时，可以逐步提高销售价格；当市场反应平平时，则可维持低价，便于资金快速回笼。

2003年，在广州白云区楼市均价4000元/米^{2}的情况下，金碧新城以2800元/米^{2}震撼入市，黄金周七天，均价上浮至3100元/米^2；同年，位于广州天河东的金碧世纪花园从12月17~20日开盘，截至20日，世纪花园的楼价已上涨了600元/米^2，平均每天上涨200元/米^2，这在整个广州楼市都是非常罕见的。未开盘楼价已连跳三级，却丝毫没有削减买家的购房积极性，相反，前来看楼的客户是与日俱增，成交量也是直线攀升。仅开盘当日，销售就一举突破400套，加上优先购买期售出的300多套单位，首期推出的700多套单位已经全部售罄，印证了“开盘必特价，特价必升值”的楼市箴言。

（3）恒大广告策略

在房地产项目的销售过程中，广告作用就是“传递信息，吸引眼球”。具体来说就是以有吸引力、说服力及记忆点的广告语，把产品中与消费者最相关的部分，巧妙地传达给消费者，引起消费者的注意力。

恒大在广告策略上，采取密集性策略。广告投放节奏，一般显得比较集中，大多集中在项目销售的中前期。在项目开盘前就进行广告预热，提高楼盘的知名度，此时的广告一般以软文为主。在楼盘销售时，继续采取密集性市场

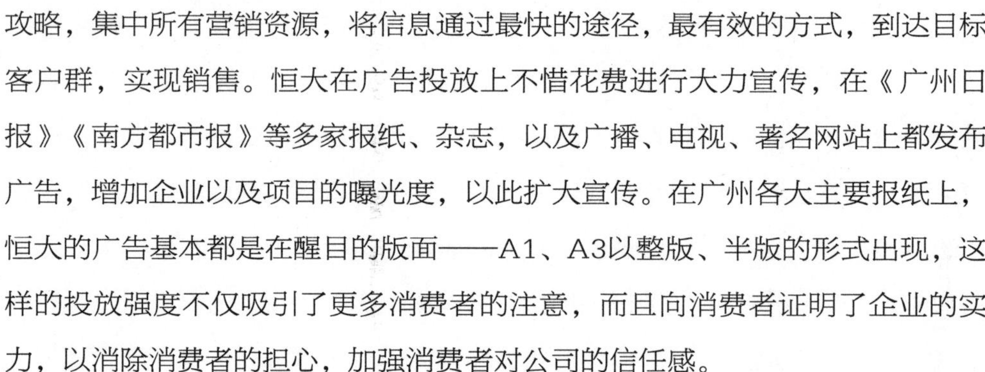

攻略，集中所有营销资源，将信息通过最快的途径，最有效的方式，到达目标客户群，实现销售。恒大在广告投放上不惜花费进行大力宣传，在《广州日报》《南方都市报》等多家报纸、杂志，以及广播、电视、著名网站上都发布广告，增加企业以及项目的曝光度，以此扩大宣传。在广州各大主要报纸上，恒大的广告基本都是在醒目的版面——A1、A3以整版、半版的形式出现，这样的投放强度不仅吸引了更多消费者的注意，而且向消费者证明了企业的实力，以消除消费者的担心，加强消费者对公司的信任感。

在广告媒体的选择上，恒大根据目标客户的定位进行选择。由于恒大的产品大部分定位于中等收入的广大消费群，所以选择发行量大的报纸，为更多的潜在消费者传递信息。

不仅如此，考虑到目标客户的媒体接受习惯不同，在辨明客户群的习惯后进行有目的地投放。因为有时候一些很好的楼盘，如果在媒体选择上出现了失误，可能会导致整个项目的失败，比如一些精良的楼盘，若选择只在大众化的媒体刊物上露面，就会压低自身形象。所以恒大在选择主流媒体的同时，适时选择一些精品购物指南之类的杂志，使覆盖结构更为合理。

在移动互联网时代，传统媒体影响力直线下滑，报纸、户外、网站广告投放动辄百万元、电话销售无异于大海捞针，传统的地产营销方式已经难以适应购房者的信息获取习惯。在一股全民玩微信的浪潮席卷而来之时，朋友圈广告似乎成了房企营销的一根救命稻草，恒大地产也顺应形势，加入了投放朋友圈广告的大军，他们聚焦目标用户，尝试探索一种更高效的小快灵、小而美的移动社交营销策略。

“如果真有一家房企愿意付出千万元的资金做房地产圈微信广告的第一个吃螃蟹者，我觉得它很有可能是中国房地产界未来真正的赢家。” 早在2016年1月，易居中国执行总裁丁祖昱就曾撰文预测，最该做朋友圈广告的房企之一是恒大，他认为恒大多元化的运作模式决定了它已不仅仅是恒大地产，恒大足球、粮油、牛奶、美容、音乐、文化，都可以利用朋友圈提升影响力，做了不会浪费。

的确，相较于其他房企，恒大对移动社交营销工具的运用更有其独到之处， 从掀起房企朋友圈文案互撕大战的“无理由退房”，到2017年遍地开花式的楼盘广告占领全国人民的朋友圈，恒大一直在微信朋友圈“跑马圈地”。以恒大海上威尼斯为例，通过在以上海为首的长三角地区大手笔发动三次朋友圈广告攻势，不仅带来了炎炎夏日爆棚的看房人流，也撬动单价千万元的别墅销售的潜在客户，在长三角朋友圈掀起了该项目的传播热潮，加速了目标用户转化，这背后体现的是强大的社交传播裂变力。

成功的广告不仅要抓住消费者的眼球，更重要的是要将潜在的消费者变为购买者，恒大的广告之所以吸引这么多客户，在于其能够实现给予客户的承诺，在产品中找出对消费者有重要意义的利益点，使客户满意。

（4）恒大品牌策略

品牌能够给企业带来额外的附加价值，能够提升企业的外在形象，能够巩固顾客的忠诚度。恒大经过多年的努力，成为中国家喻户晓的知名品牌。恒大坚持以“诚信立伟业”，严把产品质量关，为顾客提供优质的产品和服务，来树立自己的品牌形象。为此，恒大的第三阶段战略规划就是“规模+品牌”；“民生地产”“精品地产”就是恒大最好的品牌。

在全球经济一体化的背景下，恒大集团全面实施国际化战略，成功引入全球多家顶级战略投资者，其品牌愿景是成为全球化地产航母。

（5）恒大渠道策略

渠道分为直接渠道和间接渠道。房地产开发商的直接销售渠道就是房地产开发商在自己的销售范围以内选择市场较集中的地区，以建立企业自身的营销分公司的方式，通过营销分公司把房子直接卖给最终客户。这样的好处在于：一是可以拥有市场的主动权，便于收集信息，根据市场信息的变动来调整自身的计划和方案。二是有利于客户经营管理，提高服务质量。由于直接面向客户，那么通过对客户的经营管理，可以提高客户对公司的忠诚度。缺点在于：一是要另外建设销售团队，加大企业的运营成本。二是房子是贵重财产，其资产总额数目较大，大部分人一生购买房子的数量极其有限，而且参考因素较大，可以说回头率较低，所以绝大部分房地产开发商没有选择直接销售这一渠道。

房地产开发商的间接销售渠道指的是房地产开发商选择一些专门进行房屋代理销售的代销商对其楼盘进行代销，通过房地产开发商到代销商再到顾客的渠道模式就是间接渠道。这种模式的优点在于：一是降低运营风险。因为代销商在签订合同时就已经做出了相应的承诺，确保楼盘房子的销售。这样开发商所承担的部分风险就在无形中转移到了代销商的手中。二是节约经营成本，由于不是企业自身销售，就不需要建设企业自身的销售团队以及营销部门，就可以节省这一方面的开支。三是有利于提高企业的核心竞争优势。企业的资源是有限的，找人代销，可以将有限的人力、物力投入到企业的核心优势中去，提高竞争力。缺点在于没有直接接触客户，不利于客户忠诚度的培养。但是，由于商品房的固有特性决定了这一影响对开发商的影响较弱，所以绝大部分房地产开发商会选择房产代理机构代为销售。恒大也是采用间接渠道的方式，它的房产代理机构合作伙伴包括合富辉煌、易居（中国）以及世联地产等。

（6）恒大促销策略

促销就是营销者向消费者传递有关本企业及相关产品的各种信息，来说服或吸引消费者购买其产品，以达到扩大销售量的目的。目前房地产业的促销方式主要是广告促销以及折扣促销相结合。广告语只能吸引刚需的到来，并不能从根本上促使刚需下定决心购买，真正促使刚需下决心购买的是：所购买的房子到底能给消费者带来多大的实惠。毕竟商品房的资产总额数目较大，一个小小的折扣就有几万元的差价，所以真正让顾客下决心购买的还是其给顾客的折扣，能给顾客带来多大的实惠。在调控政策面前，一切虚招都不如实招，如果谁让顾客切身感觉到实惠，那么他就能在市场竞争中获胜。恒大地产深谙此道，它多年不变的广告语“开盘必特价，特价必升值”和多次“全国统一8.5折”就是非常直接地抓住消费者追求实惠的心理，用最有效的促销方式取得出色的销售业绩。

在具体实施时，恒大的营销策略并不是一成不变的，而是紧跟形势变化灵活调整，这点在促销策略上表现得尤为明显。2010年，国家调控政策出台不久，恒大地产马上做出反应，恒大地产“全国40个在售项目全线8.5折优惠”。这是全国首家明确表态折价销售的房产公司，引起了市场的强烈震动，部分犹豫不决的消费者开始蠢蠢欲动，部分开发商紧随其后相继效仿。在大趋势未明之前，恒大采取低价入市、现金为王的举措不失为明智之举。同时，该举动为其取得良好的销售业绩，也为其庞大的土地储备提供了资金支持。到了2011年，不少房地产公司因为资金链断裂而无法度过调控的寒冬，要么破产，要么被兼并。而恒大全年原定的销售目标仅仅为700亿元，仅用10个月就顺利完成了全年任务。在逆市环境下，2011年还实现销售803亿元，目标完成率达到114.8%，同比增长了59.4%，这完全得益于营销策略根据市场变化做出的迅速调整。

第四节 “三低一高”战略转型——推动效益持续增长

前瞻性的战略布局和量大质优的土地储备，只是恒大在地产业务取得良好业绩的基础，将布局和资源转换为确定的业绩，则得益于恒大一直以来的经营战略，完成转型布局，只是恒大的第一步，其下一步重点工作，是推动效益增长。毕竟对企业而言，效益也代表持续发展能力。

值得一提的是，在2017年10月18日召开的中国共产党第十九次全国代表大会上，习近平总书记代表第十八届中央委员会向大会作了题为《决胜全面建成小康社会 夺取新时代中国特色社会主义伟大胜利》的报告。报告在部署“贯彻新发展理念，建设现代化经济体系”时，明确提及“质量第一”和“质量强国”。

如今“质量第一”和“质量强国”被同时写进党的十九大报告中，进一步充分体现出党对质量工作的高度重视。在深化供给侧结构性改革部分，质量是贯穿始终的主线之一。报告指出：“坚持去产能、去库存、去杠杆、降成本、补短板，优化存量资源配置，扩大优质增量供给，实现供需动态平衡。”“激发和保护企业家精神，鼓励更多社会主体投身创新创业。建设知识型、技能型、创新型劳动者大军，弘扬劳模精神和工匠精神，营造劳动光荣的社会风尚和精益求精的敬业风气。”

在响应国家号召追求效益当先的基础上，2017年，恒大并未提高2017年全年的销售目标，也并没有为守住销售冠军的位置去布置新的战略布局。

以往恒大很少明确对外设定降负债目标，但在超大规模土地储备的基础上，恒大当年给自己设定了负债目标。

20世纪80年代初，恒大还只是一个项目公司，那时市场上群雄逐鹿，保利、富力、碧桂园、合生创展等企业已经销售过百亿元。而恒大一直是一个追赶者的角色，规模扩张也确实是一种重要的打拼手段。

由于资金不足，催生了恒大一直坚持的“三高一低”战略，即高负债、高杠杆、高周转、低成本的发展模式。正如夏海钧所言：“没有钱，恒大不可能发展到如今的规模。前20年是房地产业的黄金时期，土地效益高于银行的利息。世邦魏理仕目前给恒大总土地储备的评估值是9000亿元。恒大的银行成本并没有这么高。”

但随着竞争饱和、房地产由黄金时代进入稳定发展时期，恒大必须战略调整，公司所有权益才会增加。

因此，恒大由“三高一低”的战略转型成为“三低一高”战略，也正是响应国家政策和形势，积极履行社会责任，同时也是为全面推动企业发展质量，进一步提升企业的效益。

从地产角度来看，这样的转变其实核心就是坚持高周转，降低负债率。其中“增效”与“降杠杆”已成为恒大发展新路径的标签。

“降杠杆”我们已经在之前的章节里进行过详细地分析。

从“增效”角度来看，2017年是恒大完成由“房地产业”向“房地产+服务业”转型的起始点，也是恒大完成由“规模型”向“规模+效益型”转变的第一年。2017年前11个月，恒大就提前超额完成全年4500亿元的年度目标，仅2017年上半年的净利润就已全面赶超2016年全年，最终全年的销售目标突破了5000亿元。

1.2016年恒大规模超越万科：航母舰队已经启航

2008年，如果有人问“谁是中国最大的房地产开发商”，答案无疑是万科。那一年，万科、恒大房地产业务合同销售额分别为478.7亿元和60.3亿元，恒大相当于万科的1/8。

到了2015年，以合同销售额而论，万科依然是老大，但优势已经大为减弱：万科、恒大合同销售额分别为2614.7亿元和2013.4亿元，恒大是万科的77%。

2016年，地产行业格局被改写，房地产老大不再姓“万”，而改为姓“恒”。恒大合同销售额达到了3810亿元，超过了万科的3620亿元，跃居第一位。

据了解，恒大2009年销售仅303亿元，万科同期634亿元，是恒大的2倍多，此后几年双方差距不断缩小，从2013年相差70%，到2015年相差不到30%。2016年恒大销售更为强劲，仅用9个月就实现了逆袭，创造了企业发展的速度奇迹。

恒大与万科年销售额从500亿元~1000亿元，均用了三年。但达到千亿元规模后，恒大增速明显高于万科，其从1000亿元增至2000亿元仅用两年，万科则用了四年。2016年，恒大更一举反超，再次凸显了其稳健快速的发展势头。

在净利润方面，如今万科的优势基本丧失殆尽。2008年，恒大净利润为万科的15%；2010年、2011年、2014年，恒大净利润高于万科；2015年，恒大净利润是万科的96%。恒大2016年全年核心业务利润208.1亿元，同比增长89.2%，创上市以来最高纪录，核心业务利润率同比增长1.5个百分点至9.8%，毛利润达594.2亿元，同比增长58.8%，毛利率达28.1%。

按合同销售面积而论，万科2011年早已失去“桂冠”。2015年，恒大合同销售面积达2550万平方米，相当于万科的123%。

以开发及销售规模而论，恒大在2011年就已超过万科，成为中国头号住宅开发商。

因此，与曾经一直追赶的业内老大哥万科对比，在双方高速成长的阶段，恒大十年均是10倍于万科的增长。而且上一章节也提到过，恒大对万科的超越不仅仅是销售业绩上的，而是全方位的。

恒大速度和恒大奇迹似乎还在继续进行中……

2.2017年权益销售额依然是第一

追求效益的“副作用”似乎也很明显，2017年上半年，恒大从销售额第一的宝座上跌落。

据透露，2017年上半年，恒大的合约销售额为2240.9亿元，低于碧桂园的2889亿元和万科的2772亿元。

为此，夏海钧给出的回应是，恒大不追求销售量第一，而是要追求利润第一，追求“属于恒大的权益销售金额”第一。

龙头房企不言明“争做榜首”，相互间较量依旧激烈。碧桂园宣布要上调全年销售目标至5000亿元，这高于同年恒大定下的4500亿元目标，看来火药味甚浓。

“自己给自己定目标没有意义，”夏海钧说，“我们给资本市场承诺要销售4500亿元，相信会超额完成，但我们没有设定更高的目标。”

不难发现，夏海钧的回答也反映出恒大已经把销售价格和利润率作为考核手段，这是恒大盈利能力的保证。

“我们追求的是效益。如果目标第一，那效益还是放在第二位了。这违背了我们的以效益为中心的战略。”夏海钧的这一答复显然也回应了恒大战略转型是符合国家发展战略的宏伟目标。这也是这家曾经在高速车道上狂奔了近十年的企业在2016年夺下行业年度销售桂冠后，其掌门人许家印已经在心底深处对公司的发展路径进行的一次颠覆性修正。

但这并不代表恒大放弃对规模的追求，事实上，恒大在整体销售规模上不会掉出中国房企前三名的水平，只是增速会从过去的50%以上放缓到20%左右。

更重要的是，按照权益销售额，恒大仍然是第一，这是否也反映其战略转型成效显著呢?

3.加码布局深圳项目

自2009年以来，恒大集团逐渐转向一、二线城市，其中就包括深圳。回溯2011年，恒大进入深圳市场。从收购深圳建设集团、控股国香地产开始，到最近的斥资20亿元，拿下位于龙华新区福龙路西侧的一块面积达8.57万平方米的城市更新地块，这6年来，恒大一路闷声插足深圳旧改项目。

1992年年初，许家印就南下深圳打工。随后从深圳派到广州，并在广州独立打拼，开始了他人生中的第二次创业，从此演绎出了从打工仔到恒大帝国中国首富的经典故事。恒大迁入深圳，其实也算是回归。

在2016年3月底的业绩会上，许家印曾公开表示，恒大在深圳有20个项目，土地储备接近1200万平方米；按当时的售价初步估算，销售额将达到3700亿元。

据恒大深圳官网显示，这些项目大多数为城市更新项目，其中南山、福田、罗湖、龙岗、大鹏等地均有布局。

近几年，恒大旗下多个业务已在深圳注册，比如金融、健康、互联网等产业均在深圳扎根。另据恒大官网信息显示，在短短几年的时间里，恒大集团深圳公司现已拥有房地产开发项目22个，其中大部分集中在福田、罗湖、南山等CBD核心区域，总建筑面积约1250万平方米。

业内人士表示，深圳综合竞争力加强，大力发展总部经济，房地产市场看好，或成为恒大集团重新布局的诱因。

第五节　恒大地产独门秘诀
——“无理由退房”销售策略

恒大集团宣布从2015年4月16日8时起，恒大全国所有楼盘住宅全面实施无理由退房。恒大方面表示，住宅也是商品，理应获得“包退”承诺。

图3-3　恒大无理由退房新闻发布会现场

无理由退房在楼市并不是新鲜事，近年来不少开发商也推出过这种营销策略。不过，他们基本以个盘为单位，比如指定某个楼盘可实施无理由退房。因此，对比起来，恒大宣布旗下全国所有住宅项目同步实施无理由退房，其范围之广远超以往用过此招的商家，引起热议也是很自然的事情。

恒大无理由退房活动，在147个城市305个楼盘中同步进行。2015年4月15日，恒大集团对外宣布：从4月16日8时起，正式实施无理由退房，覆盖范围为恒大旗下全国147个城市305个楼盘的所有住宅。他们承诺：凡购买上述楼盘住宅的客户，若已履行《楼宇认购书》《商品房买卖合同》的各项义务，并且无任何违约行为，自签署《商品房买卖合同》及《无理由退房协议书》之日起至办理入住手续前的任何时间内，均可无理由退房。恒大集团董事局副主席、总裁夏海钧表示，之所以敢提出此措施，是因为“我们对恒大诚信和恒大住宅品质很有信心”。他说，并不担心此举会引发恒大退房潮。

房企在购房者心中的形象向来不佳，而恒大做出“无理由”退房的承诺，并不回避会出现“房闹”，因而，这事实上是在重树房企的形象。这也说明了，房地产市场正从过去的卖方市场向买方市场转变。目前，即使是一线房企也需要通过各种促销手段来去库存了。

2016年4月15日，恒大举办了“无理由退房活动一周年”新闻发布会，表示会继续执行，同时，恒大国内旗下楼盘将进行8.7折促销。

在恒大发布公告后的4月18日，新华社发文《承诺“无理由退房” 该给开发商点个赞》，文章指出：住宅是商品的一种，本也应像其他商品一样获得“包退”承诺。但是，在4月15日恒大地产召开新闻发布会宣布“无理由退房”之前，中国房地产行业还没有谁这样自信表态过。也有人说，恒大的声明，只是在市场库存高企、需求萎缩现状下的一个营销口号。但要知道，多年来国内房产“质量门”事件频现、购房合同中霸王条款层出不穷、买家在遇到开发商陷阱投诉无门等现状下，恒大第一个敢喊出这样的口号，就算形式上存在某种营销因素，但口号的背后无疑是承诺、是勇气，更是诚信的力量。

随着房地产市场由投资型属性向消费型属性转变，房地产市场去投资化已是大势所趋。在这种情况下，一线房企需要对房屋品质和公共配套设施做出承诺。现在恒大承诺的可是无理由退房，足以显示恒大对自身产品的信心。事实上，数据也表明这一点，恒大的退房率只有0.91%，还不到1%。无理由退房的举措，很多人叫好，但也有人解读为只是一种营销噱头，若处理不好，会拖累楼盘销量。不过，恒大这个在全国范围实施的措施，却换来了更大的成交量。

无理由退房的策略初显成效。据了解，实施无理由退房近一年来，恒大各项核心业绩指标都实现大幅增长，其中，销售额达2013.4亿元，同比增长53%，销售面积则达2551.2万平方米，同比增长40%，均创历史新高。2015年恒大共计售房268668套，但恒大业主退房2451套，退房率仅为0.91%。

有业内人士认为， 在2015年经济增速放缓、楼市整体较低迷的情况下，消费者入市的信心是关键。恒大此举，可以为消费者树立信心。

据恒大内部统计数据显示，2015年恒大完成销售额2013.4亿元，同比增长53%，销售面积达2551.2万平方米，同比增长40%。销售额增速为千亿房企之首，拉开第二名22个百分点，相比其他千亿房企12%的平均增长率高出41个百分点；销售面积增速同样排名第一，比其他6家千亿房企平均增长率高6个百分点。

2015年，恒大销售额和销售面积创历史新高，而退房率仅0.91%。2016年，“无理由退房”依然热度不减，“无理由退房”更多的是为了去库存。

2015年的房地产市场处于低温过程中，无理由退房可以解决购房者在投资需求与自住需求双方面上对房地产的心理痛点，业内普遍认为，产品的高品质与高性价比，是恒大实施无理由退房的底气所在。而无理由退房的成功实施，使恒大领先同规模房企的优势更为明显。

作为中国标准化的精品地产践行者的恒大地产，基于民生地产经营理念和责任地产的担当，显然与恒大集团诚信的办事原则与雄厚的资金实力不无关系，也更是恒大品质的信心体现。让购房者真真切切地感受到零风险购房、免除购房后顾之忧，这也是恒大地产集团给购房者吃的“定心丸”，也是为恒大提升品质打的一针“强心剂”。

时至今日，恒大地产集团实施“无理由退房”已超过三年半，让业主能够真正地无忧购房，买得放心、买得称心、买得高兴。通过恒大“无理由退房”的成功，我们看到房地产商的营销方式是销售额的基石，同时也塑造了良好的企业形象。

第六节　地产第一梯队
——恒大、万科和碧桂园比较分析

作为地产领域第一梯队销售额突破5000亿元的碧桂园、万科、恒大三家房企，一直都是活跃在业内的超级巨星。谁的业绩表现更胜一筹，谁的未来更有发展空间，都是大家关注的话题。除了规模体量在业内领先外，这三大龙头在其他方面的布局也很有前瞻性特点。为此，我们可以对这三家企业进行分析，从中摸索出相关的结论。

1.拼规模——恒大优势显著

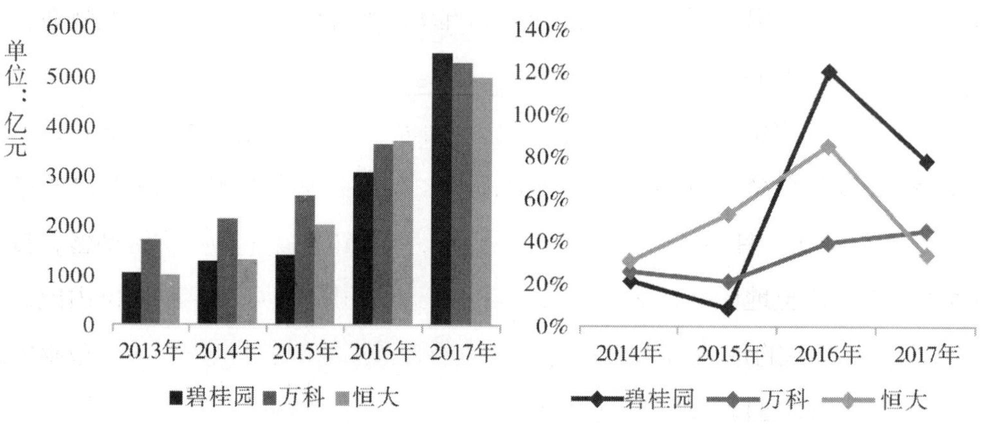

数据来源：中国指数研究院。

图3-4　碧桂园、万科、恒大销售额（左图）及销售额同比率（右图）对比

如图3-4所示，从历年数据来看，三家龙头企业销售额均有大幅提升，碧桂园增速最快，2017年增长幅度最大，万科增长较为平稳，值得关注的是，在恒大主动调速之下，增长速度依然快于万科。碧桂园增长波动较大，

有分析指出，其主要原因是2016年受益于良好的市场环境，销售额增长率达120.3%，由2015年的1401.6亿元一举突破3000亿元大关，2017年又以78.3%的增速登顶销售榜；万科保持稳健的发展态势，每年的增长率保持平稳，近两年逐渐提升；恒大2014—2016年销售额增速逐年提升，2016年夺得销售冠军，但2017年进行战略调整，及时向“规模+效益”转变，前进脚步有所放缓，依然保持34.2%的较高增速。

在销售快速增长的同时，万科、恒大、碧桂园三家龙头房企的业绩持续释放。2017年碧桂园、万科、恒大分别实现营业收入2269.0亿元、2429.0亿元、3110.2亿元，同比分别增长48.2%、1.0%、47.1%。3家房企营业收入规模增长的主要动力来自其竣工规模增长带动预收项目结算交付的提升，其中万科、恒大分别实现竣工面积2301.4万平方米、4514万平方米，同比分别增长2.9%、52.3%。

恒大2017年营业收入超3000亿元，同比增长47.1%，明显高于碧桂园和万科。有部分人认为，一方面是因为恒大竣工面积同比大幅增长52.3%达到4514万平方米，另一方面是因为其收购的项目多为在开发中或已开发物业，可在当年内结转为营业收入。

近年来，三家龙头房企不断加大拿地力度，资产规模同比大幅增长，其中恒大2017年总资产规模高达17618亿元，远高于碧桂园和万科的10497亿元、11653亿元。其中一个重要原因是恒大拥有3.12亿平方米的土地储备，其中2017年增加土地储备1.26亿平方米，按金额口径统计一、二线城市占比达69%。值得一提的是，恒大的土地价格非常低，平均楼面价仅为1711元/平方米，保障未来项目具有较高的利润水平。

中国指数研究院分析认为，恒大土地成本较低的主要原因是其拿地方式更多元：一方面，恒大通过二手并购获取优质土地储备，如2017年恒大新增土地储备中收并购项目占比达57%，而且其收并购项目多处于一、二线核心城市。另一方面，恒大加码旧改市场，2017年以旧改方式共获土地建筑面积达5394万平方米，其中深圳旧改项目有41个，规划建筑面积达2371万平方米，

占比44.0%，单位成本相对较低。

2.比运营效率：恒大潜在收益更大

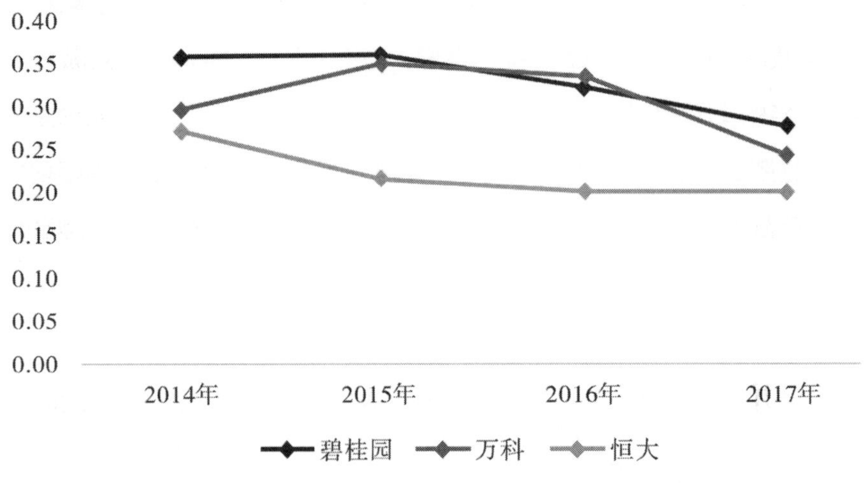

图3-5 碧桂园、万科、恒大总资产周转率情况

如图3-5所示，3家龙头房企的资产周转率在2014年以前不相上下，一直稳定在0.3的水平，随后恒大周转速度开始下降，到2017年年末，万科和碧桂园的资产周转率分别为0.28和0.24，而恒大资产周转率由于规模快速扩张导致总资产规模大幅提高而降至0.20。

业内机构分析认为，3家运营效率的差异主要因为模式不同，恒大走的是大盘开发模式，2017年单项目规模约达40万平方米，而碧桂园、万科则相对以较小的单项目规模提高周转效率。其中，恒大前期通过获取大量土地锁定后期开发的成本，这种模式虽然在一定程度上会影响周转效率，但土地成本很低，可以获得土地增值收益，未来盈利可期。碧桂园近年来拿地单项目规模不断变小，而万科历来开发项目的规模在3家龙头房企中最小，所以，碧桂园和万科的周转效率更高，其获取更高利润的方式就是不断加快周转速度。

另外，3家企业的激励机制均可提升公司的运营效率，也值得关注。万科的激励机制是事业合伙人和跟投制度的结合。在跟投制度影响下，万科的跟投项目较非跟投项目开盘认购率增长4%，开盘周期缩短近5个月，首次开盘毛利率增长6%，截至2017年年末，万科已有502个项目引入跟投机制，跟投认购总额为106.4亿元，占跟投项目资金峰值的3.48%。而碧桂园自实行跟投机制以来，项目平均开盘时间由9~11个月缩短为6.9个月，运营效率大幅提升。

恒大并未实行项目跟投机制，而是采用更为直接的方式提升员工积极性进而提升运营效率。如2017年10月，恒大公布一份惠及广泛的股权激励计划，将向7994名核心员工派发7.4亿股期权，占公司总人数的7.8%，无论是新增期权总额还是激励人员的规模，均创下了行业最高纪录；翻看恒大集团现任高管，入职十年甚至二十年的人并不少见，稳定优秀的管理团队是恒大运营效率的有力保障。

3.通过收并购、旧改等方式拿地，恒大新增土地储备楼面价不升反降

过去两年多来，不少房企为了抢地，拿了不少地王。而这三家龙头企业的土地储备虽然大幅增加，但通过多元化的方式拿地，却能控制拿地成本。

根据恒大的规划，为了在2020年6月30日实现将净负债率降低至70%左右的目标，其计划在2017年7月至2020年6月期间，将土地储备总量控制在每年负增长5%~10%。不过，2017年恒大的拿地力度依然不小。

2017年，恒大进入全国228个城市，项目总数达766个，总土地储备建筑面积达3.12亿平方米，土地原值达5336亿元，评估值10386亿元（数据来自世邦魏理仕），稳站行业首位，足够支撑未来3~5年的发展。

更重要的是，在土地市场竞争激烈，房企拿地成本普遍上涨的大环境下，恒大通过收并购、旧改、合作开发等方式获取大量低成本的优质项目。

有一组数据显示，2017年，恒大新增土地储备建筑面积达1.26亿平方米，其中收并购占比达57%。全年平均拿地成本约1889元/米^2，一、二线拿地成本仅2513元/米^2。

碧桂园全年共获取881宗土地，预期建筑面积14110万平方米，拿地总金额4794.5亿元，权益金额为3271.4亿元，平均地价为3225元/米^2。

碧桂园继续加大三、四线城市的投资，2017年三、四线城市新增土地储备面积占总土地储备的61%，较2016年增长了9个百分点。

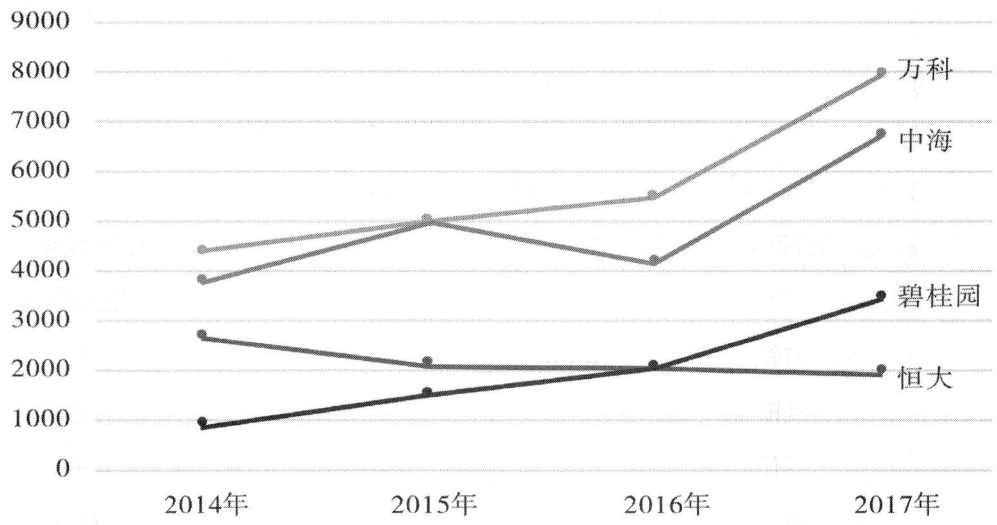

图3-6　2014—2017年恒大、碧桂园、万科、中海新增土地储备楼板价

据“两会”政府工作报告显示，未来棚户区改造的力度有增无减，部分三、四线城市房价有望继续坚挺，碧桂园还能继续享受由此带来的红利。

截至2017年年底，碧桂园总土地储备面积为2.82亿平方米，其中未销售的土地储备面积为2.23亿平方米，同比增长61.9%，已竣工未销售的项目由2016年年底的490万平方米下降至230万平方米，表明2017年公司去库存很快。

表3-2　2013—2017年恒大、碧桂园、万科（权益）、中海土地储备情况

企业	土地储备/万平方米					年均复合增长率
	2013年	2014年	2015年	2016年	2017年	
恒大	15100	14700	15600	22900	31200	20%
碧桂园	7227	7910	10979	16604	28180	41%
万科（权益）	—	—	7424	7639	8741	—
中海	5043	4942	5237	7451	8278	13%

数据来源：企业业绩公告、CRIC。

万科一直坚持审慎投资的态度，土地储备远低于碧桂园和恒大，但其2016年也加大了投资力度，全年新增项目216个，总规划建筑面积为4615.4万平方米，同比增长46.2%，新增项目均价为7908元/平方米。按建筑面积计算，其中74.7%的土地储备位于一、二线城市；按权益投资金额计算，90.0%位于一、二线城市。

海量的廉价优质土地储备和众多布局城市可以东方不亮西方亮，很好地避免了与调控政策硬碰硬，帮助企业穿越市场牛熊周期。

4.三大巨头比较分析总结

在过去几年中，业内对单个龙头的深度分析很多，但将3家龙头做横向比较是市场首次，从销售、扩张、盈利等5大方面进行比较会发现，房地产行业的成功没有偶然，3家公司虽然路径不同，但优异的业绩是殊途同归，不少人分析认为：

万科的优秀其实不必多言，作为行业引领者，公司的产能效率以及市场化扩张都执行业牛耳。过去几年来一直在创新和颠覆，龙头中最早启动立体激励机制——短期（跟投制度）、中期（股权激励及薪酬激励）到长期（事业合伙人制度），最早提出采用“轨交+物业”模式，“八爪鱼”战略也为行业未来转型提供思路。

碧桂园是三家房企中“高成长”的典范，在过去4年复合增长率最高的基础上，2017年依旧突飞猛进，具备成为新霸主的可能，“快”的背后是碧桂园周转速度极致化的体现。从项目的前期设计到工程建设再到后期装修和销售甚至物业管理一条龙承担，实现了从拿地到开盘5个月的惊人速度。而且“同心共享”激励机制的输出也点燃了碧桂园的组织活力，已经在越来越多房企中效仿，“有人才有天下”是碧桂园的核心。

恒大在过去几年中，由于高负债率一直在质疑声中前行，但依靠其超强的执行力，在2000亿元的高基数上依旧实现高速增长，实现了对万科王者的挑战和超越。作为三家公司中唯一一个没有跟投机制的企业，依靠“紧密型集团化管理模式”，在过去几年中完成了“三、四线”向“一、二线”城市结构的转型，而且依旧能保持龙头最高的利润率，背后是执行力和成本控制能力的体现。站在当下，恒大正在迈向新的篇章，引入700亿元战略投资后永续债已经全部赎回，成长步伐更加轻盈，如果能够成功回归A股，我们相信依靠A股的估值溢价将有助于恒大进一步享受资本化红利，延续过去几年的高成长步伐。

地产行业经历22年风雨，但企业依旧在不断守正出奇，颠覆和创新是从未停止的命题。

第七节 恒大地产发展模式
——可以对标，难以复制

除了碧桂园、恒大、万科在2017年破5000亿元，继续巩固第一梯队外，最为摩拳擦掌的，应该是一直在和它们“对标”的一些房企。

有的房企在10年前、5年前，和这几家房企的规模非常接近，所以才会想要“对标”。而在“对标”的过程中，大家的差距越拉越大，到今天已是天壤之别，没法再“ 对标”了。

为何恒大地产的模式很难复制到其他房企呢?

其实，除了组织架构、管理制度，还有一个更高层次的存在，那就是“管理心法”。

业内有一种说法，如果你没有许家印了解标杆的成本知识积累，没有标杆的供应商积累，你复制过来的制度和系统，只能变成无用的摆设。

如果没有恒大非常突出的“穿越周期的能力”，就不要轻易跟随恒大的步伐去拿地。

诸多案例也表明，许多房企只看到了自己希望有的“机会”，而没有看到“穿越周期的钱”这个前提。

于是，在2017年“最严调控”下，各种问题出现了。许多房地产企业都陷入了债务的泥潭，但是，健康的恒大却依然昂着头、挺着胸，继续大踏步向前迈进。这就是许家印过人的胆识和气魄，伟大的胸怀和到位的战略。

恒大造就这种地产发展奇迹的，正是许家印每一次紧扣政策、行业和市场变化，在企业发展的不同阶段，制定和实施前瞻的企业战略。

未来，万科、碧桂园、恒大的三强之争还将延续下去，从原先的万科一枝独秀到今天的三足鼎立，都会让整个中国地产界更加精彩。

第四章

恒大旅游——海花岛与童世界

海花岛是恒大世界级、世纪级的重大文化旅游项目，是恒大进入文化旅游领域的标志性项目，同时它也是一个国家级项目，是一个重大形象工程。我们要调集优秀骨干力量，不惜一切代价要把它打造成世界上顶级的文化旅游胜地。恒大童世界要在规划设计方面花大力气、花大功夫，真正打造世界规模最大、档次最高、面向少年儿童的主题公园，同时，还要能够弘扬中国五千年文明，中国文化、中国历史，不仅为少年儿童游乐服务，还要为他们的健康学习服务。

——许家印

一段东方文明的开启，成就了一个世界的奇迹。中国标准化运营精品地产领导者——许家印旗下的恒大旅游集团，引领时代潮流，铸造世界奇迹。与夏威夷同一纬度，媲美爱琴海的浪漫，比肩黄金海岸的激情，领略马尔代夫的唯美，超越迪拜棕榈岛的奢华，中国海南海花岛，重构世界旅游版图，打造全球人向往的顶级文化度假胜地。

随着经济进入新常态，服务业对经济拉动的作用愈发凸显，尤其是与居民日常生活紧密相关的民生服务业，不仅能有效提高老百姓健康水平和生活质量，也有利于推动经济社会的持续稳健发展。人民生活水平不断提高，旅游、健康也逐渐成为民生服务业的重要一环。

如今，恒大在这两大领域也不断加码。业内专家表示，恒大在旅游和健康两大服务产业均实现了产品的快速落地，成为扩大内需的新尝试，并起到明显优化行业供给的效果。

自从恒大成立旅游集团开启多元化布局后，旅游集团2017年业绩表现十分亮眼，全年销售221亿元，销售回款完成177亿元，其中海花岛全年销售133亿元。总在建面积1690万平方米。海花岛在建面积760万平方米，顺利完成海花岛首期交楼。

据了解，恒大旅游集团已在长沙、贵阳、开封、镇江、苏州太仓、沧州南大港、鄂州等地布局建设7个童世界项目，另有眉山、西安、青岛3个恒大童世界项目已签约。13个新项目概念规划方案，11个新项目乐园概念规划方案，6个新项目乐园中心园林概念方案也被敲定，恒大旅游集团还完成33大项及12项儿童屋的设备选型，33个游乐单体、入口城堡及童话大街标准平、立面方案，并有18类大型游乐设备全部定标且协议已签订。照此看来，2018年是恒大旅游集团爆发之年，而海花岛和童世界两个战略项目也是恒大的重中之重。

第一节　海南海花岛

——创造人类文旅史的世界奇迹

1861年，英国维多利亚海域填造世界首座人工岛，用来抵御法国海军；2001年，迪拜朱美拉棕榈岛开始建设，开启了人类迈向海洋的跨时代步伐；2015年11月27日，由恒大集团建造的中国海南海花岛让世人的目光转向中国。

为了进一步传承“中国海洋梦”的时代使命，恒大集团紧随“一带一路”国家路线，依托中国最大的经济特区和国际旅游岛的核心优势，借力中国海洋发展战略的新思路，以高瞻远瞩的视野和拓海封疆的气度，整合区内资源和地理优势，践行中国梦的伟大构想，打造海南海花岛，开创中国迈向海洋的新步伐，铸造世界旅游之“最”。

每个人心中都有一片海，每个人心中都有一座岛，海洋的浪漫魅力，岛居的清然遗世，是人放松身心的最优选择，普通人如此，国际名流、商贾巨亨亦然。在夏威夷的海滩，自由和闲适让上层名流流连忘返；在爱琴海的小岛，雅致和惬意让欧洲贵族由衷赞叹；在迪拜棕榈岛，奢华和绚烂让商贾大亨纵情享受，在马尔代夫的天堂岛、 在黄金海岸的浪尖……海的魅力已深深吸引了无数人，然而，中国却始终难登海岸与岛居的世界旅游版图。

这是遗憾，更是动力，在中国，同样拥有最适合度假的热带滨海城市，海南常年气温都在23℃左右，又被称为天然的大温室， 空气质量在国际测定标准的排名当中居首位，大自然把宜人的气候、清新的空气、和煦的阳光、湛蓝的海水、柔软的沙滩、美味的海鲜佳肴……都赐予了这里——海南。在这里，恒大力图打造远离喧嚣，告别拥挤，纯净且原生的胜地。

在中国南海一片蔚蓝的海湾内，一朵傲然盛开的“花”格外引人注目，像是从天而降（如图4-1所示）。置身其中，仿佛来到了久别的梦里。然而，这一切都不是梦。恒大，在海南儋州打造中国骄傲——中国海南海花岛，让梦想成真，让世界瞩目。

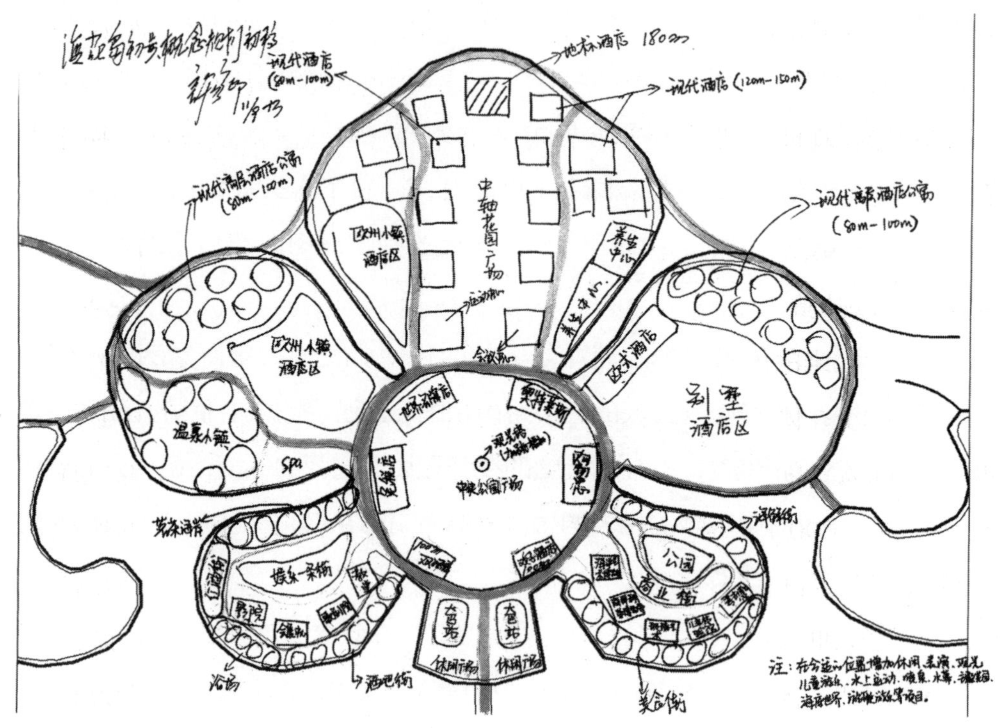

图4-1　海花岛1号岛许家印手绘图

1.中国骄傲——中国海南海花岛

2015年11月27日，由恒大集团打造的中国海南海花岛耀世揭幕。海花岛位处“一带一路”重要节点，是恒大集团重构世界旅游版图之作。

海花岛分为3个岛，1号岛即中间的形似花朵的岛屿。航母级配套涵盖酒店、博物馆、游乐园、购物中心、温泉等度假生活设施，充分满足消费者旅游度假、休闲运动、商务会议、健康养生等的所有需求。

2号岛是位于1号岛北边的狭长岛屿，主要以住宅为主，住宅产品有

40~190平方米的小高层洋房和20~85平方米的度假公寓等。

3号岛是位于1号岛南边的岛屿，有跨海大桥与一号岛和陆地相连，是3个岛屿中海景景观资源最独特的，打造160~630平方米的私家滨海别墅、45~190平方米的超高层一线海景洋房。

中国海南海花岛汇聚童话世界、海洋乐园、雪山水上王国、国际会议中心、国际会展中心、大剧院、音乐厅、娱乐中心、六国风情商业街、八大主题美食街、海岛别墅酒店群、欧式城堡酒店、特色博物馆群、五国风情温泉城、恒大华夏影视基地、婚礼庄园、游艇俱乐部及交通枢纽等28大业态，中国制造的世界高端文化旅游胜地即将破海而起，傲立世界，包罗世界精彩，吸引全球目光，恒大集团，实力打造让全球为之向往的海上盛宴。

海花岛规划的国际购物中心，汇聚300多家国际奢侈品牌，同时，拥有总规模10万平方米的国际旅游海岛商业街区，作为一条集美食、购物、休闲、娱乐、文化于一体的情景体验式特色旅游街区，经营、度假、商业并重，其中包括六国风情商业街，汇集中国、美国、德国、意大利、俄罗斯、地中海等特色建筑群，600家寰球商店，囊括世界臻品，引领全球风尚；八大主题美食街，中华名菜、日本料理、法式佳肴、东南亚美食等百余家风味，全球饕餮汇聚于此；午后抑或夜晚，在海花岛亦有休闲好去处，在中国茗茶文化街，十大滨海茶楼精致优雅，品味醇美中式生活意境，在海景酒吧街，多达80家特色主题酒吧，璀璨多姿的绚丽生活，融汇万人欢乐；多元化、一体化国际商业街，满足全岛游客美食购物、休闲娱乐全方位需求；生态岛居住宅板块以岛居理念为蓝图打造，汇集169~588平方米的滨海别墅、45~223平方米的亲海洋房、22~86平方米的瞰海公寓全类型岛居产品，尊享360度海景，筑就岛居新未来。

国际会展中心是海花岛上一颗璀璨亮丽的明珠，位于1号岛，建筑外形自然圆润，如海洋中的漩涡，简约、时尚、明快。按恒大官方的说法，这里拥有一流的展览场地、先进的会展设施，是国际高端奢侈品牌发布、高端艺术文化交流、一级商业文化展示等活动的首选之地。

中国海南海花岛，作为恒大集团进军海洋的又一个标杆力作，荟萃万象，打造全球人最向往的顶级文化旅游胜地，铸造史诗巨著的海上传奇，傲立世界，缔造永不落幕的海上盛宴。让海南以海的名义，再一次站在世界的前列。

2.恒大海花岛 启动就让世界瞩目

中国海南海花岛地处海南儋州市，位于海南岛的西北部，濒临北部湾，是海南省土地面积最大、人口最多的县级市，也是海南西部的经济、交通、通信和文化中心。距离海口市约130公里，离三亚市280公里左右。陆海交通发达、环岛西铁路、环岛高速公路横穿市境，海运可直抵东南亚和祖国各沿海城市。

儋州山清水秀，有丰富的自然资源和旅游资源。其森林资源居全省首位，拥有森林面积1万公顷。珍稀树种资源更是首屈一指，仅华南热作两院植物园就保存有上千个珍贵树种。儋州还是苏东坡被贬的地方，苏东坡在这里讲学明道，后来人们建起东坡书院，培养了不少人才，所以儋州还是一个有文化底蕴的地方。儋州著名的旅游景点有东坡书院、热带植物园、蓝洋温泉、光村银滩等，曾被评为“全国城市环境综合整治优秀城市”“全国卫生城市”“全国文明示范市”等。

与省会城市海口和旅游胜地三亚相比，儋州在全国不算有名，但儋州有着海南省独特的资源，有海南1/10的土地、1/9的海岸线和1/8的人口，并有国家级的经济开发区洋浦经济开发区和洋浦保税港区。

然而，多年来，这些资源并未转化为强大的经济动力。游客到海南就直奔东南边的三亚而去，或者经过琼海的博鳌停留看风景，鲜有游客会到海南的西北边看一下儋州。

恒大集团利用儋州的地理、环境、旅游等资源优势，打造海南一朵牡丹花造型组成的岛屿——中国海南海花岛，以比肩全球五大海岛的恢宏气度，重构世界旅游版图。

海花岛位于儋州市排浦港与洋浦港之间的海湾区域， 跨度约6.8公里，距离海岸600米左右，紧挨着的陆地东面为白马井镇，其余侧多为村子。

海花岛对海南发展全域旅游，改变东热西冷、促进儋州乃至西部经济发展具有较强的支撑作用。看过海花岛设计图的人士表示，栖息海花岛，如果你不出去走走，你就会以为这就是世界。可以说，这是恒大集团董事局主席许家印的心血之作。据称，海花岛的雏形是他在2012年大年初一夜不能寐，搜集树叶、花朵等素材，对着大海反复构思而得的。

按照恒大的设想，未来，这里将会成为全球最大的会议城，全球最大酒店群、全球首座深海温泉、全球最大博物馆群和全球首创世界童话乐园。2016年，恒大海花岛正式加入ICCA国际大会及会议协会。据了解，ICCA成立于1963年，是全球国际会议最主要的机构组织之一，是会务业最为全球化的组织，这就意味着海花岛将很有可能引进一项国际性永久会议在此举办。

海花岛所在纬度非常优异，属于亚热带气候，所在洋浦湾海域是天然的海湾，环境、空气、海水都无可比拟，优越的自然条件使得海花岛更加适宜度假和居住。

海花岛包罗万象，以非凡的形象高度和精彩的业态汇聚，开创了世界文化旅游的新方向。海居生活以恒大岛居理念为蓝图打造，360度海景一览无余，以极佳的景观享受和超高性价比，满足人们不同的海居需求。此外，海花岛项目还引入了酒店式托管增值服务，不仅帮助业主维护保养物业，还通过出租运营的方式助其获得稳定的投资回报。

据了解，海花岛全岛住宅和公共建筑100%按照绿色建筑标准设计，截至2017年年底已取得绿色建筑认证面积约645万平方米。海花岛生态环境优越，具有丰富的负氧离子，利于健康疗养，而且全岛采用绿色清洁能源的电动汽车、电动巴士、新能源观光车作为主要的交通工具，还大量设置了步行道、自行车道等，大大地降低了二氧化碳的排放量。除此之外，岛内还限制社会车辆进入，确保岛内的交通畅行无堵。

另外，海花岛能源规划重点包含两大特点：一方面是对建筑进行节能的规划布局，以减少能源的需求，降低运行的费用；另一方面是从太阳能热水、太阳能路灯、分布式太阳能发电站、光伏建筑一体化和潮汐能发电几个方面进行可再生能源的利用，营造独特的可再生能源景观，减少能耗需求从而降低环境影响。

海花岛将由国际顶尖设计大师进行设计，这些国际设计大师将为海花岛交出怎样的作品？恒大有关负责人表示，“如同埃菲尔铁塔在巴黎中心吸引世界的瞩目、哈利法塔在迪拜高空傲视全球、悉尼歌剧院在澳大利亚东海岸独放异彩”，未来有希望能够在海花岛打造出世界级的地标。

综上所述，可以窥见海花岛受世人瞩目的几大因素：巨额投资、国际设计大师、丰富的各类配套群。有人认为海花岛未来将像迪拜一样，成为人造奇迹，充满迷之魅力。

海南岛作为国际旅游岛，也是“一带一路”的核心地带，随着中国经济实力不断增强，世界越来越关注中国文化、旅游等方面的发展。海花岛的出现，凭借宏伟的体量和精彩的业态，将会成为中国旅游业的新名片。

在第十二届国际绿色建筑大会上，就有业内人士指出，海南海花岛作为特大型文化旅游项目，以最生态和环保的目标开展规划设计，全岛住宅和公共建筑100%按照绿色建筑标准设计，采用太阳能和潮汐能等清洁能源、雨水回收系统、绿色交通等绿色体系，为类似的海滨生态城项目提供了方向和指引。

儋州市政府则展望称，海花岛项目的建设将极大促进儋州市乃至整个海南省旅游业的发展，有利于洋浦经济开发区和儋州滨海新区吸引投资；项目的建设将增加逾10万个就业岗位，建成后到访的客流预计每年达200万人次，相关产业的进驻为儋州市长期稳定税收收入起着巨大的作用。总之，该项目的建设对拉动儋州地区经济，对推动儋州特别是儋州滨海新区经济社会的跨越式发展具有重要作用。

3.再次创造文旅产业历史

在过去的两年时间里，海花岛工程建设日新月异。如今，时间已在建筑表面逐渐雕刻出它应有的成熟姿态。

笔者前段时间走访发现，眼下的海花岛呈现出繁忙的景象，三大岛屿全面开工建设，每时每刻都有载重50吨的工程车排起长队进入工地，50余家建设单位、数万工人一同建设，海花岛俨然成为世界最大的工地。此刻，梦想已经照进现实，海花岛注定再次创造中国文旅产业的历史。

一边是建设如火如荼，另一边作为世界级旅游综合体，海花岛也启动了“世界奇迹，全球盛宴”的招商推介大会。瑞典米其林二星vollmers、日本米其林二星Ginza、香港米其林一星胜记海鲜酒楼、韩国七良、英国知名品牌Etnacoffee等纷纷入驻。

业内人士表示，国际品牌入驻海花岛构建了正循环效应，将进一步吸引更多品牌纷至沓来，使海花岛的业态稳步完善迈向高端。海花岛与各领域商家强强联合，将对文化旅游产业市场起到极大的推动作用，建立一个多赢的合作典范。

除了巨额投资、充满设计感的建筑群、海洋版图的新目标、绿色生态等标签，海花岛还有一个重要标签，即文化旅游。胡润研究院、亚洲国际豪华旅游博览会曾发布《中国奢华旅游白皮书》，针对中国高端旅游者的调查结果显示，他们的人均旅游年花费为15万元。但目前国内企业在高端海岛游产品的开拓上鲜有作为，海花岛将弥补这一市场空缺，成为文化旅游市场的新宠。

梦想的蓝图绘制得如此美妙，现实如何呢？

2017年的恒大旅游集团誓师大会提出了加快工程建设的目标，海花岛各大核心业务部门也提出了具体的奋斗计划。此外，参与海花岛工程建设的施工单位，包括中国华西、中建系统、中交系统、中铁系统等67家合作伙伴也参与了此次大会。

据了解在2号岛、3号岛有条不紊建设的同时，1号岛配套已经全面开工建设。国际会议中心、国际会展中心、运动中心、国际购物中心、五国温情温泉城、希尔顿双塔酒店、娱乐中心、欧式城堡酒店、七星半岛酒店、植物园、博物馆、商业街、美食街、婚礼庄园、恒大华夏影视基地、水上王国、海洋乐园、主题乐园等项目均已封顶或热火朝天地建设。

4.一开盘就创造世界纪录

中国海南海花岛有多项获得权威认证的“世界之最”。在外观设计上，中国海南海花岛是以两朵浪花托举国花牡丹的形状构成，它曾荣获由世界纪录协会颁发的“全球最大花型人工岛”认证。

还有，海花岛在全国25个主要城市设立了28个展示中心，位于海南项目现场的展厅更是创下了四大世界纪录：世界上最大的地产展示中心、世界上直径最大的地产展示大厅、世界上最大的展厅手绘穹顶、世界上最大的楼盘展示沙盘。

最引人注目的是，2015年12月28日，备受关注的恒大海花岛项目在万众期待中迎来正式开盘，最终实现开盘销售总成交金额122.05亿元、销售面积达136万平方米、认筹到访人数超过10万，三项数据均创造了世界纪录。

在文旅地产叫好不叫座的背景下，这个纪录具有深远意义。

值得注意的是，据数据显示，2010年中国旅游地产项目1380个，到了2014年旅游地产项目有7965个，行业非常繁荣，但真正叫好又叫座的项目并不多见。

而恒大海花岛正是成功地把全国的需求激发了出来。如何做到的呢？易居董事局主席兼总裁周忻在接受媒体采访时分析指出，2015年开盘时，恒大在全国的28个展厅，300多个恒大案场同时蓄客，千名专职销售员大会战，数万套房源一次推案，10万人登岛选房。为了打赢这场战役，恒大一贯的全员上阵作风又一次显现，这场战役集合了恒大在全国的各种力量。

除营销策略把控得当外，项目在产品规划上的业态丰富也是一大原因。这个项目几乎涵盖了所有滨海度假产品的户型，激发了全国用户的需求，22~86平方米的公寓、40~190平方米的高层、45~223平方米的洋房、169~588平方米的别墅，传统销售业态几乎全覆盖。相比海南岛最为成熟的三亚和海口市场，海花岛的价格更低，这也是成功的关键因素。

文化旅游产业作为战略性支柱产业，正在迎来一轮高速发展。

在各国旅游者当中，中国游客是消费最高的群体，2017年旅游总收入5.4万亿元，比2012年增长了2.81万亿元，年均增长15.83%，其中家庭及商务旅游市场潜力大。

海花岛所位于的海南省，有丰富独特的旅游资源和国际旅游岛特殊政策。早在2010年，《海南国际旅游岛建设发展规划纲要》获中央批准，作为世界最大的国际旅游岛，海南国际旅游岛建设正式上升为国家战略，恒大在海南国家旅游发展战略中，再一次勇立改革开放大潮的最前沿。海花岛正好地处国家“一带一路”核心经济带，许家印的巨作，让外界对这座海岛充满了想象，预计未来将会吸引大批国际旅客上岛旅游。

第二节 “恒大童世界”
——重塑世界顶级主题公园的新版图

在首个文旅产品中国海南海花岛获得成功后，恒大展开布局文旅行业更为雄心勃勃的蓝图。

2017年下半年，恒大旅游集团旗下另一拳头产品“恒大童世界”主题乐园揭开面纱。这是全球唯一一个全室内、全天候、全季节的大型主题乐园，主要面向2~15岁的少年儿童。

该项目以中国文化、中国历史、中国故事为核心内容，融合中国文化精髓和世界文明，采用世界成熟的、受欢迎的、科技含量又高的顶级游乐设施设备及技术，打造全球规模最大的顶级童话神话主题乐园。“恒大童世界”以弘

图4-2 “恒大童世界”项目启动仪式

扬中华传统文化，铸就民族品牌为宗旨，将作为恒大文化旅游的拳头产品，布局全国，走向世界。

1.响应政策号召下恒大童世界正式亮相

2016年年底，国务院《“十三五”旅游业发展规划》提出，要打造一批特色鲜明、品质高、信誉好的品牌主题乐园，推动国内主题游乐企业国际化发展。

顺势而为，恒大集团开始着手布局全国。2017年8月27日，恒大布局文化旅游的拳头产品“恒大童世界”正式亮相。据恒大旅游集团负责人透露，恒大童世界是“全室内、全天候、全季节”大型主题乐园，面向2~15岁的少年儿童。项目共设计规划了33个大型游乐项目，而迪士尼一般有18~22个，可以说“恒大童世界”的规模已是迪士尼的1.5倍。

据介绍，恒大未来将在全国布局15个童世界项目，2~5年后陆续竣工开业。每个“恒大童世界”辐射半径500公里、8000万人群，落成后预计每个项目年游客量超2000万人次，年消费总额超200亿元。

相关资料显示，恒大现已布局有12个“恒大童世界”项目，其中长沙、贵阳、开封、镇江、苏州太仓、沧州南大港、湖北鄂州等7个“恒大童世界”已动工；另有四川眉山、陕西西安、山东烟台、云南昆明、黑龙江哈尔滨5个“恒大童世界”项目已签约。

据悉，目前“恒大童世界”分为璀璨中华、魔幻西欧、神秘古国、探险南美、漫游海洋、穿越太空六大主题区域，以中国文化、中国历史、中国故事为核心内容。有业内人士认为，从这样一个细节中就可以看到，“恒大童世界”的核心竞争力还是五千年的中华文明，这也是“恒大童世界”走向全球的底气所在，对外有望走向世界，成为全球家喻户晓的中国民族品牌，以及恒大在全球文化旅游版图上的亮丽名片。

在“璀璨中华”主题区，盘古开天、嫦娥奔月、哪吒闹海、宝莲灯、封神传奇、八仙过海、赤壁之战等诸多中国经典文化元素开创性地融入游乐项目中，让少年儿童在游乐体验的同时，又能领略中国文化的独特魅力。有业内人士表示：“‘恒大童世界’把传统的中华文明与高级的游乐科技相结合，可谓寓教于乐。”

可见，“恒大童世界”的定位是一种典型的“国家政策导向+商业竞争导向”的双坐标定位模式。近年来，纵观国内现有的主题乐园，其中多以西方文化为核心主题，而以“中国元素”为主体的主题乐园则是凤毛麟角，中国传统文化不断受到西方文化的冲击。

现在的孩子对盘古、哪吒知道得少之又少，对唐老鸭、米老鼠却十分熟悉。传统文化是文化自信的源泉和基石，中国五千年文明悠久灿烂、博大精深，推动传统文化创新性发展有重要的现实意义。

比较国内现在的主题乐园，似乎发现海洋世界、动物世界，全中国哪里都一样，老虎是那些老虎，企鹅还是那些企鹅。这些乐园，只能称为“科普馆”或者简单的游乐场。有些游乐园往往侧重于固定资产投资，却忽略由轻资产投资主导的内容打造。这样的乐园看上去热闹非凡，精彩纷呈，各种游乐项目都有，但除了刺激肾上腺的过山车，没有更多内在的文化内涵。游客过去，乐一乐是可以，但也仅此而已。

这样的后果是，国内大多数主题乐园都成了没有“灵魂”的游乐场，它们的面孔千篇一律，讲不出故事，也没有中国故事，更谈不上要符合国务院《“十三五”旅游业发展规划》“打造一批特色鲜明、品质高、信誉好的品牌主题乐园”的要求。

针对旅游产业有效供给不足的问题，“恒大童世界”从供给端提出的全新产品及服务，满足不断升级的消费需求，其起到的行业示范意义以及引领效应，无疑是具有行业颠覆性的供给侧领域的改革范本。

此时，“恒大童世界”似乎是要打破这样的格局，成为传承中国故事的先行领导者，既很好地抓住了国内井喷的乐园风口，与国家产业政策高度契合外，又精准定位。它与国内其他主题乐园最大的不同点，在于游乐项目有着丰富的“中国内涵”，这也让“恒大童世界”与中国游客有了本真的亲近感。

“‘恒大童世界’对目前的旅游市场有很好的启发，尤其在教育和启智性旅游领域，将激发出新的市场活力，加快旅游产业转型升级。”有业内人士这样认为。

2.打造15个童世界乐园对标迪士尼

中国海南海花岛以及恒大海上威尼斯等明星产品取得良好战绩，恒大再接再厉于2017年8月27日推出文化旅游的拳头产品——“恒大童世界”。

据恒大集团常务副总裁兼恒大旅游集团董事长肖恩介绍，“恒大童世界”是面向2~15岁的少年儿童，全球唯一的“全室内、全天候、全季节”大型主题乐园。

全室内可以终结主题乐园“靠天吃饭”的困窘，运营成本必然高企。全天候可以延长消费时间，当然前提是要有一定的客流量。

“纵观国内外企业发展史，在企业规模壮大后，都需要寻找一个有长期稳定现金流的商业模式，而旅游、金融等服务消费类行业往往会成为多元化布局的首选领域。”一名专注企业管理研究的人士认为，与房地产行业相比，这些行业最大的优势就是能够带来稳定的现金流，恒大涉足主题乐园，或许正是看重“恒大童世界”作为流量入口所带来的大量娱乐、餐饮、住宿、门票和周边收入。

早年香港长和系依靠地产发家后，通过收购实现业务的多元化拓展。在业务布局上，超市、零售、公共服务等行业带来稳定的现金流，与能源、基建、地产等资金沉淀较多、回报期较长的行业形成互补；而被认为是多元化战略最为成功的美国通用电气，也采用了相似的产业战略布局。

从项目设计来看，“恒大童世界”出身不俗，由世界知名设计机构的325位大师参与设计。按照恒大的规划，童世界项目共设计规划了33个大型游乐项目。如果一次性想玩遍所有项目，需要花费3~5天的时间。

从国内主题乐园品牌的运营效果来看，如方特、千古情、欢乐谷等，反复消费的动力并不强，高昂的门票价格使消费者往往成为一次性消费者，长远

效应很难实现。

不过，恒大显然对自己的童世界充满自信，并计划未来2~5年在贵阳、长沙、开封等地布局15个“恒大童世界”项目。恒大认为，坐落于重点城市周边的“恒大童世界”主题乐园将成为市民出行，尤其是亲子游的主要目的地，建成后将使短途周边游更加火热。

恒大对童世界保持乐观也是对这一市场充满信心。据了解，上海迪士尼乐园开业不到一年时间，已在2017年第二财季实现小幅盈利。在中国消费升级之下，中国主题乐园消费将迎来高增长期，主题乐园仍存在着大量的市场需求有待释放。咨询公司AECOM预测认为，到2025年、2030年中国主题公园客流将分别达到3.2亿和4.2亿人次，意味着中国主题乐园会迎来庞大的消费市场。而这里面亲子游又是主题乐园消费的绝对主力，根据同程旅游发布的2016年《在线旅游用户主题乐园消费行为调查报告》显示，“70后”和“80后”去主题乐园更多是和孩子一起的，占比分别为34.09%和18.65%。根据同程旅游发布的一份亲子游调查报告显示，在有过亲子游消费经历的受访者中，有81.73%的人表示曾带孩子去游乐场、主题公园游玩。

克而瑞发布的报告显示，老百姓对于休闲娱乐以及旅游的需求正在不断提升，其中短途周边游将会更加普遍，而坐落于重点城市周边的主题乐园将成为市民出行，尤其是亲子游的主要目的地。

面对这样一个快速发展的市场，“恒大童世界”能否脱颖而出成为行业的掘金者？

行业进入门槛低、产品及经营模式单一是国内主题乐园多年来难以避开的难题，大量同质化的游乐设施让行业长期处于无序竞争的状态中，而“恒大童世界”的面世，或将改变行业的现状。

“恒大童世界”最大的卖点就是鲜明的特色和主题，以中国历史、名著、神话、传说，古希腊、古埃及、古阿拉伯、西欧等世界经典童话神话故事为背景进行项目创作，乐园分为璀璨中华、魔幻西欧、神秘古国、探险南美、漫游海洋、穿越太空六大主题区域，可以满足不同年龄段儿童的需求。

事实上，对于一个主题公园来说，除了故事主题、打造IP，硬件设施也是吸引游客的一个关键要素，以上海迪斯尼乐园为例，仅在硬件设施的投入上，迪斯尼就在该项目上砸下了55亿美元。

这方面“恒大童世界”也可谓是不惜成本，甚至超越迪斯尼。据了解，迪士尼通常有18~22个大型游乐项目，“恒大童世界”达到33个，并且所有设施都是由世界顶尖的游乐设备供应商供应。

有人分析迪士尼不难发现，这款畅销了半个多世纪的主题乐园之所以长盛不衰，并不在于它的规模有多大、项目有多少，而在于迪士尼公司在IP开发上的核心竞争力，在于上下游产业链的互动构成。

表4-1　迪士尼财报分析表

项目	收入/百万美元		同比增长
	2015年	2014年	
媒体网络	23264	21152	10%
主题乐园	16162	15099	7%
影视娱乐	7366	7278	1%
周边产品	4499	3985	13%
互动交互	1174	1299	-10%
总收入	52465	48813	7%

据迪士尼公司近年的财报显示（如表4-1所示），迪斯尼目前拥有五大业务板块：媒体网络、主题乐园、影视娱乐、周边产品和互动交互。其中媒体网络板块（包括体育媒体ESPN、迪士尼频道和美国广播公司）为最大的营收来源（占比44%），其次才是主题乐园（占比30%）以及电影娱乐（占比14%）。

进入21世纪以后，工业时代的文旅消费产品——主题乐园已经进入衰落期，迪士尼公司果断布局内容产业，2006年收购皮克斯动画工作室（Pixar Animation Studios），2009年收购美国漫画业巨头漫威公司（Marvel

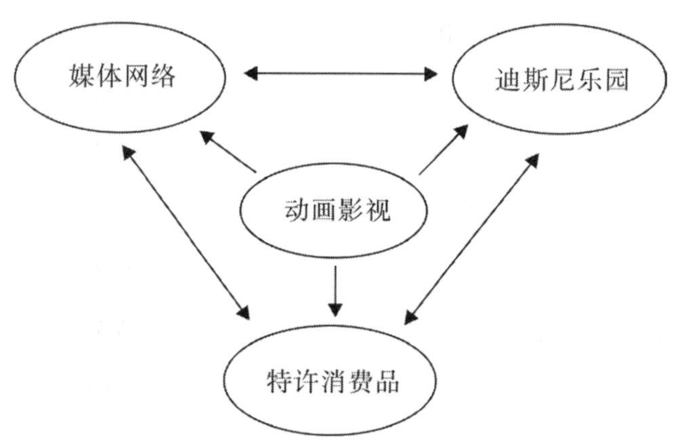

图4-3 “经典产品运营+内容产业”战略模式

Entertainment Inc.），2012年又收购以创作星球大战电影系列而成名的卢卡斯影业，如今迪士尼要收购福克斯也让好莱坞大吃一惊。

“经典产品运营+内容产业”战略模式（如图4-3所示），才是这款靠一只老鼠和一只鸭子发家致富的百年老店永葆青春的秘密武器。

那么，“恒大童世界”该如何做好“经典产品运营+内容产业”的战略模式呢？有业内人士指出，童世界拥有很好的故事主题，再加上足够的硬件投入，可以帮助“恒大童世界”在与其他国内主题乐园的无序竞争中取得先机，此外，恒大的品牌效应也是流量，在客流引入方面，恒大具备先天的优势。考验恒大的在于，如何把中国故事里大量的经典人物和故事开发成为IP。

要挖掘家庭亲子市场，IP一直是关键。尽管有前瞻产业研究院预计，国内儿童乐园消费市场将持续保持15%的高速发展，未来儿童消费市场将达到2万亿元。北京大学文化产业研究院副院长陈少峰表示，儿童和家长是主题公园的两个主流消费者。本来迪士尼以家庭为主，环球影城以年轻人为主，现在两者的角色都在慢慢地向家庭型变化。然而，业内人士指出，如果没有独一无二的细分项目体验，与其他乐园类似便易被边缘化。

有业内人士评论说，中国故事里的人物很多，但并非都已经成为“IP”，大量沉睡的人物和故事处在IP开发的原材料阶段，离IP的价值载体还有很长一段路要走。况且据之前的报道显示，恒大在IP开发上显然还处在门槛之初，既没有IP运营的经验，又缺乏相关人员，能否处理好这个IP的关键问题，这将是决定“恒大童世界”项目成败的关键。

值得欣慰的是，至少我们看到恒大已经在尽力尝试和突破了，据了解，为了突破以往户外游乐园季节性、假日性的约束，在运营模式方面，“恒大童世界”还进行了革命性的创新：将乐园设定为一个全室内、全天候、全季节的主题公园，确保乐园不受任何天气、气候影响，实现一年四季开放，成为真正的“全天候”超大型游乐目的地。

在行业人士看来，这种室内全天候的设计，可以弥补了中国南北方淡季旅游资源的短板，真正让游乐园成为可以全年营业的“现金奶牛”，“‘恒大童世界’此举或将改变国内游乐园的传统经营模式，开创游乐园运营的新潮流”。

在国家鼓励并推动国内主题游乐企业国际化发展的利好下，“恒大童世界”除了与国家产业政策高度契合外，还将填补旅游市场空白、拉动旅游消费增长，同时精准定位少年儿童旅游市场，促进旅游市场产业升级。

“恒大童世界”与迪士尼乐园的分析比较见表4–2。

表4–2　“恒大童世界”与迪士尼乐园分析比较表

比较项	恒大童世界	迪士尼乐园
产业联动	旅游娱乐+地产，产业跨界经营	影视+旅游娱乐+品牌授权业，产业整合联动，一鱼多吃的商业模式
IP来源	东方神话故事人物	来自迪士尼影业自产自用
面积大小	大，是迪士尼的1.5倍	适中，因地制宜
经营方式	独家投资经营	与第三方合作经营，给游客以欢乐的经营理念，把握游客的需求动态
设计团队	外聘世界名家设计	公司自行设计
景点特色	以古今中西故事为主题	各个主题公园各有特色，但主要以迪士尼动画为依托，人物以米老鼠及其迪士尼的卡通人物形象为主； 拥有高科技的支撑及新颖独到的创意。如：身临其境的环形影城和太空飞车
乐园数量	建设中	6个
发展时间	3~5年开发15个	几十年开发6个
盈利模式	门票+旅游衍生品+地产销售	门票+旅游衍生品+品牌授权收入

3.联手国际顶级大师担纲设计创意 许家印提四点设计要求

党的十九大报告指出，我国社会主要矛盾已经转化为人民日益增长的美好生活需要与不平衡不充分的发展之间的矛盾。当前人们对美好生活的需求日益广泛，旅游已成为美好生活的重要组成部分，但高品质的文化旅游产品和服务却一直缺失。

"恒大童世界"在这个背景之下，正逐渐显露出其主题公园的独到之处。了解恒大的人都知道，恒大做产品有一个特别让同行抓狂的特点，那就是用全球视野对标行业顶级大佬，做历久弥新的精品。最近推出的恒大·养生谷对标国际运营最好的养老社区，"恒大童世界"也不例外，它对标的对象，或者说竞争对手都是迪士尼、环球影城等国际主题乐园巨头。

这就注定了童世界一出生就是以当精英为目标来培养，自然在人生的规划和所有资源的供给上都是最优的。既然要做精品，就得有最前沿的设计规划团队。

在"恒大童世界"所有项目的设计和建造上，均由来自美国Ideattack、ITEC、澳大利亚Sanderson等世界著名设计机构的325位设计大师担纲设计和创意，这也是恒大组织4000余人次的专业团队进行实地考察及一手数据搜集工作，足迹遍及迪士尼乐园、环球影城、乐高公园、迪拜IMG乐园、法拉利乐园等28家世界知名主题乐园后精心挑选出来的结果。目前35栋大型乐园单体施工图设计已全部完成。此外，"恒大童世界"所有的大型游乐设备均由荷兰VEKOMA、意大利ZAMPERLA、德国HUSS等全球知名的游乐设备供应商生产。这些顶级大师曾经参与过大阪环球影城、迪拜法拉利世界、新加坡环球影城、美国和日本的多个迪士尼项目、美国派拉蒙主题公园、韩国乐天世界等标志性的国际项目。

许家印对"恒大童世界"的设计方案，提出四项明确要求。对于设计定位，其表示要与迪士尼、环球影城等主题公园错位发展，"面向少年儿童"以及"实现全室内、全季节开放"将成为"恒大童世界"的鲜明特点。

而在规模和档次上，许家印的要求显然秉承了恒大一贯“要做就做最好”的风格，不仅要做世界规模最大的主题公园——少年儿童3~7天才能玩遍所有项目，而且档次也必须是世界级的——要综合世界成熟的、先进的、受少年儿童欢迎的精品项目、欧式卡通建筑，每个建筑都是一个景观、有完善的高水平配套。

在全球主题乐园竞争中，除了硬件设施外，乐园的内容主题是另一关键因素。一直以来我国的主题公园明显缺乏有影响力的文化主题，仅仅停留在盲目模仿阶段。目前，国内在建的世界级主题公园，均以西方文化为核心，缺乏中国特色文化和内涵。中国已进入大众旅游时代，但高品质、精准定位的少年儿童旅游项目仍存较大缺口。

因此，许家印在要求中特别强调了公园主题的“中国内涵”。他表示，“恒大童世界”要立足华夏五千年文明，以中国历史、名著、神话、传说，古希腊、古埃及、古阿拉伯、西欧等经典童话、神话为背景，要“突出弘扬中华文明，同时反映世界文明”。

“恒大童世界”还规划了魔幻西欧、神秘古国、探险南美、漫游海洋和穿越太空主题区，与璀璨中华共同构成极具文化底蕴的六大主题区域。其中，“璀璨中华”区面积占比最大。从这样一个细节中，就可以看到，“恒大童世界”的核心竞争力还是五千年的中华文明，这也是“恒大童世界”走向全球的底气所在。

总之，“恒大童世界”落成后，将填补少年儿童旅游市场的空白，更好地为少年儿童的健康成长服务，有效促进我国旅游行业国际化、井喷式发展。

4.“恒大童世界” 深刻感知中国文明

“恒大童世界”的定位面向2~15岁的少年儿童，既是一个“全室内、全天候、全季节”的大型主题乐园，也是一个“全室内、全天候、全季节”的校园，在这里可以实现五千年前孔子寓教于乐的梦想。

让儿童在游乐设施设备及技术的支持下深刻地感知中国五千年文明的IP。

在这一点上，“恒大童世界”无疑具备了强大的道德支撑，成就了公益性和商业性相互平衡的一个庞大儿童商业帝国。

迪士尼传播的是一种全球化的娱乐精神，而“恒大童世界”传播的是一种中国化的文明力量，从国家和民族的立场上，“恒大童世界”已经与迪士尼形成了差异化的竞争定位。这样的定位不仅仅体现了恒大在商业策略上的智慧洞察，也体现了中国企业在获得政府支持方面的智慧觉悟。

比较巧合的是，在恒大的商业定位之前，国务院《“十三五”旅游业发展规划》也提出了“要打造一批特色鲜明、品质高、信誉好的品牌主题乐园，推动国内主题游乐企业国际化发展”。可见，“恒大童世界”的定位是一种典型的“国家政策导向+商业竞争导向”的双坐标定位模式。

再从供应链角度来看，“恒大童世界”将中国五千年文明作为自己的核心竞争力，以这个影响力巨大的中国式超级IP为引领，恒大聚集了一批全球化的知名设计机构和供应商，形成了“中国化IP+国际化设计+全球供应商”的主题公园打造模式。

在恒大的国际化设计团队中，有美国Ideattack、ITEC、澳大利亚Sanderson等世界知名设计机构的325位设计大师，在供应商队伍中，则有荷兰VEKOMA、意大利ZAMPERLA、德国HUSS等全球著名的游乐设备供应商的身影。可以说，恒大连接了中国的文化供应链智慧和全球的技术供应链智慧。

从上面的分析可以看出，恒大之所以选择“旅游+教育”的童世界模式，既是一种政治智慧和文化智慧的体现，也是一种商业智慧和供应链智慧的彰显。

自从2016年成为“地产一哥”之后，在中国经济去房地产化的大气候下，恒大集团的产业转型目标也越来越坚定，“恒大童世界”的大手笔布局，正是一步非常关键的转型之棋。

首先，在恒大集团的品牌转型层面，“恒大童世界”传播中华文化的使命感重塑了恒大作为房地产企业的霸气品牌形象，改变了人们对房地产企业粗放式、圈地式的印象，取而代之的是一个富有民族责任感和文化道义感的企业形象。

其次，从产业转型层面，“恒大童世界”是从地产上生长出来的“童世界”，是对地产深度运营的产业纵深拓展。旅游产业作为长周期的产业，对金融运作能力的要求也更加高，所以，“恒大童世界”虽然是恒大的一个板块，却是需要其他板块发挥合力的，这对企业内部的业务联动能力也是一种提升。在这个意义上，“恒大童世界”可以说是恒大产业链条上的引擎性产业板块。

主题公园在中国发展了很多年，一直都没有摆脱对气候的依赖，因为它们大多是露天的，只要气候不好，就会导致经营受困，形成人流的不稳定性和现金流的不稳定性。

而恒大集团作为房地产一哥和金融运作的高手，在一开始就把稳定的人流和现金流作为重要目标。因为这是保障项目长周期稳定运营的根本。所以，“恒大童世界”定位为全球唯一“全室内、全天候、全季节”的大型主题乐园，这一定位确保了人流和现金流的稳定性。这说明恒大决策层在童世界项目启动前就为项目植入了金融运作的精细化基因。

同时，等待“恒大童世界”的，是一个亟须解渴的市场。从“恒大童世界”的发力时间节点也可以看出，其对中国经济宏观形势做了非常精准的卡位。2016年，中国人均GDP超过了8000美元，2017年，恒大就宣布启动童世界的项目，可以说，是瞄准了8000美元这个人均GDP带来的发展红利。国际经验表明，人均GDP 8000美元是主题乐园发展的分水岭。

5.“恒大童世界”运营挑战不容忽视

作为全球唯一的“全室内、全天候、全季节”的大型主题乐园，只要有足够的消费人群，“恒大童世界”都可以落地，这样分析看来，“恒大童世界”具备了一种所向披靡的全球化布局能力。但在不同的区域布局，童世界或许将面临不同的竞争环境和地域文化，如何在不同区域进行差异化的规划设计和本地化的运营管理，也是考验恒大决策层和执行层的关键问题。

此外，“恒大童世界”和迪士尼不太一样，迪士尼的庞大帝国是从一个小小的米奇开始的，经历了从小到大的历程。而“恒大童世界”是反向思维模式——从规模上来说是从大到小。恒大旅游集团杨泰峰也提到过，童世界的设计相对比较复杂，先做内核产品部分，确定主题和游乐玩法再做外立面和展示部分。在前面也提到过，“恒大童世界”分为多个主题片区，一下子聚集了如此多的好IP，必须要恰当地协调这些IP，形成一个很好的共生体。

这样的主题公园发展模式也是非常有挑战的，至少在全世界来看，是没有参考模式的。这对规划设计者来说是一个很大的考验，需要他们在景观设计、建筑设计、业态设计、游线设计等方面进行反复打磨，然后贯穿其中形成一体。内容创新研发决定童世界的持续生命力。“恒大童世界”要与迪士尼、环球影城等错位发展也要解决和它们共同定位的亲子游、家庭游群体的目标客户群体。

“恒大童世界”儿童主题公园面向的人群是2~15岁的少年儿童，但买单人群却是他们的家长，“恒大童世界”是否获取客源和盈利的关键在于如何找到满足儿童乐趣和大人童趣需求的平衡，并要做到互动性、体验性、乐趣性的完美融合。

不得不提到的是，“恒大童世界”的选址，苏州、长沙、镇江所在的华东地区几乎是主题公园青睐的高地，当然也是其他景区的聚集地，“恒大童世界”如何脱颖而出，形成自己的竞争壁垒也是摆在眼前的一大问题。

据了解，恒大目前计划的15个童世界项目要在未来2~5年陆续竣工开业。未来2~5年内，中国城市群的格局也存在一定程度上的不可控变量，这些不可控变量都会给“恒大童世界”乐园辐射半径造成一定程度的影响，面对这些投资的不确定性，相信恒大已经有所准备。

第三节 恒大文化旅游
——布局全国打造全球文化旅游亮丽名片

1.全民旅游时代 催生布局文旅需求

如今，中国已进入大众旅游时代，旅游方式由观光型转向休闲度假型，这一转变为旅游房地产发展带来巨大市场空间，据克而瑞研究报告显示，随着人们收入水平的提高，群众对休闲娱乐以及旅游的需求正在不断提升。其中短途周边游将会更加普遍，而坐落在重点城市周边的主题乐园将成为市民出行，尤其是亲子游的主要目的地。

无独有偶，咨询公司AECOM预测，到2025年、2030年中国主题公园客流将分别达到3.2亿和4.2亿人次，中国主题乐园市场随着人们消费水平提高，旅游需求日渐增长，未来几年将迎来高增长。

人民大学公共管理学院教授王虎峰表示“民生领域是经济产业升级和融合的重要方向，同时有助于保障和改善民生”。因此，民生服务业成为“满足人民美好生活愿望”的重要抓手，也是未来政策引导的方向所在。

有业内分析师表示，恒大大力发展旅游等民生服务业，也正是看到了政策指向和市场空白，其打造“恒大童世界”和海南海花岛，对满足老百姓日益增长的消费需求，同时有效拉动内需将是一次有益的尝试。

这一利好消息也使得旅游地产成为中国房企发展的新引擎和突破口，从开发商转向运营商。

而旅游市场的这一变化，又催生出一种旅游边缘产业——旅游房地产，比如旅居生活在国内较为流行，旅居更多以人居环境为标准，将人居方式从拥

挤的都市地带转移到宽松、宁静的纯粹领地，不是只实现“居”的基本功能，而是实现集休闲、度假、疗养、居住、商贸等融为一体的人居新境地，创造一种更注重人性的国际化健康生活新模式，这意味着人居方式的革命，也催生旅游地产的需求。

不过，在国内如火如荼的旅游地产发展浪潮中，由于急功近利的心态和开发模式上的差异，打着休闲、旅游旗号的地产项目数目虽多，然而真正建立品牌的却屈指可数。尽管大批实力房企前赴后继涌入旅游地产开发领域，但到目前为止，在全国众多旅游地产项目中，没有一个能够享誉世界的旅游品牌项目。此外，高品质、定位精准尤其是面向少年儿童旅游项目仍存在较大缺口。旅游地产开发模式在国内尚未成型，不少旅游地产项目正在探索期，房企也急切希望找到一条突破困局的旅游地产成功之路。

2.为何如今房企热衷于开发文化旅游地产项目

除了国内旅游市场正在高速发展以外，中国对旅游地产开发的限制政策相对较少，不像住宅地产那样政策变化多端，政策风险较低；此外，国家不断出台政策鼓励民间资本投资旅游业，合理开发旅游资源，在政策力挺旅游投资背景下，地产商自然闻风而动。

2016年6月16日，恒大集团发布公告称，公司名称由“恒大地产集团有限公司”变更为“中国恒大集团”，而根据恒大集团2016年发布的公告显示，虽然恒大集团的核心主业仍然为地产，但变更名称将更好地反映公司的多元化业务发展战略和公司身份。

更名后的恒大集团也的确在2016年做到了多元化业务发展。12月30日，恒大集团旗下公司恒大旅游集团分别与江苏太仓市、句容市签订了合作协议，打造“恒大童世界”。目前已布局有十几个“恒大童世界”项目，其中长沙、贵阳、开封、镇江、苏州太仓、沧州南大港、湖北鄂州等7个“恒大童世界”已动工；另有四川眉山、陕西西安、山东烟台、云南昆明、黑龙江哈尔滨5个“恒大童世界”项目已签约。恒大深入布局文化旅游板块，再加上国家产业政策的扶持，对于国内文化旅游行业来说也将迎来迅猛发展，也为白银时代的地产企业转型提供了新的借鉴，在没有“天花板”的文化旅游产业中，未来将是一片“蓝海”，将为房企转型提供广阔的空间，也将为企业提供全新的利润点。

分析人士评价称，从供给端切入提供产品及服务，满足人们不断升级的消费需求，是恒大布局服务业的战略构想。同时，恒大在旅游行业快速布局，既契合当前国家对文化、旅游的发展战略，也将为恒大带来稳定的增长动能。

此外，当前亲子市场火热升温。根据主题娱乐协会和AECOM联合发布的《2016主题公园报告和博物馆报告》数据显示，亚太地区排名前20位的游乐园或者主题公园的游客达到1.27亿人次，其中有13个来自大中华地区，11个来自中国内地，报告预测中国主题公园的整体游客量将会在2020年前超过美国，这对于“恒大童世界”项目来说，也是一个利好消息。随着消费升级和中国父母意识的转变，携带孩子出游成为促进父母与孩子交流并从中获得教育与娱乐的最主要形式之一，亲子游、家庭游成为近年来增长最快的旅游产品之一。亲子市场的火热将会给“恒大童世界”市场带来机遇。

与万科和万达两个兄弟房企相比，恒大其实对文化旅游的进入并不晚。操作运营模式为以地产为主导的文化旅游模式，近几年来，恒大旅游集团积极布局，构建海南海花岛、“恒大童世界”、贵阳恒大文化旅游城组成的文化旅游版图。恒大旅游集团将深入实施布局全国的总体发展战略，大力拓展长三角、珠三角、京津冀区域，围绕中心城市、重点旅游城市周边，调整优化区域资源，全方位构建文旅新格局。

3.开发文化旅游地产项目的房企需具备哪些能力

文旅地产做得好，是个赚钱的生意。例如华侨城以“地产+旅游”为主营业务就做得非常好，毛利率多年来维持在50%以上，高于行业平均值15%左右，相比于大多数房地产企业盈利优势更加明显。

有观点指出，文旅地产门槛也比较高，要赚到文旅地产的钱，开发商必须具备两个能力：一是产业价值整合能力；二是抗风险和跨越周期的能力。

（1）行业壁垒高，产业价值整合能力形成企业护城河

“旅游+地产”的开发模式，是一方面利用主题旅游公园提升房地产开发水准，推出风格独特的地产项目，利用主题公园配套环境，提升房价；另一方面反过来，又通过房地产的资金回收支持主题旅游业发展。

具备文旅地产开发经验的房企，以恒大为例，恒大通过这种开发模式，在进入新城市投资拿地时，往往更有竞争优势，以旅游为突破口和政府谈判，拿地成本更低。对于其他没有文旅地产背景的房企而言，门槛就要高得多。

不少人认为像恒大这种成功的地产运营经验也很难复制，旅游地产要运营成功，需要构建出一整条的产业链，包括前端研发、推广等以及后端商业、酒店、娱乐等细分领域的链条，具备很高的行业壁垒。其他的房企要抄袭，做一个成功的案例出来至少需要好几年时间，没有雄厚的资金链和产业价值整合能力根本拼不过。

（2）旅游地产开发周期长，风险很高

旅游地产本身隐含着区域运营的概念，要催熟一个区域，必须要经历一个过程，短时间内难以有较大幅度的升值。

旅游地产要形成一定的规模效应，往往要经历8~10年甚至更长的开发周期。而对于追求快周转的公司来说，几十上百亿元的资金沉淀带来的压力是无法承担的。一旦项目开发周期拉长，房企资金链能否承受就成为关键的现实问题，因大盘项目销售不畅导致资金链紧张的企业不在少数。

就算是恒大这种巨型房企，在做这类项目开发时，也会选择在一期阶段不惜亏本快速去化，将升值预期让利给客户来快速回笼资金。房企要做文旅地产，必须要具备跨越经济周期和行业周期的能力，而一般情况下，只有大型的、规模化的房企才能够做到。

种种分析表明，文旅地产门槛、风险双高，房企如果没有一定的格局，

要做文旅地产还是很有难度的。

随着旅游地产的销售爆发，旅游地产开发和投资企业在过去一年当中也经历了不断的兼并并购。行业集中度提升，马太效应两极分化现象非常明显。不少人分析认为目前整个旅游地产行业，在项目数量、用地规模、建筑总体量方面，大中小企业之间都存在着非常大的差距，未来小房企将进一步被淘汰。

因为，旅游地产完全是建立在资源的基础之上的，资源主要分为两种：一种是自然景观资源；另一种是嫁接商务资源。

前一种资源的获得，需要开发者能够率先抢占一个区域最核心、最稀缺的景观价值，这是旅游地产项目后期成功的先决条件。在这场资源争夺战中，显然大型房企在广泛、率先布局方面，相对小房企来说更有优势。

例如，恒大已在14个城市的资源区布局19个旅游地产项目，而万达也大规模开发多个城市的旅游地产项目。

后一种，则是类似博鳌论坛、昆明世博会这一类的会议驱动旅游地产。需要通过完善的基础商业配套和资源导入，迅速提升区域价值能级，保障顺利开发和运营。大型房企在资源嫁接、品牌合作方面，相比较小房企也更有优势。这也进一步解释了为何恒大海南海花岛项目需要引进一个国际性永久会议地址来进一步为品牌背书。

因而，大房企在资源的获取和整合方面的天然优势，在文旅地产领域，"量级碾压"现象会更加严重。

业内观点认为，传统住宅"快进快出"的开发思路，在文旅地产领域是行不通的。旅游前期投资大，属于重资产项目，必须靠地产反哺，但是地产的后期溢价需要建立在旅游的成功运营来提升。

4.文化旅游产业的成功与否，实际上是产业价值链的竞争

未来的旅游地产，实际上就是文化产业，IP是旅游地产开发的一个制高点、一个战略性因素。

从2016年的数据来看，文化传媒类的企业利用文化资源丰富和强IP的优势，介入“旅游+地产”开发，在全国的旅游开发项目中已经占到5%左右的比例。

文旅产业的文化核心至关重要，所以恒大做童世界，许家印多次派出考察团参观迪士尼、环球影城等国际性项目，并批准更多资源投入连锁主题公园的设计与故事营造。

目前对于一般大型房企来说，整合资源的能力并不弱，关键在于缺乏产业链各个环节的整体运营能力。而恒大转型多元化战略方向，做运营管理的价值输出，可以说也是一个很有前景的战略方向，不仅可以进一步降低负债，还能把成功的项目进行复制化和规模化。

有学者指出，企业做文旅地产必须要防范双重风险。

一是财务风险，旅游地产开发周期太长，导致企业的资产周转率被拉低。因此，从房企项目整体配置来看，旅游地产应属于中长期布局的一类项目，需要搭配一些短平快的项目以提供现金流和短期利润。在进入之前也需要充分评估机会和风险，企业是否能够承受这种大规模、长周期的持续投入。

二是内容生产的风险，文化产业最大的特点就是失败率高，就算是迪士尼也有大量的IP是失败的。整个电影行业最赚钱的好莱坞，过去十年里赚钱的片子比例只有9.23%，也就是十部电影只有一部赚钱，对于制作人来说，做内容生产都是一场赌博，而要依托内容来做主题式度假地产，需要充足的调研，高度防范内容风险，这也是恒大文旅项目需要谨慎考虑的地方。

但是对于文旅地产来说，最关键的还是要整合政府资源。毕竟对于大量的项目来说，政府的配合程度直接决定了项目的生死。如何推动政府深度参与项目开发是操盘的关键考虑因素。

5.海花岛和童世界的推出将抢占新消费经济制高点

正当行业巨头们开始释放出多元化转型的信号时，早已提前一年实现“房地产+服务业”转型的恒大，交出了一张完整的产品落地报告单。

2017年年初，恒大宣布完成多元化转型，至今，恒大重磅打造的中国海南海花岛、恒大童世界、恒大·养生谷和贵阳恒大文化旅游城相继亮相，标志着其深入推进战略转型取得阶段性成果，恒大的多元化重点着眼于“服务业”这一大蓝海。

“恒大健康服务于老人，恒大旅游服务于少年儿童。”许家印简简单单两句表述，又有着怎样的战略思考呢？这个战略又是基于国内什么形势产生的呢？

根据2016年前瞻产业研究院发布的《中国主题公园行业发展模式与投资战略规划分析报告》指出，国内70%的主题公园处于亏损状态，20%持平，只有10%实现盈利，约有1500亿元资金套牢在主题公园投资之中。

其中万达的案例就是一个典型的教训。这种局面在万达与融创的交易中，也能看出端倪。根据最初的交易结构，万达计划按注册资本金定价来出售万达城项目，以至于项目可售面积的均价只有1000多元/米^2，如此估值方式难免让人觉得，那些需要长期持有的主题乐园是个“大坑”。

恒大根据战略部署也在推进“恒大童世界”项目，但这些主题乐园将消耗巨额的投资，没有顶的上海迪士尼投资额是55亿美元。恒大投入的是多少呢？我们暂时无法做最终预测，而且到目前为止，恒大也没有对外披露主题乐园项目的商业测算。

不过许家印非常乐观，也非常看重童世界，整个项目从头到尾，他都亲自参加了项目方案研讨会。也许，这个掌握了近1.76万亿元资产的人，只是想制造一些快乐，毕竟许家印曾说过，“我就是想制造一些快乐”。

在改革开放至今的40年里，中国经济经历了由投资主导型经济向消费主导型经济的转变过程，消费对经济增长的贡献不断增强。来自国家统计局的数据显示，2017年上半年，中国消费对经济的贡献增长达到了64.3%。不少经济学家均认为，服务业板块已经占据市场风口，消费升级带来的服务业需求提升成为未来十年影响中国经济发展的主要动力。

面对消费升级的新经济浪潮，如何更好地抓住消费者的多样化需求，是

企业不得不面对的课题。消费升级意味着消费者不再是简单的购买物质的需求，还有购买健康、购买快乐等对服务的“购买”需求。消费者不断追求美好生活、品质生活的趋势，与党的十九大报告中提出的“当前我国社会主要矛盾已经转化为人民日益增长的美好生活需要和不平衡不充分发展之间的矛盾”同出一辙。

“以服务业为主导的未来经济格局成为国内大型企业转型的主要动因，作为中国房地产行业的领军企业，恒大精准预判了新经济浪潮的到来，提前一年就完成了由‘房地产业’向‘房地产+服务业’的转型，这将有助于其在新服务经济时代的竞争中抢得先机。”有行业分析人士表示。

如何定义恒大的“房地产业+服务业”呢？恒大董事局主席许家印给出的答案是：恒大健康服务于老人，恒大旅游服务于少年儿童，恒大金融服务于社会，“房地产+健康+旅游+金融”，也就是“房地产业+服务老人的产业+服务儿童的产业+服务社会的产业”。“恒大的服务业是围绕着中国13亿多人口、全世界1/4人口的庞大需求开展的，将在事实上为中国的经济发展、拉动内需做出贡献。”许家印强调。

另一个课题在于，恒大将如何满足消费升级的服务需求呢？有一种说法是恒大首要是向市场提供创新的升级产品。自2017年以来，恒大在国内旅游和健康两大服务产业均实现了产品的快速落地，并起到了明显的优化行业供给的效果，为旅游和健康行业带来新的冲击。

旗下的“恒大童世界”与恒大海南海花岛瞄准的旅游和休闲度假产业，不仅有着巨大的发展潜力，同时可以提供长期而稳定的现金流。

笔者认为，从“恒大童世界”和恒大海南海花岛的定位和规模来看，恒大大力发展文旅、健康休闲产业，坚定推进战略转型可谓信心十足。而且当前我国这两个产业有许多相似之处，都是市场规模巨大，消费潜力巨大，恒大此时布局，有助于抢占市场先机，同时又优化了自身的战略布局。

第五章

恒大健康战略——布局全国大健康产业

随着中国老龄化的趋势日益明显，养老问题对中国来说是一大难题。所以，养生养老需求非常大，养老产业是一个非常大的产业。恒大健康定位是为老人服务。围绕养生养老这一巨大产业，结合美国太阳城、德国阿尔伯蒂纳医养综合区、日本港北新城及国内的成功经验，规划恒大·养生谷，真正为中国老人的养生养老提供非常好的产品、非常好的服务。恒大健康产业打造的恒大·养生谷，将成为围绕医疗、医养、医美、预防、保障、管理于一体的养生养老圣地。

——许家印

自伴随“十三五”规划建议落地，“健康中国”正式升级至国家战略。为开辟大健康产业的商业蓝海，国内企业纷纷提出了“再创业”战略，这轮创业就是要顺应全球经济的发展潮流，依托大健康行业，实现提速增量、跨界融合、创新发展。2015年10月，党的十八届五中全会公报将建设“健康中国”上升为国家战略后，资本如潮水般涌入了大健康产业，医疗健康产业发展势头迅猛，医疗健康产业迎来难得的发展机遇期。处于转型升级大势下的房地产企业，亦是投资主力之一。

对于恒大来说，跨界大健康行业并不是障碍，相反是一个非常好的发展机遇和补充。许家印审时度势，高瞻远瞩，充分认识到健康产业的发展潜力和巨大价值，最早在集团2013年上半年工作会议上，就明确提出了目标，要打造世界上顶级的健康产业综合体。笔者分析认为，许家印近年深入布局健康产业，构建全生命周期、全方位的健康服务体系，积极推动全民健康，为国家实现全面小康做出了应有的贡献。

2015年2月27日，恒大地产集团完成收购新传媒控股集团有限公司已发行股份总数的74.99%，并于4月20日将其更名为恒大健康产业集团有限公司（以下简称“恒大健康”）。短短2年间，恒大健康已经完成借壳上市并获利。根据中国香港2017年3月22日发布的2016年全年业绩公告，恒大健康2016年实现营业额5.28亿港元，总资产达31.6亿港元，较2015年年末增长267%；毛利2.02亿港元，毛利率39%，较上一财年提升4个百分点。

2016年，“中国恒大集团”成为恒大的新名字，这无疑宣告了许家印发展多元化产业的雄心；2017年，恒大通过实际行动不断完善他们的版图，而大健康产业正是许家印多元化战略中至关重要的一环。恒大健康是中国恒大集团核心产业之一，是完善民生工程的重要布局。恒大健康践行“健康中国”国家战略，以提高人民健康生活品质为使命，以医养、医疗、医美及抗衰老等为核心业务，结合保险金融，按照普惠、保优的同步推进原则，打造全新标准的“恒大·养生谷”，提供科学的，全龄化、全生命周期的健康服务，倡导中国健康新生活。

2017年12月14日，恒大健康在广州举行了新闻发布会，将酝酿许久的恒大·养生谷正式推出，旨在打造恒大标准下的养生胜地。而早早响应国家政策，在健康产业布局的恒大健康，已经处于领先地位。截至2017年为止，恒大健康目前已布局三亚、海花岛、西安、郑州、扬中、长株潭等7个养生谷项目建立宜居养生胜地，未来五年还将有超过30个养生谷产品落地。在恒大国际医院板块，与哈佛大学附属布莱根和妇女医院进一步深入合作，共同打造的世界级医院——博鳌恒大国际医院，于2018年2月正式开业。

2018年3月23日，恒大健康在香港举行全年业绩发布会。据其业绩数据显示，2017年，恒大健康总资产为76.56亿元人民币，同比增长171.27%；营业额13.28亿元人民币，增长522.15%，多项核心指标实现大幅提升。对比2016年全年数据发现，其净利润表现尤为突出。2016年，其净利为5019万元人民币，2017年为3亿元人民币，同比增长5倍。其现金流等财务指标也保持稳健态势，截至2017年年末，公司现金余额达25.18亿元人民币，较2016年增长128.77%。可以说这是一份恒大地产转型医疗交出的好成绩单。对此，恒大健康副总裁徐轶这样说道："类比广州恒大队的成功，我们对跨界大健康产业仍旧信心满满。"

笔者认为，随着"健康中国"战略落地，"十三五"期间围绕大健康、大卫生和大医学的医疗健康产业有望突破十万亿元市场规模。战略调整升级后的恒大健康，瞄准老百姓最迫切的医疗、健康、养老等需求，多板块齐头并进所形成的合力，将助力其从竞争激烈的健康行业中脱颖而出，有望成为国内健康产业领军企业。

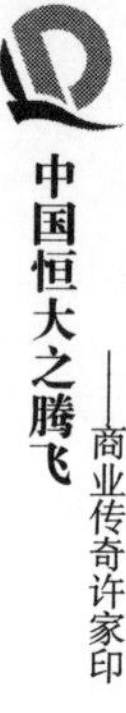

第一节　发力大健康产业
——拓展产业升级新思路

一、大健康产业一片“蓝海”

美国前总统经济顾问保罗·皮尔泽曾经在《财富第五波》一书中预言道，“二十一世纪，健康产业将成为继汽车、房地产、IT和互联网产业后的第五波财富浪潮，在全球创造出不可估量的财富和机遇”。

党的十八大曾明确提出了2020年全面建成小康社会的目标，健康是促进人民群众全面发展的必然条件，并坚持为人民健康服务的方向，坚持预防疾病为主，完善国民健康的政策。2016年8月19~20日，习近平总书记于全国卫生与健康大会发表重要讲话，他强调，没有全民健康，就没有全面小康。要把人民健康放在优先发展的战略地位，以普及健康生活、优化健康服务、完善健康保障、建设健康环境、发展健康产业为重点，加快推进健康中国建设，努力全方位、全周期保障人民健康，为实现“两个一百年”奋斗目标、实现中华民族伟大复兴的中国梦打下坚实健康的基础。

国务院《关于促进健康服务业发展的若干意见》提出，到2020年，基本建立覆盖全生命周期、内涵丰富、结构合理的健康服务业体系，打造一批知名品牌和良性循环的健康服务产业集群，满足广大人民群众的健康服务需求。健康服务产业能有效提高老百姓健康水平和生活质量，并有利于推动经济社会的持续发展，是国家政策重点扶持的新生产业。

大健康是继IT业后的阳光产业，世界各国都在关注。目前，中国大健康行业发展迎来了空前的黄金机遇。美国2011年大健康相关人均消费为100美元，而我国同期人均消费值仅为7美元。到2016年，中国健康产业的年收益约为900亿美元，而美国健康产业产值已经超过了1万亿美元。有关专家表示，中国大健康行业高度契合未来中国发展趋势，老龄化的加速、中产阶级的快速形成等五大趋势共同聚力之下，将为中国大健康产业的发展插上腾飞的翅膀。

健康医疗行业之所以有如此大的市场，首先，一个生命体，从生到死的整个过程，都属于大健康管理和覆盖的范畴；其次，包括母婴、儿童、青壮年、老年人、慢性病或者有特定体质需求的群体，都属于大健康需要覆盖和满足的群体。所以这是一个覆盖健康医疗服务、医保、商保和健康云数据的互联网医疗健康的全生态链，伴随物联网与智能硬件产业的飞速发展，智能手环、血压计、血糖仪等不断涌现，正让移动医疗和个人健康管理的数据采集变得越来越简便。

随着“健康中国”升为国策，在政策红利的不断释放下，与大健康相关的产业，有望形成新的经济增长点。如图5-1所示，2014年，我国健康服务产业市场规模约4.50万亿元，到2016年，我国健康服务产业达5.6万亿元。按照2016年10月25日国家发布的《“健康中国2030”规划纲要》（下称《纲要》），到2020年，健康服务业总规模达到8万亿元以上；到2025年，中国健康产业的规模可望突破10万亿元。到2030年，我国健康服务业总规模将达16

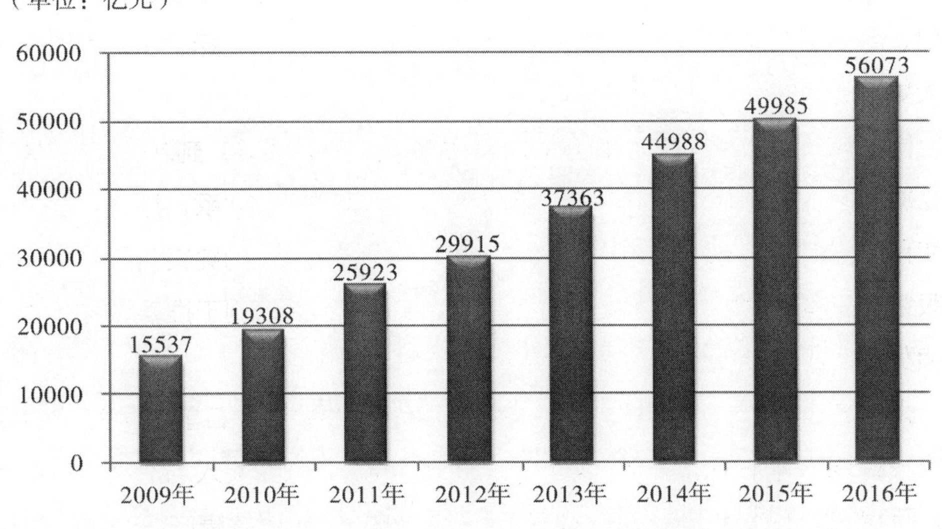

图5-1　2009-2016年我国健康服务产业市场规模

万亿元。社会资本正竞相进入大健康产业掘金，地方政府也纷纷出台大健康产业发展规划，全力推动大健康产业延伸。

习近平总书记在中国共产党第十九次全国代表大会上的报告中强调，人民健康是民族昌盛和国家富强的重要标志，要完善国民健康政策，为人民群众提供全方位全周期健康服务。健康中国战略的推进，以及作为中国第九大发展支柱产业中最重要的产业之一，大健康产业仍是一片“蓝海”。

二、恒大健康的前世今生

2015年2月，在许家印的力主下，恒大地产集团收购“新传媒”组建恒大健康产业集团有限公司（即恒大健康），在香港联交所主板上市，由恒大常务副总裁谈朝晖担任恒大健康董事长。2016年11月28日，恒大首次公布了在医疗健康产业的发展战略，着力布局包括高端医院和分级医疗、社区医疗与养老、医学美容及抗衰老在内的三大核心服务。对此，中科院院士陈可冀在出席发布会时表示肯定，看好恒大健康的长期发展。此外，中国工程院院士钟南山、布莱根和妇女健康医疗集团战略项目部执行总监Mark Davis等也是此次发布会的嘉宾，他们和国际一流专家学者组成战略咨询委员会，成为恒大健康顶级“智库”。

2017年9月26日晚间，恒大健康发布公告称，全资附属公司Right Bliss Limited作为卖方，订立买卖协议，拟向Future Blossom Limited出售新传媒集团的90.01%股权及结欠的股东贷款，代价6300万港元。自此，原公司的媒体业务全部剥离完毕。

买方其实是英皇集团，主席杨受成产业控股间接全资拥有，比如成龙、谢霆锋、容祖儿这些我们熟知的港星都是属于英皇娱乐集团的，着实是香港娱乐圈风云人物，同时也是许家印多年的老朋友。杨受成为何要接手恒大健康的这一份资产呢？在分析这个问题时，不得不说一下恒大健康与杨受成的“前缘”。2014年11月，恒大公告称已与杨受成控股的新传媒集团签订无约束力谅解备忘录，有意以现金形式，向英皇集团杨受成购入新传媒集团约6.48亿股股份。此笔交易作价约9.5亿港元，相当于每股约1.466港元，较新传媒当日停牌前最后收市价0.475元大幅溢价2.1倍，恒大购入的股份占新传媒已发行股份总数的74.99%。

在签署谅解备忘录的同时，杨受成将购回新传媒集团拥有的鸿图道82号房产，以及新传媒集团媒体与出版业务的9.99%股权，而新传媒也将继续维持上市地位。简单来说，新传媒集团原本属于杨受成，恒大以此为契机借壳上市。就在业界都以为恒大试图介入香港传媒、文化业务时，2015年2月，恒大与新传媒集团联合公告，宣布收购完成，并将公司更名"恒大健康"。至此，传媒业务成为副业，健康产业主线应声而出。根据近年发展情况，传媒业务实际并未给恒大健康带来较大利润。如2017年上半年，该公司收益5.76亿港元，同比增长215%；该公司拥有人应占溢利8386.8万港元，同比增长6倍；每股盈利0.0097港元，不派息。整体收入和净利润有较大幅度增长，但自媒体业务的收入却下滑17%，整体只有1.14亿港元。其中，数码业务收入达4920万港元；广告收入为4810万港元；发行收入为1730万港元。除数码业务收入有增长外，其余全部是大幅度下降的。而根据2017年年报，媒体分部目前已停止运营。

媒体板块对于恒大健康来说并非主营业务，盈利能力亦较低，觅机出售其实是较好的选择。许家印与杨受成再度接触，一拍即合。从账面上看，杨受成只花了6300万港元便将这个营收过亿元、净利润几百万元的公司再次揣进口袋，恒大健康看似不划算，但俗话说"艺多不养家"，这样做反而能一心一意做好做大健康产业，让养老产业成为恒大健康业绩的支柱。

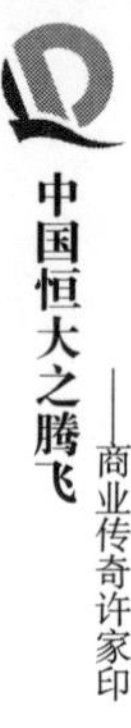

第二节　践行“健康中国”
——恒大健康三大核心战略

一、三大战略推动跨界医疗

恒大积极践行“健康中国”战略，以提升老百姓健康生活品质为愿景，以优化医疗服务，完善健康保障，发展大健康产业为战略方向，致力于为老百姓提供全生命周期、全方位健康服务。恒大健康负责人曾表示，恒大健康将整合三大核心服务优势，建立预防为主的全生命周期“防、治、养”结合服务体系，实现与公立医疗体系优势互补、资源共享，合力提升老百姓健康生活品质。恒大健康发布的三大战略则紧扣《“健康中国2030”规划纲要》，涵盖优化医疗服务、完善健康保障、发展大健康产业，将抢占万亿市场。

1.优化医疗服务是中心

恒大健康瞄准健康产业万亿市场蓝海，在互联网社区医院、国际医院、养老及康复、医学美容及抗衰老等市场需求最强、发展潜力最大的领域进行系统性布局，抢占了市场高地，引领行业发展。恒大健康构建以高端国际医院为龙头，社区健康管理服务体系为基础，整合各地三甲医院资源，构建信息互通、分级诊疗、医养融合的“三位一体”医疗服务体系，并将优质资源导入社区，让社区居民实实在在受惠。

许家印布局的第一年，恒大健康高速度发展，实现多业务、多项目落地。其中，互联网社区医院基本覆盖全国，在广州、佛山、武汉、沈阳、济南、成都、洛阳、长沙、南昌、石家庄10个中心城市开设12家医院，并与近

30家当地三甲医院及高水平专科医院建立双向转诊、远程医疗合作关系，已覆盖居民约20万人，初步实现了该业务板块的全国布局，完成 4000 多例体检，建立 1 万多名居民健康管理档案，并在 11~12 月期间迅速完成 5000 余套家庭健康网关入户，积累了“互联网+健康管理”的客户，形成了高质量、持续的健康数据流。

恒大健康携手“亚洲最大医学整形医院”韩国原辰医学美容集团开设了中国首家全韩技术团队的医学美容医院，在全国重点城市布局，建设医学美容医疗机构体系，运用互联网思维形成了“分级服务，客户导流”的运营模式，促进营业收入大幅增长。同时定位于高端市场，倾力打造全韩医生班底、国际顶级设备、贴心五星服务的医学美容“旗舰店”，已经进入稳定运营阶段，而重庆、上海和海南的医学美容医疗机构正在按计划建设。

与哈佛大学附属布莱根妇女医院合作，位于海南博鳌乐城国际医疗旅游先行区内的博鳌恒大国际医院于2015年年底已启动建设。2015 年 9 月 24 日，集团与哈佛大学附属布莱根妇女医院签署合作备忘录。2015 年 10 月 19 日成功投得博鳌乐城国际医疗旅游先行区（以下简称“先行区”）地块用于国际医院建设。博鳌恒大国际医院定位为国际高端肿瘤医院和转化医学中心，于12月29日正式开工。该院已于2017年内开始试运行，并于2018年2月28日正式开业。医院将针对人类健康威胁最大、复杂性最高的肿瘤领域，引进国际顶尖的医疗团队、技术及设备，开展前沿医学研究，提供国际一流的肿瘤疾病诊断、治疗及康复服务，同时成为恒大健康的旗舰品牌，以及国际高端人才、技术和管理的汇聚平台。

2.完善健康保障是左翼

恒大健康依托恒大人寿重点发展健康养老保险和社区保险，并积极打造“大健康、大医疗”板块发展模式。从医疗机构入手，逐渐拓展到健康服务产业链的其他上下游，形成以寿险为核心的产业集群。恒大健康将医疗服务与医

疗保险有效结合，与保险等金融机构深度合作，实现与医保的对接，构建涵盖多种保险的健康保障体系。

目前，恒大在全国280多个主要城市拥有大型地产项目800个，业主过千万人，这为恒大人寿社区保险的发展提供了广阔市场。恒大健康计划在未来3~5年，充分发挥资源优势，与医疗机构建立合作，在重点城市建造健康医疗服务平台，为客户提供疾病保险、医疗保险和护理保险业务的配套服务，同时通过为被保险人提供个性化、有形化的健康服务，增加保障外更为实在的附加值服务，从而有效强化公司与客户之间的关系，提升企业的核心竞争力。

恒大健康实际是在探索适合中国国情的创新医疗模式，与恒大人寿等保险机构合作开发出社区健康管理险种，构建涵盖多种保险的健康保障体系，通过健康管理改善居民健康，减少保险理赔。实行医疗保险与医疗服务一体化管理，通过优化服务，实现客户与保险机构的支出双降低，避免过度医疗，降低总体医疗成本，并将机构节约的成本用以激励医生提升服务质量，从而促进服务更优化，达成医疗服务最优、患者利益最大与保险费用合理控制的正循环，成为中国“凯撒模式”的先行者。

3.发展大健康产业是右翼

许家印对恒大的战略布局现在已经很清晰，紧跟国家战略，在地产、金融、健康、旅游、体育等五大各有千秋的主业板块延伸布局，并紧紧扭成“一股绳”。构建大健康产业蓝图，孵化大健康新产业、新业态、新模式，是恒大未来能够持续领跑房企第一阵营的核心战略所在。恒大健康与保险等金融业务打通，和国家医疗保险对接，探索居民、保险公司和医院三方共赢模式，为全国280多个城市超过千万恒大社区居民，提供全方位、全生命周期的科学健康管理服务。健康产业涵盖人的“身”和“心”的全面健康，事关民生衣食住行，与地产业具有较强的关联度和协同性。跳出纯地产思维，开发出满足人们健康需求的产品和服务，形成新的面向消费者的商业模式，助力有效拉动内需，考验着恒大的创新能力。

基于上述三大战略，恒大健康重点布局高端医院和分级医疗、社区医疗与养老、医学美容及抗衰老三大核心服务，其涵盖所有核心服务的首个落地项目——“恒大·养生谷”在2016年11月28日的发布会中正式亮相。

二、“健康”产业运营模式

相比于其他地产企业医疗布局的“尚不清晰”，恒大几乎在布局之初就有着极为明显的医疗布局趋势，这就是社区医养模式。作为房地产企业，恒大健康基业的底层还是上文提到的优化医疗服务当中的社区医养管理。恒大在全国280多个主要城市拥有大型地产项目800个，拥有中高端业主500万人，这就是恒大直接布局社区医疗的明显基础。对于恒大健康的优势，恒大健康负责人表示：“房地产企业在日常健康监控、体检、社区医疗、康复养老服务等领域具有得天独厚的优势，这是我们投资发展健康产业的逻辑思考。”以下为恒大“健康”产业的布局以及运行模式，体现在以下四个方面。

1. 构建社区保障基础服务

恒大在自己所构建的社区中，建立了以房地产为代表的医疗基础设施，为社区的业主构建数字健康档案，通过可穿戴设备、家庭监控设备构建大数据健康平台，制定精准医疗数据分析模式，从而实现基础服务的覆盖。依托社区健康管理中心，开展社区居民健康数据采集与跟踪管理。利用智能医疗设备以及线上医疗平台来收集健康大数据，分析评估健康风险，制定病前病后干预方案，推进精准医疗，提供“防、治、养”相结合的解决方案，打造个人健康信息档案库。而以健康管理和长者服务为切入点，恒大健康对已开业的12家“互联网+”社区健康管理中心进行拓展，在原社区健康诊疗基础上，融入康复、养老等服务模块，为社区家庭和长者提供贴近的健康照护和关爱服务。

2．构建自动化社区医疗服务体系

相对于传统医院或者体检中心需要专人操作的业务模式，恒大设计了自助式医疗设备，在社区设立健康监控亭，可为社区居民提供医用级的自助健康检测服务，培养人们自助式一键体检习惯，培养自己的社区居民的自我医疗意识。通过健康管理自助终端的投放，可以进行血压、血糖、尿酸、胆固醇、脂肪等十余项身体指标的测量，各项检测的结果都将上传到个人健康档案，尤其适合监测老年人的身体状况。恒大将社区自助医疗打造成为自己房地产销售的一大卖点，健康社区正好和恒大的足球体育形象相得益彰。

3．通过整合资源延伸自己的深度

对于社区医疗来说，最大的难点就是做医疗的深度，由于社区医护人员的能力限制，社区的医疗深度非常有限。恒大能够整合优质资源，与全国各地三甲医院建立战略合作；构建第二诊疗、远程诊疗、转诊直通车、绿色通道等服务平台，形成分布全国的分级医疗网络，将优质医疗资源延伸至社区，为业主提供远程医疗、足不出户可预约到家看诊等服务。

同时，在“互联网+”的新产业业态下，恒大健康融合高科技，与移动互联网、物联网、大数据等技术深度融合。而在互联网社区医院业务中，通过为居民建立数字健康档案，搭建健康大数据平台。在2015年年底就已完成5000余套家庭健康网关入户，居民可在家中了解健康体征基本数据，心脑血管疾病危险因素的及时预警，可与家庭医生进行在线沟通，实现早期家庭健康全面管理。这样对于老年人来说，恒大的楼盘具有吸引力的不仅仅是房子，更是它的医疗保障。

4．构建自身的医疗体系

恒大积极吸纳了海内外医疗学者，通过设立专门的医疗机构，已经拥有了属于自己的1000多名海内外医疗专家，并投入了6.4亿美元的研究经费，在癌症、心血管疾病、妇产科、神经科、骨科等领域拥有了自己的专科研究队伍。在项目运营过程中，恒大集团全盘考虑大健康产业，发挥医疗孵化器的作用，通过依托地产行业积累的经验，提高对医疗行业的认知，并且在人才储备、引进技术等方面，均有整套的体系。可以期待的是，不久的将来，医疗将会快速补位成为恒大新的利润增长点。

三、恒大提速布局做“领头羊”

虽然大健康产业孕育的机会无限大，但无论对于地方政府还是企业来讲，找准大健康产业的定位（切入口）至关重要。医疗健康向来被称为高门槛、重资产行业，随着医疗技术的发展，人的寿命不断延长，医疗服务需求迅速释放，而政府资源有限，社会办医的政策思路逐渐明晰。这也让龙头房企们主动承担起社会责任，同时为转型发展提供了新思路。恒大健康大力响应中国政府建设“健康中国”、鼓励社会办医的号召，积极落实国家大健康战略和“互联网+医疗”战略，推动分级诊疗、医养结合的发展，投资发展“互联网+”社区健康管理、国际医院、养老及康复产业、医学美容及抗衰老等业务板块，与全球优质健康管理机构展开合作，联合当地三甲医院及高水平专科医院，构建以小区健康管理为基础、国际高端医院为引领的医疗资源与服务“金字塔”，打造医疗服务及健康管理协同平台，建立先进的国际化服务标准，全面推进规模化、精品化、标准化的企业发展战略，面向全体居民提供全方位、全生命周期的健康服务。同时，通过互联网、大数据等技术的应用，实现医疗资源的合理配置，提高医疗服务效率，改善就医体验，降低医疗成本。

1.整合国际资源平台

自成立以来，恒大健康积极寻求多元化国际合作，创新服务模式，全面加速两大业务领域的发展和落地，特别是在国际医院领域进展迅猛。集团携手世界级医疗和研究机构，引入国际一流人才，建设临床、教学和科研三位一体的国际高端医院和研发平台，针对对人类健康威胁最大、复杂性最高的疾病，引进和发展最先进的设备、技术和治疗手段，用于临床治疗，造福广大患者，惠及民生，是恒大健康的战略目标之一。积极与欧洲、美国及国内顶尖医疗机构展开合作，在一线城市和海南特区开办高端国际医院，引进了世界级的研究团队，设立转化医学中心；采用先进IT技术，建立远程病理、远程二次诊断中心。通过引入以患者为中心的理念，国际先进的医院管理运营模式，一流的人才和设备，恒大健康国际高端医院将成为高端医疗服务的领导品牌。集团以高端国际医院为引领，结合全国布局的健康管理中心和区域卫星医院，形成医疗网络，辐射全国、东南亚乃至全球病患。

2016年3月14日，恒大健康与哈佛大学附属布莱根妇女医院签订了具有法律约束力的战略合作协议，共建高端国际医院，为恒大健康在全国布局的医疗网络提供咨询及支持；2016年12月15日，恒大健康宣布与布莱根妇女医院签订深化战略合作协议，双方合作的博鳌恒大国际医院于2018年2月28日正式开业，成为布莱根在海外首家且唯一一家附属医院。此次博鳌恒大国际医院的开业，不仅意味着其高端国际医院板块实现了正式运营，同时意味着许家印布局已久的恒大健康版图放上了最后也是最举足轻重的一块。

位于美国波士顿的布莱根妇女医院，是哈佛大学医学院的主要教学医院之一，也是全球著名的转诊中心，接收来自各个医学领域最复杂的转诊病例。该院连续多年入选《美国新闻与世界报道》发布的全美最佳医院名录，在癌症、心脏病、妇产科、神经内外科、骨科与风湿病学等多个专科领域均处于世界领先水平。 同时，作为全球最具实力的生物医学研究机构之一，布莱根妇女医院是接收美国国立卫生研究所拨款数额排名第二的单体医院，拥有超过1000名主要研究者，获得超过6.4亿美元的研究经费，并在突破性创新发现方面取得累累硕果。该院还是医疗专业人才培训基地，开展140多个全球医疗人才梦寐以求的培训及研究项目，有超过1100名优秀的培训医生活跃在医院当中。

谈到为什么选择与恒大合作，布莱根妇女医院发言人表示，被“恒大志于改造中国医疗保健的愿景与坚持”所打动，作为拥有辉煌历史的世界名院，认同感非常重要。恒大总裁夏海钧也表示："在中国复制一个世界顶级的肿瘤医院，为中国广大患者带来福音，助力健康中国战略，为中美友好合作做出贡献。"

2017年1月16日，许家印会晤哈佛大学医学院附属丹娜法伯癌症研究院院长劳丽·格林切（LaurieH.Glimcher，MD），双方达成了初步合作意向，将共建世界领先水平的癌症研究中心，在博鳌恒大国际医院、波士顿丹娜法伯癌症研究院设立两个分支机构。该中心将丹娜法伯/布莱根医院癌症中心数十年癌症研究经验及数据引入中国，推动全球癌症研究，并通过临床研究，促进转化医学发展，开发新的癌症治疗方案及药品。

丹娜法伯癌症研究院成立于1947年，在癌症基因定位治疗、癌症免疫治疗、癌症内分泌治疗、癌症生物治疗、癌症疫苗等临床方面世界领先。成人肿瘤的治疗优势全美领先；儿童肿瘤的治疗更是历年全美排名第一。同时丹娜法伯癌症研究院与布莱根医院紧密合作，联合成立丹娜法伯/布莱根医院癌症中心。丹娜法伯癌症研究院提供门诊服务，住院和手术等服务则在布莱根医院进行。丹娜法伯/布莱根医院癌症中心在美国新闻和世界报道发布的全美医院评定中名列前五，是全球领先的癌症治疗和研究机构。

目前，国内外医疗资源的不均衡，使国内许多高净值人群被迫海外就医。许家印引入国际顶级"外援"，有利于恒大健康充分利用国际合作的平台优势，引进国际最尖端的医疗技术，极大促进中国卫生事业发展，契合国家大力发展健康服务业的题中要义。

2.顶级战略合作伙伴

2017年12月23日下午，平安健康互联网股份有限公司（移动端为"平安好医生"），与恒大健康战略合作协议签约，标志着双方建立了长期的、具有建设性的战略合作伙伴关系，必将为双方巩固和扩大各自领域中的优势地位奠定良好的基础。

平安健康互联网股份有限公司是中国平安集团互联网业务板块重要成员，致力于打造最大的一站式医疗健康生态系统，以让每个家庭都拥有一个家庭医生、让每人拥有一份电子健康档案、让每人拥有一个健康管理计划为愿景。截至2017年9月30日，平安好医生移动端注册用户数达到1.75亿，用户规模行业第一，平均每日问诊量达45万，自建医生团队1000余人，为用户提供全方位的医疗服务及多角度的健康管理服务。此次合作，平安健康互联网股份有限公司将通过线上服务平台、医疗网络和丰富的医生专家资源，为恒大员工、供应商、合作渠道、客户等提供全方位、个性化健康管理服务，着力推动其在社区健康中心、养生管理中心方面的健康服务管理，以及特定用户分流、转诊方面的合作。

恒大健康最早引入国际合作伙伴的医学美容及抗衰老板块，在过去两年亦有不俗表现。凭借引进国际顶级设备、汇聚“原辰派”全韩团队等优势，恒大原辰医学美容医院业绩表现持续向好，并逐步发挥“旗舰品牌”示范效应，为下一步探索“旗舰店+医美微机构”运营模式提供重要支撑和引领作用，计划在全国重点城市建成运营一批不同技术优势、业务特色的医学美容微机构，待模式成熟后，将布局全国一、二线主流城市，形成连锁服务网络。

由博鳌恒大国际医院、全国三甲医院以及恒大·养生谷配备的恒和医院领衔的恒大“医联体”进一步扩容，恒大健康与上海交通大学医学院附属瑞金医院、海南省人民医院、英国阿斯利康制药(香港)、瑞士诺华制药（香港）等国内外知名医疗机构开展战略合作，形成以患者为中心的分级诊疗体系，并力图打造一体化医疗科研转换平台，恒大医联体的技术与资源优势得到进一步扩大。

3.具备独特区位政策优势

2015 年 10 月 19 日，恒大健康公开竞得海南博鳌乐城国际医疗旅游先行区3号–2地块，用于建设新型高端国际医院。目前国外药物及医疗器械等在国内应用仍存在不少障碍。2018年4月13日国家宣布将在九个方面支持海南全面深化改革开放，重点发展旅游、医疗健康等现代服务业。中共中央、国务院发布《关于支持海南全面深化改革开放的指导意见》，全面落实完善博鳌乐城国际医疗旅游先行区政策，鼓励医疗新技术、新装备、新药品的研发应用，制定支持境外患者到先行区诊疗的便利化政策。“先行区”紧邻博鳌亚洲论坛核心区，由国务院正式批准设立，并获得国外医疗器械和药品进口特殊审批、适当降低医疗器械和药品进口关税等国家九项突破性优惠政策政策，以便于进口大型医疗设备、医疗器械、药品、医疗技术和方法乃至境外医生和资本在先行区落地，使世界前沿的新技术、新设备及国外创新药物得到同步应用。

博鳌恒大国际医院定位为国际高端肿瘤医院和转化医学中心，正式开业后将成为恒大健康的旗舰品牌，成为国际高端人才、技术和管理的汇聚平台。在治疗阶段，国内医院普遍采用专科诊疗模式，患者需往返于不同科室求诊。整合内科、外科、放疗、影像和护理等中外多学科（MDT）医疗专家，组成多学科团队进行综合评估，制定精准的个体治疗方案，减少了误诊及不必要的治疗，并有效控制费用，将费用花在合理的项目上，共同实现肿瘤MDT诊疗模式落地中国。海南省唯一获批建的药品保税仓也坐落博鳌恒大国际医院，依托先行区政策优势和保税仓便利，引进国际率先上市的创新药物，使国际应用及早地同步，打造国际医疗在中国落地的孵化平台，让患者不出国门即可享受国际最新科研成果。此外，博鳌恒大国际医院提供康复疗养、心理辅导、营养膳食、辅助治疗、定期跟踪等全面康养服务，让患者更好地实现病后康复。

“博鳌恒大国际医院的落地，标志着世界一流的医疗技术进入中国，填补了我国肿瘤治疗领域的空白。”有关专家表示，而该医院享受博鳌乐城先行区的政策红利，将更好地发挥其医疗技术、医学研究和医疗人才培养等方面的领先优势，让老百姓不出国门即可享受国际顶尖的诊疗手段和最新药物，是一项普惠民生的重大工程。

4.国际化高标准规划设计

自2017年以来，恒大健康继续积极践行“健康中国”战略，在“优化医疗服务、完善健康保障、发展大健康产业”三大发展战略指导下，加速推进健康服务和全龄化健康管理“养生空间”的发展及落地，并取得良好进展。博鳌恒大国际医院装配了国际一流的硬件设施和信息化系统，设立高标准分子诊断中心、病理诊断及检验中心，引进NGS高通量测序仪等分子诊断设备和3.0T磁共振、PET-CT等高端影像设备，建设复合一体化手术室，配置达芬奇机器人外科手术系统，使用新一代智能化直线加速器（放疗），在布莱根和妇女医院指导下，科学合理地引进及应用尖端设备，开展免疫治疗、化学及靶向治疗等先进诊疗手段，实现精准治疗，为肿瘤患者精准治疗提供强有力的支持和保障。此外，医院还将同步建设高标准的肿瘤科研平台，结合国际最新技术及药物开展临床试验，提升国内肿瘤疾病诊疗水平，并积极培养与国际化接轨的优秀医学人才，实现医、教、研、用一体化。

图5-2　博鳌恒大国际医院

2017年10月12日，博鳌恒大国际医院暨博鳌质子重离子医学中心在博鳌恒大国际医院正式启动投建，计划于2019年投入使用，建成后将成为国内首批、海南省首个国际质子医院。

恒大健康引进国际领先的质子治疗系统落户博鳌，开展临床治疗技术的应用和研发，将极大提升海南省甚至国内的肿瘤治疗水平，造福广大百姓。该系统投建后，每年可使2000多名患者受益，让他们不出国门即可享受到国际先进的医疗技术服务。博鳌恒大质子治疗系统的引进将极大提高国内肿瘤治疗服务，提高肿瘤治愈率，缓解医学难题，助力国内健康产业发展。继建设博鳌恒大国际医院之后，恒大健康还将与各地优质医疗资源紧密结合，陆续打造多家康复、老年病、辅助生殖、呼吸、心脑血管、骨科等领域的国际一流专科医院，为国人提供高水平医疗及健康服务。

第三节　恒大·养生谷
——打造健康宜居生活空间

秉承“老吾老以及人之老”的优良传统精神，恒大健康在2016年6月正式布局健康地产业务，积极响应国家政策，承担社会责任，研发国际领先的健康生活圈。

恒大健康通过整合三大核心业务优势，打造一个集超大型医疗服务、颐养康复、医美抗衰、健康保障等7大模块22项标准系统化健康服务于一体的大健康产业项目——恒大·养生谷，其作为落地的创新产品，提出健康生活“1+N”的全新理念。恒大·养生谷以服务家庭健康为本，围绕不同生命阶段的健康关注点，“1”指家，家以健康为本；“N”指的是围绕孕前、婴儿、幼儿、儿童、少年、青年、中年、慧年、期颐等9大生命阶段65个健康关注点，提供科学、全生命周期、全方位的健康服务。恒大·养生谷瞄准了目前国内养生养老产品针对性不足、医疗水平不足等市场空白，试图通过其多维度的

图5-3　恒大·养生谷设计理念图

健康管理模式，全方位、全龄化的健康生活体系迅速打开市场。

一、打造全新理念的健康生活方式

国家《“健康中国2030”规划纲要》提出，推进老年医疗卫生服务体系建设，推动医疗卫生服务延伸至社区、家庭。国务院《关于促进健康服务业发展的若干意见》提出，到2020年基本建立覆盖全生命周期的健康服务业体系，打造一批知名品牌和良性循环的健康服务产业集群。从产业发展的角度而言，加快发展养老服务业，既能满足老年人多层次需求，又能补上服务业发展“短板”，为第三产业增长提供新动能。

在2017年12月14日恒大·养生谷发布会的现场上，恒大健康集团董事长谈朝晖介绍了许家印的大健康养生理念和战略，作为恒大健康的拳头产品，恒大养生谷创建了“全方位全龄化健康养生新生活、高精准多维度健康管理新模式、高品质多层次健康养老新方式、全周期高保障健康保险新体系、租购旅多方式健康会员新机制”，将打造成为国内大规模、高档次、世界知名的养生养老胜地。

相较于全球其他养老社区，恒大·养生谷可谓后起之秀，但恒大健康并未自我设限，而是积极探索更多的可能性。在为老年人提供养生乐园的同时，更独具创造性地开辟了全龄化健康管理模式，首创颐养、长乐、康益、亲子四大园，覆盖从孕前、婴儿直到百岁老人的全生命周期。据悉，四大园可提供852类设施867项全方位健康管理服务。在保险方面，更是恒大·养生谷服务“全龄化”的集中体现，所有年龄段的客户甚至65岁以上的老人，也都能获得专属保险。

建立国际领先技术支持恒大“医联体”是许家印养生谷战略的基础。对于一个高品质的健康管理服务系统来说，最重要的莫过于完善顶尖的健康医疗技术。恒大·养生谷的医疗体系便由博鳌恒大国际医院、全国三甲医院以及恒大·养生谷配备的恒和医院组成的恒大“医联体”分级诊疗联动系统共同构成。

恒大·养生谷构建以高端国际医院为龙头，社区健康管理服务体系为基础，将优质医疗资源导入社区，建立信息互通、分级诊疗、医养融合的“三位一体”医疗服务体系，助力“健康中国”建设。从推动品牌到推动产业，从升级服务到升级行业，针对旅游和健康两大产业有效供给不足的问题，恒大养生谷将从供给端提供产品及服务，满足不断升级的消费需求，促进旅游和健康行业供给侧改革，势必会成为带动内需和经济发展的重要助力，高度符合国家推动供给侧改革的战略，是造福老百姓的重大民生工程。

恒大养生谷针对性地着眼社会领域的薄弱环节，向老百姓提供优质的服务，满足市场需求，这既是应对老龄化社会的长久之计，也是促进消费、拉动内需的一个新的增长点。

二、三亚海棠湾恒大·养生谷面世

2016年6月底，海花岛澜湾和三亚海棠湾恒大·养生谷项目启动建设，标志着恒大健康独立开发的首批健康地产项目正式落地，引起多方关注。2017

图5-4　恒大·养生谷新闻发布会

年12月14日，恒大健康在广州恒大中心举行“恒大·养生谷”新闻发布会。董事长谈朝晖介绍，恒大·养生谷是恒大健康的拳头产品，将打造成为国内大规模、高档次、世界知名的养生养老胜地。

恒大·养生谷位于三亚海棠湾，是政府指定国家海岸，三亚最后的高品质滨海资源，世界黄金度假纬度北纬18° 横贯而过。作为集团首个“健康养生生态小镇”概念的鸿篇力作，项目依托海南省政府对三亚海棠湾“国家海岸海棠湾”整体规划优势，通过整合医疗、医养、医美三大核心服务优势，为全龄化家庭打造滨海住所的同时，提供涵盖健康教育及预防、医疗服务、颐养康、医美抗衰、多彩生活、智慧共享、健康保障等7大模块22项标准的健康生活服务。

三、布局深远落子全国

2016年9月1日，恒大集团正式与湖南湘江新区签约，投资800亿元建设恒大湖南海花谷和梅溪湖恒大国际健康城项目，并于2017年2月13日正式奠基，打造高端医疗产业集聚的湘江新区国际医疗健康城，抢夺全国高端医疗服务高地。

2016年10月14日，恒大健康与西安市常宁新区管理委员会签署战略合作开发协议。根据协议，恒大健康拟投资200亿元在常宁新区核心区域建设颐养结合、智慧型国际健康养生社区。

2016年12月30日，恒大健康与南京六合区签订合作协议，将在南京打造恒大·养生谷。此次落地南京的恒大·养生谷发展养老养生产业的自然生态环境得天独厚，将围绕长者，打造一个集养老养生、医疗、抗衰老、运动休闲于一体的大健康产业项目，树立行业标杆。

2017年10月26日，恒大健康发布公告称，通过其附属公司竞得河南省郑州荥阳市11宗地块国有建设用地使用权，总代价为18.299亿元，主要用于建设郑州恒大国际健康未来城项目。公告显示，地块总面积为43.83万平方米，地上总建筑面积约96.54万平方米，地块位于荥阳健康园区内。地块将用于建设健康体验中心、五星级养生酒店以及国内外大中型医药企业总部基地。此外，2017年5月，恒大还曾披露信息称，郑州恒大国际健康未来城项目总投资为230亿元。郑州恒大国际健康未来城项目将分三期建设，含恒大国际医学体验中心、生命科学研究中心、国际医院等18个子项目，建设周期为4年。

自2017年以来，恒大健康还陆续在长沙、贵阳和成都等国内宜居型城市布局，推进“恒大·养生谷”项目建设，打造健康养生生态小镇。截至2017年年底，恒大健康已与三亚、西安、郑州、焦作、扬中、长沙、湘潭、南京、贵阳、眉山、重庆市等地签约建设恒大·养生谷，其中三亚、西安、郑州、扬中、湘潭项目已进入建设阶段。至此，恒大·养生谷已实现在全国南北并进的布局，将为全国范围内更多客户提供全新的颐养养生体验。

四、打造恒大·养生谷，“老有所依”全面提升

2017年5月，国务院颁发的《关于支持社会力量提供多层次多样化医疗服务的意见》中指出，要促进医疗与养老融合，支持社会办医机构为老年人家庭提供签约医疗服务，建立健全与养老机构合作机制，兴办医养结合机构。近年国家政策频出，健康产业及养老产业将迎来前所未有的发展契机。恒大健康研究制定全龄化健康管理“养生空间”生活标准，创新打造恒大·养生谷，将成为大健康领域全新的健康管理典范。恒大健康还将不断探索多产业跨界融合，与金融、旅游、互联网等多领域展开合作，孵化新产业、新业态、新模式。2018年5月1日，恒大健康正式启动恒大·养生谷“租购旅”会员机制，西安恒大·养生谷作为首个提供会员服务的产品，受到了市场的追捧。

1.创建全方位全龄化健康养生新生活

恒大·养生谷围绕全龄化，首创以“32+1”座特色主题建筑为载体构建颐养、长乐、康益、亲子四大园。颐养园以医疗健康为核心，主推“医养结合”，配有国医馆、禅思堂、膳食坊等；长乐园重在文娱结合，配置老年学堂、曲苑社、国学馆等设施以提供高品质健康养生方式；康益园则以运动养生

为核心，以健身中心、体感运动馆等重塑健康活力新生活；亲子园则针对年轻一代，以长幼共融为核心，践行亲子同乐理念，构建跨代社交圈。提供游、学、禅、乐、情、膳、美、住、健、护等96项全方位养生服务，打造“一家三代两居”健康养生新生活。结合恒大健康丰富的医疗资源和互联网、物联网技术，大力发展医养结合、智能型养老，形成特色，降低成本，提高服务品质，形成了核心竞争力。

恒大·养生谷整合国际前沿健康养老模式，集美国太阳城、荷兰生命公寓、德国阿尔伯蒂纳医养综合区、日本港北新城、加拿大德文郡全龄养老社区等全球大型养老社区的精粹为一体，并结合中国国情，创建了国际前沿健康养老模式，创建了全方位全龄化健康养老养生新模式，将构筑全球人向往的养老养生胜地。

2.创建高精准多维度健康管理新模式

博鳌恒大国际医院携手布莱根妇女医院，整合国际国内优秀医院、养老院等资源，将以高端国际医院为引领的分级医疗网络延伸至社区。恒大·养生谷构建了社区健康管理服务体系，尽量利用本地医疗资源，提供涵盖疾病诊断、轻微疾病治疗、转诊服务、疾病防控、康复监测与随访等诊断治疗和康复保健服务，打造防、治、养相结合的一站式健康服务平台，并以医美及抗衰老服务为健康管理体系的补充，打造全新颐养生活体验。恒大·养生谷通过建立“租购旅”会员机制，建立会员终生健康跟踪管理体系，进行健康教育、基因检测、风险评估、预防干预、分级诊疗、智能监控、膳食调理、心理辅导等多维度的科学生命管理。同时，借助“互联网+”技术，实现连续性医疗服务及健康教育。

3.创建高品质多层次健康养老新方式

顺应国家大力发展养老服务业的号召，恒大·养生谷积极发展以居家为基础、小区为依托、机构为补充的多层次养老服务体系。对于活力老人，养生谷将提供医养融合、亲子同乐、旅居独家、医美抗衰、多彩学堂、娱乐社交等养生服务体系。恒大养老院还针对性地建立分层服务体系，结合小区健康管理中心，开办医养结合小区嵌入式养老微机构，为失能老人提供专业护理、日间照料、康复理疗、居家养老、人文关怀等养老服务体系。有自理能力的老人可以实现居家养老，由社工定期上门家庭护理；亲人难以照料的老人可进入专业的“托老所”享受日间照料服务，晚上再回社区与亲人团聚；而作为社会和家庭的重大难题，失智和失能老人可由养老院提供专业护理、康复理疗的相关服务，甚至做好慢病管理和临终关怀，让老人能有尊严地享受人生。

4.创建全周期高保障健康保险新体系

在保险方面，更是恒大·养生谷服务“全龄化”的集中体现。恒大健康通过整合国内外优质保险资源，突破行业传统投保年龄限制，建立全年龄段高额保障体系，定制65岁以上老人专属保险。与恒大人寿推出恒享福保险产品，为会员提供养老财务规划与养老实体服务相衔接的一揽子终身养老计划。养生谷探索融合社区医养、养老旅居、高端医疗、分级诊疗、医保融合“五位一体”的会员模式，为会员提供二次诊疗及国际绿色转诊服务、国内600多家优秀三甲医院绿色服务通道、高端医疗保险服务、部分进口药和中草药100%报销等健康服务权益。依托老年病专科高端国际医院，设立大型养生养老社区，采用养老保险、人寿保险、经营养老床位、销售养老公寓等多种模式，为不同需求的老人提供全方位的养老选择。将保险和医疗融合的做法，能有效降低患者治疗成本，同时明显减轻政府负担，这是行业创举也是供给侧改革的有益范本。

5.创建“租购旅”多方式健康会员新机制

区别于一般养老社区，恒大·养生谷以会员制模式提供“全龄化、全方位、高精准、多维度”的健康管理服务。恒大·养生谷整合世界一流的养老养生、医疗及商业保险等资源，搭建“租购旅”会员服务模式，为客户提供多种方式灵活的入会选择，满足会员的多元化需求。客户租住、购买养生谷产品，或到养生谷进行旅行居住，都可成为会员，享受终生养老、健康管理、保险及养老等服务，其中包含852项设施设备、388项养生服务、389项健康管理服务、90项养老服务及5大类保险服务。这些会员权益模仿难度系数极高，几乎“不可复制”，由此也形成了恒大·养生谷领先同行的强大竞争优势。例如在旅居方面，恒大·养生谷创造了全新的生活理念，客户可根据不同的季节气候、温度、湿度、纬度、日照等不同需求，在全国各地的恒大·养生谷进行旅游居住，并享有健康管理服务。

恒大健康会员模式具有明显的国际视野，恒大健康提供的基因检测、提前干预、饮食管理等都须“量身定做”，且需长期跟踪及投入管理，因此，欧美国家多倾向以会员形式经营。恒大·养生谷借鉴全球大型养老社区经验，结合中国国情，创建了现有的健康养老模式，基于不同需求独创会员权益，其理念和服务都远远领先国内同行。据“盈喜”公告显示，公司业绩大幅增长主要由于养生谷健康会员体系不断完善、会员数目大幅增加，会员及其相关收入增加，而健康会员机制是业绩大幅增长的关键因素。2018年，恒大健康还在全国进一步布局养生谷，未来5年更是要布局30个以上宜居养生区域，其业绩还将迎来新一轮大幅增长。

在笔者看来，恒大健康已经探索出适合中国国情的健康管理模式，其创新模式、精准定位、国际化合作等发展特点，正契合国家发展健康产业的思路，未来有望成为行业领军企业。

党的十九大报告中强调要进一步实施健康中国战略，要为人民群众提供全方位全周期健康服务。笔者认为，在目前我国养生养老产业总体发展水平滞后，产品供给不平衡的背景下，许家印布局健康产业，整合全球顶尖医疗技术、人才、设备等资源，打造符合中国国情的全方位全龄化健康管理体系，高度契合健康中国战略，将填补市场空白，极大推动产业转型升级。

许家印认为，恒大不仅要建造房子，而且要为社区居民提供更好的医疗健康服务。通过“互联网+”投资社区医院、民营医院、养老、保健，建立医疗机构，对地产业务升级发展养老产业服务。恒大看好大健康产业万亿市场潜

力，建立社区医院、国际医院、养老与康复、美容等服务企业，在有发展潜力的领域进行系统投资，具备了创新的领先特征。

医疗养生产业链与产业集群的打造。恒大在全国多个城市投资健康服务产业，推动产业链与产业集群，充分运用地产资源优势，与医疗机构合作，为居民提供健康医疗服务平台，医疗保险服务业务，满足不同消费者个性定制健康服务需求，增加服务附加值。

智能AI医疗养生服务。互联网与智能线上体检服务，为社区体检等提供服务，居民下楼就到了社区医院，进行血压测试，血糖、身高、体重等常规体检，为居民提供便捷服务。为老年人提供健康定期体检服务。

高品质的健康管理服务系统和完善顶尖的健康医疗技术。恒大与医院等专业机构合作，为居民提供远程诊疗服务，居民可以通过互联网预约，就诊，获得远程医疗咨询服务，预约三甲医院专家门诊，医院为客户建立就诊档案，提供更好的医疗服务。

基于云计算和物联网的互联互通的医疗养生网络。物联网让很多设备可以连接在一起，老年人足不出户，可以通过线上获得远程就诊，利用视频、大数据传输、医疗物理数据远程采集等，老年人可以远程与医生进行实时沟通，让医院健康服务进入每个家庭。

医疗养生结合多产业的跨界融合。恒大与金融、旅游、互联网、运动、休闲等多产业跨界融合，大健康产业蕴藏创新线上服务，新模式、新发展。养老旅游、养生运动、休闲健身、大健康产业迎来机遇。

作为标杆性健康养生项目，恒大健康充分借鉴全球大型养老社区的成熟经验和先进模式，以全生命周期、全方位健康服务体系为支撑，满足全龄化人群特别是长者的健康和养老需求，引入国际顶尖医疗机构高水平医疗资源，建立养老养生产业价值链和生态圈，将有力推动养老产业发展，促进供给侧改革，提升老百姓健康生活品质。许家印落子健康产业此举影响深远，紧密贴合国家政策引导的发展方向，为政府分忧，在行业内具有示范意义，可以说是造福老百姓的重大民生工程。

第六章

恒大高科龙头——鲲鹏展翅千亿新征途

做出探索高科技产业的重大决定，一方面从社会责任的角度，这是企业家应有的家国情怀和民营企业应尽的社会责任。党和国家提出，要推动我国科技实力进入世界前列，恒大作为民营企业龙头，必须要为国家的科技强国战略做出贡献。另一方面，从企业经营的角度，我们坚信如果用十年的时间，从科研到孵化再到产业化，一定可以培养出一大批世界领先的前沿科技技术成果，高科技产业也将成为恒大的龙头产业。旅游、健康、高科技产业都是千亿甚至万亿级规模的朝阳产业，发展前景非常好，因此我们才在产业布局上做出这样的重大战略部署。

——许家印

管理学大师彼得·德鲁克曾在其名著《管理：任务，责任，实践》中提出过一个精彩的论断，企业要生存在于其能管住自己的手，而要发展则在于其敢于伸出自己的手。对于今天的很多企业来说，“伸手”其实并不是难事，很多企业业务多元化，什么赚钱投什么，但是追逐风口的生意并非那么容易上手，扎堆赚快钱最后导致的后果是，企业主根本没有了做企业的定力，更别说追逐梦想！企业在什么时候布局什么行业，考验的不仅仅是企业家的商业智慧。

许家印在2018年年会上发布新战略，恒大将积极探索高科技产业，逐步形成以民生地产为基础，文化旅游、健康养生为两翼，高科技为龙头的产业格局，打造百年企业。许家印向来有的放矢、做多说少。外界看来的大目标背后，一般都是许家印布局完善，甚至十拿九稳后，才会出来说上一句。因此，业绩发布会后的第一时间，就有分析认为，恒大在科技产业或许已有大动作。事实果然如此，但它的动作之大，还是出乎了所有人的意料。

2018年4月9日，恒大与中科院签署全面合作协议，在未来10年内投资1000亿元，在生命科学、航空航天、集成电路、量子科技、新能源、人工智能、机器人、现代科技农业等重点领域，和中科院齐心协力，共同创建引领前沿科技的“三大基地”，引发市场的热议。许家印表示：“恒大和中科院的全面合作，将形成科技创新的强大合力，一定可以打造出一大批世界领先的前沿

图6-1　恒大集团与中科院合作协议签约仪式

科技成果，为我们国家建设科技强国做出贡献。”从投资地产到向旅游、健康迈进，外人看到的是一个稳健求进、业务不断拓展的恒大，而牵手中科院进入航空航天，则让外界看到了许家印追梦火箭的另一种情怀与魄力。

第一节　携手中科院
——逐梦星辰大海

1.未来投资家

在2018年2月6日埃隆·马斯克的SpaceX将重型猎鹰火箭发向太空的时候，估计很少人会想到，两个月后的许家印会携手中科院推出自己的千亿航空航天计划。

硅谷著名投资人、《从0到1》作者彼得·蒂尔曾经将投资分成三种类别：第一类是投资过去，基于创业者过去已有的经验与积累；第二类是投资现在，基于当下的风口和利益；而第三类则是投资未来，基于未来的趋势、投资者的远见和情怀。彼得·蒂尔最著名的投资案例，莫过于投资Facebook和埃隆·马斯克的SpaceX。而无论是投资太空火箭、特斯拉、超级高铁还是太阳城项目，埃隆·马斯克无愧于“未来投资家”称号。未来投资家不仅美国有，中国企业家中，也有一批未来投资家，比如2017年拿出10亿美元支持人类脑科学研究的盛大集团陈天桥，以及计划投资千亿进军航空航天等高科技的许家印。

投资航空航天等高科技领域，对于许家印来说，是一个全新的开始。许家印将自己的目光聚焦在生命科学、航空航天、集成电路、量子科技、新能源、人工智能、机器人、现代科技农业等重点领域，携手中科院，共同创建引领前沿科技的科学技术研究基地、科研孵化基地、科研成果产业化基地，为中国科研团队提供世界一流的科研条件、世界一流的孵化基地、世界一流的后勤保障，以及灵活的激励机制，把“三大基地”打造成为全球顶级科学家的聚集地、世界级科创中心。这就不仅仅是一个企业家应尽的本分了。

出手就是最高格局，许家印对恒大高科技的雄心可见一斑。而从过往的经历来看，未来10年，恒大在该领域所投入的，很有可能远超千亿。半路出家的恒大高科技，起点是釜底抽薪的布局——依托科研机构，圈定重点领域，以市场为导向，通过企业的手段将科研成果市场化——这一体系也被认为是科技研发成果转化的最佳途径。从这个角度来看，许家印打出的这副天牌，不仅是恒大的重要尝试，也在为中国产研结合投石问路。

与投资地产、旅游、大健康等领域不同，投资高科技领域，特别是航空航天这样的高精尖项目，投资金额大、回报周期长且具有极大不确定性，这从马斯克的SpaceX公司的财务情况可见一斑，即使是成功发射了第九代猎鹰重型火箭，SpaceX依然处于亏损状态。在看清了财务现实之后依然进入这个领域，靠的就是投资未来的远见和情怀了。许家印，当之无愧中国的“马斯克”！

2.打造百年老店

虽然在外界看来，恒大进军航空航天领域显得有点突然，但仔细去看，这其中的逻辑却并不难理解。在2018年3月的恒大年度工作会议上，许家印将恒大从1996年成立以来的22年比喻成“双十一”，第一个十一年是1996年到2006年，这是恒大打基础、练内功的阶段。第二个十一年是2007年到2017年，这是恒大实现大跨越、大发展的阶段。如果按彼得·德鲁克的说法，第一个十一年，是恒大管住自己手的时候，恒大从零开始、由小变大；而从2007年至2017年的第二个十一年，恒大开始根据自身战略和商业机会，恰如其分地向地产之外“伸手”，连续向金融、旅游、大健康、体育等产业迈进，总资产、净资产、销售额、利税、现金余额等核心指标均实现了跨越式增长，创造了企业发展奇迹。

在创造了“双十一”的发展奇迹后，许家印提出了“新恒大”概念以及“新起点、新战略、新蓝图”，他在思考如何为恒大描绘下一个十一年的蓝图，为恒大打造百年老店创造条件。而纵观世界商业史，所有能够打造百年老店的企业，都善于将自身的优势与外部顶尖资源相结合，从而突破原有的经营理念和业务范围，通过对业务模式和产品服务进行创新和变革，确保企业持续占据竞争的主动权和产业的制高点，从而实现企业的转型和再生。进军科技领域，无疑是一个非常好的选择，科技在未来的发展无限，也将让恒大的未来发展无限。

据统计，2016年我国研究与试验发展（R&D）经费支出15500亿，比2012年增长50.5%，成为仅次于美国的世界第二大研发经费投入国家。但与此同时，也有业内人士指出，与最顶尖的创新强国相比，我国在科技领域仍有差距。第一，我国对基础研究的投入只占R&D经费的5%，与国际上15%左右的水平还有一些差距。第二，科技成果转化率低；第三，顶尖的科研人才还有所欠缺。所以，中国科技创新，在未来仍有巨大发展空间。而房地产企业，现在也在向多元化转型，积极寻找新的增长点，两者的结合空间巨大。

恒大选择的顶尖资源，是中科院。作为中国自然科学的最高学术机构，中科院代表了中国科学技术的最高水平，拥有3所大学、130多个国家级重点实验室、6.8万余名科研人员，对于“两弹一星”、载人航天、探月工程等国家重大科技成果具有突出贡献。从“墨子”到“天眼”，从“慧眼”到“海翼”，说起中国近些年在新科技领域的成就，都绕不开中科院。而恒大集团经过22年的高速发展，已经成为总资产1.76万亿、年销售5010亿、年利税790亿的世界500强企业。用中科院院长白春礼的话说，恒大和中科院的合作，将开创社会资本与国家战略科技力量合作的典范。两个强者通力合作，一同进军高科技领域，可以说是为支持推进建设科技强国做出了表率。

3.产研协作

经过数十年的潜心深耕，中国科技在多个领域取得了世界领先的水平，比如量子计算机、断肢再植、信息安全、高超声速风洞等，而在面向大众的新互联网业态和人工智能领域，全球也只有中美两个大玩家。但相较美国，中国的产研结合存在长期分离的弊端：科研机构和企业各行其是，不仅合作少，而且合作也大多浮于表面。

企业是科技成果市场化的主体，中国的企业，更多强于工程，而非科学原理。企业经营不同于纯粹的科学研究，新的项目一般周期是2到3年，如果2年没有实质性进展，大概率会被叫停。美国的科技企业背后，则林立着一批科研机构。马斯克的SpaceX，是NASA的延伸与进化；微软和谷歌“散养”了一批各大高校的专家学者，为此投入了百亿美元的资金。相比而言，中国的科研机构和高校埋头研究，拿着成果不知如何商业化；企业独立做研发，往往浅尝辄止，或是碰壁后随即放弃。

这样的局面，也影响了资本对于科技产业的选择。在美国，资本更看重技术上的突破创新，中国资本则更关心应用场景和商业回报。在此大背景下，恒大和中科院的合作，显得尤为特殊。

签约仪式上，许家印没有提及任何商业上的回报，协议的内容也摆明了是先投钱，着重技术上的真正突破和创新，再谈研以致用。不谈回报的许家印，最终收获的回报或许比其他人还大。成功者有着惯常陷阱，科技出身的企业，往往“迷信”于独立研发，不愿假手他人，因此错失重要助力。而作为“外来者”，破壁而入的恒大，则跳脱出了成功者的陷阱，站在更高的维度架构起点。

此次恒大与中科院强强联手，将形成企业为主体、科研机构为核心、市场为导向、产学研深度融合的创新体系，大力推进科技研发及成果转化，对于建设世界科技强国具有重要意义。“科学技术是第一生产力”，这是永恒不变的真理。恒大未来的转型和再生，也离不开科学技术的支撑。更何况，在许家印心中，未来10年1000亿除了开启新征程，还有一个投资未来、追逐火箭的梦！

4.新方向再逐梦

1958年出生的许家印，2018年已经60岁了，在很多人看来，他已经是功成名就，但许家印抛开所有成就再逐梦，进军航空航天领域，也让我们再一次

领略了一个企业家远见卓识的重要性。

当年，有美国媒体采访马斯克，问马斯克是如何学会制造火箭的？马斯克说，“我会读书自学呀”，顿时震撼世界。后来，他成为乔布斯之后美国科技领域的又一号风云人物。如今，在中国从工业化走向科技化的时刻，许家印也想拥抱高科技行业。跟马斯克一样，许家印也是一位“有梦想的企业家”，并愿意用尽全力去实现梦想。而许老板的理想，也不仅仅就是造房子，其也有一颗星辰大海的心，马斯克做互联网的出家都能造火箭，许家印也有信心能在高科技领域大显身手。

作为企业家，在地产行业都热衷于赚快钱的时候，许家印敏锐地看到了国家和民族的需求。许家印说：“党的十九大报告提出，创新是引领发展的第一动力，要积极推进科技强国建设。作为一家民营企业，恒大从无到有、由弱到强，无不得益于党的改革开放政策和全社会的支持。饮水思源，回报社会，是民营企业应尽的社会责任，也是民营企业家应有的家国情怀。”中科院院长

图6-2　恒大集团与中科院合作项目图

白春礼对恒大积极响应国家战略大力调整发展方向、高强度布局高技术产业高度赞赏，认为这是“体现了集团领导的远见卓识”。

2018年8月16日，恒大集团与中科院在北京举行首批合作项目签约仪式，据了解，此次首批签约合作项目共6个，总投资额16.47亿，分别为“中科恒大”超级计算机、人工智能、石墨烯、无人机、手术机器人以及“大健康海云工程”，总估值约46亿，均代表当今世界最前沿的科技发展趋势。其中，“中科恒大”超级计算机研发完成后，将成为世界超级计算机TOP500榜第一。此外，6个合作项目中有5个恒大为第一大股东，一个为第二大股东。

从恒大此次参投的首批项目来看，尽管投入资金不多，但项目数量多且占股比例大，更重要的是这批项目都拥有巨大的发展潜力，有望成为各自领域的龙头。恒大采用“产业化为主、孵化为辅”的策略，将加快推动优秀科研成果的转化及应用。此次首批合作项目正式签约，标志着恒大在高科技产业布局进一步提速。此次与中科院合作的首批项目快速落地，无疑显示了恒大布局高科技的决心和执行力。随着双方进一步深入合作，未来或将培育出一大批世界领先的前沿科技成果，并加速实现产业化，为建设科技强国贡献力量。

第二节　高科技领军
——助力科技强国

恒大高科农业集团于2018年4月21日在深圳举行了挂牌仪式。据恒大副总裁姚东介绍，恒大高科农业集团将运用全球顶级的高新农业技术、高端农业装备和现代管理经验，采用国际先进的全智能精准环境控制技术、大数据、物联网和智能机械自动化等，全季节、全天候生产，全过程集约化、标准化、智能化，全方位打造绿色优质、高产高效的高科技农业。姚东表示，此次布局的高科技农业，是恒大进军高科技的八大重点领域之一，也是中国农业未来发展方向，“我们有信心、有决心，一定把恒大高科农业集团建设成为技术最优、实力最强、世界一流的高科技农业龙头企业，为实现国家乡村振兴战略做出积极贡献”。笔者认为，农业是关乎国计民生的重大产业，恒大布局高科技农业，采用先进的技术、装备和管理模式，既具有积极的示范意义，也将极大促进产业的转型升级。

农业，一直是互联网大佬、房地产大佬、金融大佬垂涎三尺的领域，先后涉足农业的有联想柳传志、阿里马云、京东刘强东、SOHO潘石屹、碧桂园杨国强。恒大为什么要涉足农业？有一个观点似乎比较认同：除了补贴大之外，利润率远超地产！

为此，曾有人算了一笔账！高端畜牧业肉制品一项的利润为20%左右，再加上规模化养殖国家给予的财政补贴，整体利润可以达到30%左右。另外，粮油及婴幼儿配方奶粉的利润率更高，后者行业利润平均水平可以达到60%以上。相比之下，目前房地产业的普遍利润率不足30%，像恒大这样以民生地产项目为主的企业，一般利润率也就在20%左右。早在2014年恒大集团旗下恒大粮油欲借亚冠比赛一炮走红的野心彰显，在广州举行的发布会上更是放豪言：未来投资1000亿资金进军现代农业。而2年之后，2016年10月，恒大集团突然发布公告：以27亿出售集团旗下矿泉水、粮油和乳制品的全部权益，交易完成后将不再持有矿泉水、粮油和乳制品的任何权益，完全回归地产主业。恒大农业对2014—2016年的投资农业失败，并没有进行复盘，外界亦所知不多。

而这次许家印铁了心地继续干农业。在2018年4月21日恒大成立高科农业集团之后，恒大高科农业集团亮相央视，其宣传片真是无比震撼。整个宣传片以高科技智能温室为主，重点介绍了农作物的种植模式，全部采用高科技无土栽培技术、智能化播种育苗技术、全自动收割系统、智能化分拣包装系统等满满高科技应用。 再度回归农业，这一次，许家印或许是想清楚了。

1.中国农业掀起科技革命

中国农业靠什么？人！科技！缺一不可。当前我国正处于由传统农业向现代农业迈进的转型期。现代农业具备五个特征：规模化、机械化、标准化、信息化和市场化。其中，机械化、信息化和市场化都要涉及大数据，涉及互联网在农业领域的应用。也有业内媒体指出：中国农业最缺的不是专家，而是大数据。其实，大数据发展目标，就是农业的智能化。我们也看到，在农业科技化进程中，国家已经明确了农业现代化方向，只有找准农业科技创新的发力点，才能加快核心技术的突破，更好发展现代农业，发展农村经济，提高农民收入，进而推动乡村振兴。因此，国家在政策和舆论上给予大力扶持相当多。

2017年2月，农业部印发《“十三五”农业科技发展规划》。该规划指出，到“十三五”期末，我国农业科技创新活力进一步释放，创新效率进一步提高，科技对农业产业贡献度进一步提升。2018年2月，科技部、农业部、水利部、国家林业局、中科院、中国农业银行共同制定了《国家农业科技园区发展规划(2018—2025年)》（以下简称《规划》），《规划》指出到2020年，

构建以国家农业科技园区为引领，以省级农业科技园区为基础的层次分明、功能互补、特色鲜明、创新发展的农业科技园区体系。到2025年，把园区建设成为农业科技成果培育与转移转化的创新高地，农业高新技术产业及其服务业集聚的核心载体，农村大众创业、万众创新的重要阵地，产城镇村融合发展与农村综合改革的示范典型。

诚然，这2份文件为农业科技未来5年发展和运用奠定了方向。另外，农业部农机化管理司司长李伟国认为，在城镇化、工业化大形势下，农业劳动力下降是一个不变的趋势。新生代适龄劳动力从事传统农业劳动的意愿只会减少，不会增加。解决谁来种地的问题只有依靠机械化。也只有依靠机械化、智能化才能更有效地吸引新生劳动力从事农业劳动。

高科技农业不仅仅是高度智能机械化技术，还包括以生物技术、电子信息技术和新材料为支柱、现代新技术为核心的农业技术。包含以下四大维度：

①生物技术：微观层面，从植物的遗传信息、微生物等方面对植物进行基因的改良，如进行杂交育种、太空育种、基因优选等。

②物联网技术：利用先进的传感器设备，对植物生长的各个环境因子进行精准监测，并实时控制环境变量，达到作物所需要的最佳环境状态，如植物工厂。

③智能机械自动化：机械化作业、农业机器人、果蔬自动采摘等。

④新型作物栽培技术：无土栽培、雾化栽培、立体农业等。

而说起中国的革新，人们常提及的是机器人、汽车和智慧城市等产业领域。其实，在农业和畜牧业等第一产业领域，科技革新也在积极开展。笔者认为，目前中国大力推进以科技为起点的革新，其背景有两个。其一，中国有建设人工智能大国的目标。中国2017年7月发布《新一代人工智能发展规划》，将人工智能定位为国家战略。其目标是，到2030年人工智能理论、技术与应用总体达到世界领先水平，成为世界主要人工智能创新中心。其二，民生稳定。中国农业从业人员占全部从业人员的27%左右，消除农业从业人员与其他产业从业人员的收入差距以及提高食品安全透明度是目前中国面临的大课题。

为实现科技革新的目标，在农业高科技实践中，跨界企业可谓一马当先！

2.跨界企业重金布局

（1）百度农业机器人：实现无人值守农场

2018年7月6日，托尔泰克机器人有限公司发布农业机器人“阿波牛”，同时，托尔泰克机器人有限公司CEO尹本强宣布，首个“无人值守”农场将对外开放。这款农业机器人“阿波牛”由百度Apollo和托尔泰克机器人公司共同开发。“阿波牛”作为一款搭载百度Apollo技术的低成本、低速、安全的无人驾驶车，致力于解决标准化农场的日常作业，可在标准化农场内实现自动驾驶。加装作业模块的“阿波牛”配合无人驾驶技术，能够实现农场的采摘、割草、喷药等常规操作。

（2）植物工厂：每亩产相当于传统40亩产量

图6-3　恒大集团植物工厂

在植物工厂里，蔬菜所需要的“阳光”就是红蓝相间LED灯光，赖以生存的“土壤”则是营养液，并且没有污染及病虫害，颠覆了传统农业种植方式。大棚LED植物工厂，每天能产出200千克绿叶蔬菜，其1亩地的产值相当于传统种植近40亩地的产值。

松下从2016年开始在生产电子零部件制造设备的苏州子公司试运营蔬菜工厂。今后将把产量提高到目前的3倍，达到月产9吨，正式投入生产，满负荷运转1000平方米的设施。

松下的蔬菜工厂利用发光二极管（LED）调整光照量。确保一定的温度、湿度和二氧化碳浓度，全年栽培富含大量β–胡萝卜素等营养物质的蔬菜。

除了松下发力蔬菜工厂之外，京东也已布局植物工厂。

（3）阿里云用人工智能来养猪、种地

2018年6月7日，阿里云总裁胡晓明在云栖大会·上海峰会正式宣布推出阿里云ET农业大脑，希望将人工智能与农业深入结合。目前，阿里云ET农业大脑已应用于生猪养殖、苹果及甜瓜种植，已具备数字档案生成、全生命周期管理、智能农事分析、全链路溯源等功能。阿里云希望用人工智能帮助农户农企“对症下药”，实现中国农产品“三级跳”，即更安全、更营养、更值钱。四川特驱集团CEO王德根表示，通过技术提升PSY（每头母猪提供的断奶仔猪头数），按照中国现有肉猪产量，可以节省一千多万头母猪，这意味着能节约一千多万吨粮食，能抵中国一个省的产量。除了生猪养殖，ET农业大脑也在种植业中开展创新。马云曾说：“袁隆平先生把亩产做到一千斤，我们要用互联网技术，争取把亩产做到一千美金。”

（4）植保无人机：效率是传统人工喷洒的50倍

有机构预计，植保无人机这个万亿级市场就像一个即将爆发的火山，2018年至2022年无人机整机市场空间约300亿元，植保服务每年市场空间约500亿元，到普及期，仅中国市场空间就将达到万亿元。植保无人机是用于农林植物保护作业的无人驾驶飞机，主要是通过地面遥控或GPS飞控，来实现喷洒药剂作业。

采用无人机作业，比传统人工喷洒节约40%至50%的农药，农药有效利用率达70%以上。效率是传统人工喷洒的50倍，每架飞机每小时作业面积可达60至80亩。除了打农药之外，无人机播种也逐渐受到农民青睐。

据作者了解，传统农业中的播种，从选种到将秧苗插入田中，至少还要经过泡种、育苗这两道工序。无论是哪道工序，都需要投入大量的精力。比如，传统的人力播种，每人每天（按8个小时工作量计算）大概能种800粒种子。同样的工作量，无人机预计1个小时就能完成。无人机采用植保无人机精量播种方式，省去传统水稻种植需要人工播种、秧苗管理、拔秧、插秧等烦琐而耗费人力的诸多环节。植保无人机及其产业已经成为资本的宠儿，参与者包括：大疆、极飞、农田管家、麦飞科技等。

3.高科农业未来趋势

笔者认为，农业高科技正在帮助农业脱胎换骨。而且有一点可以肯定，科技都是携带服务的基因，服务农业、服务农民。毕竟，农民依然是整个农业的主导。未来趋势明显：

（1）生产端的运用比重增加

传统农业生产技术低下，同时成本非常高，因此高科技渗透农业之后，提高农业生产者的效率和速度，也侧面增加了经营者亩产或单个产品的收入。

（2）渗透整个产业链

颠覆或者改变生产端，目的是营收或者卖得更好。高科技运用到农业也逐步从生产端，慢慢延伸至管理和渠道上，而不是单独存在，将涉及整个单品的产业链。

（3）服务性增强

高科技农业是互联网农业的升级版，互联网是服务农业的工具，高科技同样也是服务农业的手段。

因此，诸多大佬重金布局高科技，依然是希望高科技服务农业，提高效率，增加营收的可能性。

（4）家庭化的科技应用

趋向家庭的高科技农业逐渐受到青睐，这是把农业市场化和商业化的表现。服务小众群体，是农业商业化必走的一步。比如：小型机器人、植保无人机、植物工厂等都是满足单个家庭需求。

由此来看，恒大涉足高科技农业任重而道远，需紧跟产业形势发展，同时探索一条适应企业本身优势的产业道路。从网易商业复制来看，网易丁磊核心不是养猪卖猪肉，而是卖成功模式，即全国输出网易养猪全套解决方案和设备系统。如此行为，网易养猪不会受到猪周期的影响，同时又跳出行业竞争，为盈利方式开辟了新的途径。笔者大胆预测，未来恒大做高科技农业或许将会围绕2个方向：①商业模式输出。这一条可能是主要路径。走网易丁磊的路子，通过卖商业模式或者解决系统方案从而营收。②产业化。走“卖产品+消费升级”的路子，比如把亲子教育、休闲农业等嫁接到项目当中，形成“卖产品+卖文化++卖服务”的多元化产品方向。

第三节　新能源汽车
——发展前景广阔

作为恒大在高科技产业的另一大布局，许家印对新能源汽车可谓是势在必得。在宣布与贾跃亭的FF汽车结束合作纠纷、达成重组和解仅半个月后，恒大旗下恒大健康于2019年1月15日傍晚发布公告，以9.3亿美金收购瑞典NEVS的51%股权，并获得多数董事席位。为了助力收购顺利达成，恒大还同意向恒大健康提供资金支持。双方订立贷款协议，恒大向恒大健康提供金额11亿美元无抵押贷款，为期三年，年利率8%。

在前序投资（FF）历经波折最终尘埃落定之后，恒大以迅雷不及掩耳之势迅速拿下瑞典NEVS，在新能源汽车领域再下一城（如图6-4所示）。NEVS是谁？恒大为什么青睐新能源汽车？新能源汽车将把恒大带向何处？一切的一切，都正伴随着恒大的排兵布阵，让问题的答案变得日渐清晰。

1.新能源汽车再下一城

NEVS是谁？这是许多人看到新闻后产生的第一个问题。诸多背景资料则显示，能让世界500强企业看中的标的，必然有其过人之处。

2012年，瑞典籍华人蒋大龙在瑞典创立NEVS。蒋大龙曾就职于沃尔沃，一手打造出能源巨头国能电力集团，被称为“生物质发电”的领军者。NEVS是蒋大龙从能源领域向下游产业链延伸的尝试。笔者细数了NEVS公司的几大优势：

优势一：豪华的国际研发团队。据恒大健康公告，NEVS是一家总部位于瑞典的全球性新能源智能汽车集团，拥有超500人的全球研发团队和多元化的

图6-4　新能源汽车NEVS

国际管理团队，员工超1800人。

优势二：脱胎于军用飞机制造企业的技术底蕴。提起NEVS大众或许会感到陌生，但提起它收购的瑞典“萨博汽车”却是闻名全球。根据瑞典媒体的报道，NEVS成立当年，就联合日本风投阳光投资（Sun Investment LLC），以18亿瑞典克朗（约合2.56亿美元）收购了萨博汽车(SAAB)公司（下称“萨博汽车”）。后者脱胎于一家军用飞机制造企业，将飞机制造技术和经验运用于汽车生产，以极致的技术性能和安全性著称。NEVS继承萨博“人车合一、贴地飞行”的品牌基因及源于北欧的深厚技术底蕴，并于2012年开始布局新能源汽车，迅速占据了行业的领先地位。

优势三：全球屈指可数的纯电动汽车整车正向研发能力。NEVS在瑞典拥有世界顶尖水平的电动智能汽车研发中心，在萨博75年技术积累的基础上，NEVS至今已投入超过200万工时完成了全球领先水平的凤凰汽车平台开发工作，拥有完全自主知识产权的Phoenix系列纯电动汽车研发平台，成为全球屈指可数具备先进新能源整车正向研发能力的企业。

目前，NEVS全球领先的自动驾驶技术也已实现量产级应用，已研发两款达到量产条件的纯电动汽车车型。恒大并购NEVS后还将基于全新整车平台开发并推出涵盖入门级、中高端、豪华及超豪华级别的国际领先智能电动轿车、SUV及MPV等全系列多品牌产品。

优势四：掌握“三电”系统等多项世界领先技术。NEVS自主研发的知识产权，涵盖“三电”动力系统、车联网、生产和制造等领域，如电池冷却系统、车辆安全系统及车载空气净化系统等均为世界领先技术。

优势五：技术引发各路资本竞相角逐。一直以来，萨博世界领先的技术都是同行竞逐的目标，各路资本趋之若鹜，包括美国通用汽车就曾于1990年入股萨博，并于2000年全资控股，先后投资数十亿元，将萨博打造成通用在全球最重要的研发基地之一。近年来，多家中国企业试图整体收购萨博，但均因通用汽车拒绝向中国输出萨博核心技术而宣告失败。

优势六：拥有新能源汽车整车资质。截至目前，只有10家企业通过国家发改委和工信部核准，而NEVS是目前获该新能源汽车整车资质的十家企业之一。这意味着，恒大在布局新能源汽车的道路上已迈过一重要“门槛”。

基于这样的优势地位和时间契机，NEVS与恒大一拍即合。继FF和广汇之后，恒大9.3亿美元收购NEVS的51%股权，在新能源汽车领域再下一城，也标志着恒大高科技转型又迈进一步，意义重大。相较于贾氏互联网造车，NEVS的制造业背景让其技术积累既大幅优于行业又根基扎实，该公司目前已有两款达到量产条件的纯电动汽车车型，首款量产车型在2018年已实现批量交付。另外，此次收购恒大取得51%控股权，获得多数董事席位，也让公司管理架构更为清晰明确。

2.恒大运筹帷幄

近年宣告进入新能源汽车的资本巨头甚众，投资额从数千万到数十亿不等，但如恒大这般，投资数百亿者，几乎没有。从2018年6月起，恒大首次宣告以67亿港元投资FF，而后在9月，以145亿人民币入股广汇集团，年末再以2亿美元购入FF香港所有资产，仅在2018年内，投资额就达220亿人民币。加

上本次收购NEVS，短短十个月内，恒大在新能源汽车领域的公开投资已超过280亿人民币。

许家印的造车梦并非一时兴起。早在数年前，市场便有消息传出，恒大曾与国内某汽车自主品牌频繁接触，但最终未见成真。2018年年初，恒大开始战略调整，宣布大规模进军高科技产业，并与中科院签订了10年千亿投资合作协议，继而大手笔布局新能源汽车。

跟FF“分手”后，恒大通过收购NEVS，一次性搞定生产资质、技术、产能等造车新势力亟待解决的问题。造车之外，恒大还涉足汽车流通领域。2018年9月，新疆广汇实业投资（集团）有限责任公司（以下简称“广汇集团”）实际控制人孙广信与恒大签订协议，双方将在能源、汽车、物流、地产等四大领域建立全方位战略合作。根据协议，恒大受让广汇集团现有股东的股权，并向广汇集团增资，投资总金额为144.9亿元。交易完成后，恒大集团合计持有广汇集团40.96%的股权，成为广汇集团第二大股东。

广汇集团旗下的广汇汽车是全国最大的汽车经销商，在中国汽车流通协会发布的“2017 年中国汽车经销商集团百强排行榜”中，广汇汽车的营收规模和乘用车销量均排名行业第一，2017年其营业收入为1607.12亿元，是国内唯一一家营收突破千亿元的汽车经销商集团。广汇汽车在2018年半年报中披露，公司拥有837家营业网点，覆盖全国 28 个省、自治区、直辖市，使得公司拥有1138万基盘客户。

细心观察不难发现，恒大新能源汽车的每一笔投资都有着清晰目标。投资FF，只是第一步，入股广汇集团则是为了广铺经销渠道，打通流通环节。目前新能源汽车销售渠道多元化，但4S店仍是市场主流。业内有专家表示，新能源车销售方式有别于传统燃油车，但同样强调线下体验、线下售后。通过此次并购，许家印已经为恒大新能源汽车提前准备了800个直达终端的触点。恒大将与智能网联、电池、充电等领域的国内外合作伙伴战略合作，利用自身产业优势布局全国智慧充电网络，迅速开拓市场。至此，恒大通过入股广汇集团和收购NEVS，打通了新能源汽车制造、渠道、销售、服务等领域，实现新能源汽车产业链全覆盖。

3.高产能傍身

目前，新能源智能汽车这条赛道上，只有蔚来汽车和小鹏汽车开始小规模交付，特斯拉在上海的超级工厂才刚刚动工建设。恒大在新能源智能汽车格局未定之时，强势介入。

2015年6月，NEVS与天津滨海新区合资成立国能汽车。同年10月，国能汽车天津工厂开工建设。据环评资料显示，该工厂占地面积43万平方米，总投资42亿元。工厂建设内容包括冲压车间、焊装车间、涂装车间、总装车间、动力电池车间等。2017年12月该工厂已正式投入运营，具备年产5万辆整车的生产能力，扩能后可实现年产22万辆纯电动汽车。天津工厂之外，国能汽车还在上海投资220亿元，建设纯电动车工厂，规划年产能20万台，2018年11月项目已动工。

2018年初，广州南沙区万顷沙600亩加工制造业地块竞拍，广州睿驰以3.6亿拿下该地使用权。其后睿驰成为恒大第一个生产研发基地。根据恒大此前的规划，未来类似的生产研发基地，全国还将建设四个。据了解，南沙研发生产基地的总投资强度要求不低于33亿，如果其他基地均按此标准，五大生产基地的总投入超过165亿，将远超特斯拉上海生产基地的总投资额。加上NEVS分别位于瑞典特罗尔海坦及中国天津、上海的三大生产基地，恒大为新能源汽车的规模生产配置齐备。根据规划，南沙研发生产基地预计2019年年底到2020年年初实现投产，首期计划年产能10万台。

依此计算，恒大至少拥有52万辆的产能，为新能源汽车量产、交付提供保障。

4.打造新能源超跑

世界上最牛的超级跑车是哪家？兰博基尼？法拉利？保时捷？通通都不是！最牛超跑当属“幽灵跑车”——瑞典柯尼塞格。现在，这家“超跑中的王

者”将与恒大强强联手，打造全球最牛的新能源超级跑车。2019年1月29日深夜，恒大健康一则公告引发市场震动，公告内容主要是，恒大集团旗下瑞典电动汽车公司NEVS与世界顶级超级跑车公司柯尼塞格在瑞典首相府签订合作协议，双方组建成立一家致力于研发和生产制造世界顶级新能源汽车的合资公司，恒大NEVS持股65%，柯尼塞格持股35%。同时，合资公司使用柯尼塞格的技术专利和品牌。

图6-5　柯尼塞格被誉为“超跑中的超跑”

柯尼塞格为何被誉为“超跑中的超跑”，在超跑车迷心中有着至高无上的地位？主要拥有以下四大亮点：

亮点一：超跑界的巅峰品牌。

对于普通大众来说，说起超跑，脑海里面第一反应是兰博基尼、法拉利、保时捷等著名品牌，然而柯尼塞格则是与布加迪威龙齐名，属于更顶级的超跑品牌，被称为“超跑中的超跑”“超跑中的王者”。

亮点二：数量极其稀有，全球私人定制。

虽然顶级超跑多数会限量销售，但是柯尼塞格有过之而无不及，发售的每一款车型的数量都极其稀少，其知名车型Agera RSR全球限量3台、

Koenigsegg One1全球限量6台，生产的超跑需要提前3~5年订货，所以并不是有钱就能买得到的，而且最高售价超1000万美金。

亮点三：速度怪兽，创多项吉尼斯世界纪录。

柯尼塞格素有“幽灵跑车”的美誉，其量产车最高时速超447km/h，0–400km/h–0仅33.29秒，创造多项世界纪录。

旗下车型Agera R推出的2015年年底，柯尼塞格收到了来自吉尼斯官方总部寄来的纪录单——Agera R超跑打破了6项世界纪录，分别是：0–300km/h加速纪录(14.53秒)、0–200mph加速纪录(17.68秒)、300km/h–0减速纪录(6.66秒)、200mph–0减速纪录(7.28秒)、0–300km/h–0加减速纪录(21.19秒)和0–200mph–0加减速纪录(24.96秒)。如此极致的成绩，柯尼塞格绝对算得上是一辆速度怪兽！更知名的车型Koenigsegg One1，搭载5.0L V8涡轮增压发动机，最大功率输1341马力（986kW），峰值扭矩可达1371N·m，匹配7速双离合变速箱。该车0–400km/h的加速时间在20秒左右，而400km/h–0的刹车时间在10秒之内，100km/h–0的刹车距离仅28米。最重要的是，新车不仅可以使用传统的汽油，还可以使用E85生物燃料和赛车用燃料。

亮点四：拥有多项世界领先的黑科技。

作为顶级超跑，柯尼塞格拥有多项世界领先的黑科技。旗下革命性新车Regera，搭配三台电动机，再加上高性能轻量化的电池组，可以输出1500马力的动力，其外观是与空气动力学技术的完美结合，车尾有大型的碳纤维扩散器，量身定做的大号可伸缩尾翼，在250km/h时可以获得450kg的下压力。

此外，柯尼塞格在轻量化、动力驱动系统、电气化、智能驾驶等领域技术均处于世界领先地位，而且具有全球最顶尖的新能源汽车技术。此次恒大NEVS与柯尼塞格强强合作，将通过全面的战略协同，进一步强化恒大在全球新能源汽车领域的战略布局，助力恒大打造世界领先的新能源汽车集团，我们有理由对许家印的“造车梦”保持期待。

5.布局意义深远

恒大为什么执着于布局新能源汽车？答案或许是多方面的。从恒大自身来说，当下房地产行业面临的天花板已清晰可见，各大房企都在积极寻找转型和突破的未来与方向。恒大选择紧紧抓住新能源汽车，地产大佬许家印开启造车梦。许家印在2018年年初提出新战略方向，宣布要积极探索高科技产业，而新能源汽车正是恒大在高科技领域选择的突破口。从新能源汽车行业来说，当前中国汽车工业正面临转型升级的关键时期，新能源汽车是新一轮科技革命和产业变革的重点领域，拥有广阔的发展前景和无限的未来商机。

公安部数据显示，2018年，全国新能源汽车保有量达261万辆，占汽车总量的1.09%，与2017年相比，增加107万辆，增长70.00%。其中，纯电动汽车保有量211万辆，占新能源汽车总量的81.06%。从统计情况看，近五年新能源汽车保有量年均增加50万辆，呈加快增长趋势。笔者认为，新能源汽车目前占乘用车的比重仅3%，预计未来有望达到30%以上，将是下一个快速增长的蓝海，能够率先推出爆款新能源乘用车的企业将明显受益。

与此同时，以新能源汽车为主的共享汽车行业也正在进入市场发力期。有统计称，2017年中国互联网共享汽车市场规模是18亿元，2018年市场规模预计将达36亿元，到2020年突破117亿元。

2018年年底，滴滴CEO程维甚至预言："到2020年，将有一半汽车专为共享出行设计。"目前，NEVS已与国家电网、滴滴、微软等国内外优秀合作伙伴达成深度战略合作，共同推动共享汽车、充电运维网络、租赁、金融等发展，提供智慧出行解决方案，打造绿色移动共享出行生态，不断提升用户体验。从这个意义上来说，恒大坚持布局新能源汽车，正是希望赶在新能源汽车"机会窗口期"之前率先进入这一领域，参与推动全球汽车产业转型和基于新能源汽车共享经济的发展。既抢占先机和商机，又助力环保经济的发展。

6.未来前景可期

最好的关系是互相成就，恒大与NEVS之间正是如此。而比照恒大在地产领域的发展路径和取得的成就，我们或许也可以为恒大新能源汽车的未来发展增添更多的期待。

恒大最新发布的数据则显示，2018年，恒大超额完成全年5500亿的年度销售目标，实现销售额5513亿，销售面积5244万平方米，继续稳居房地产行业销售排行榜前三。公告还表示，恒大2019年销售目标为6000亿，继续保持稳健增长。而在把“衣食住行”中的“住”做到极致以后，许家印正在大民生领域为新恒大锚定新的未来，恒大高科技被恒大定义为打造百年老店的重大战略决策。而恒大对新能源汽车的入局，正是恒大高科技战略的重要组成部分，同时也是恒大在地产业务之外多元化发展的重要方向。

从一个更加宏大的视角来看恒大的谋篇布局，在并购NEVS后，恒大将正式打通产业链，具备他人没有的突出优势。

具体来说，未来，NEVS将通过与国家电网合作，并结合恒大遍布全国的智慧社区与城市充电网络布局，以及广汇集团的渠道资源，建设无忧的充电网络。 恒大是中国最大的地产开发商之一，在中国280多个城市拥有项目超过800个。恒大同时又是广汇集团第二大股东，旗下广汇汽车是国内最大的汽车经销商。这也就意味着，在对接NEVS最先进电动车技术之后，恒大将打通新能源汽车领域的产业链，构建起完善的渠道、销售、服务等体系，也为恒大新能源汽车的战略布局打开更加广阔的想象空间。

翻开世界各国的宏观经济史，“车轮上的GDP”是工业国经济成长的最好注释。在德、法、英等发达国家，汽车产业占GDP总量曾超过10%；高峰期日本汽车以及周边产业占GDP的比重超过20%，乃至今天，汽车仍然是日本人心目中的国民产业。

同样，发展中的经济体亦把汽车产业作为经济支柱，如韩国汽车产业占GDP总量达8.9%，巴西高达12%。反观中国，即便身为全球最大的汽车消费市场，汽车产业占比只有2.5%。“其关键原因是中国至今还没有创建有国际影响力的自主品牌，燃油车时代的核心技术，仍然掌握在少数发达国家之中。”有业内人士这样分析道。

而目前全球汽车工业却面临前所未有的大变局，随着互联网、智能技术和新能源技术的不断变革，汽车使用的场景发生翻天覆地的变化，汽车正在向大型移动智能终端的方向转变。随之而来的是原有市场格局松动，无论是老牌汽车大国还是新兴经济体，各国竞争者站在了相对一致的起跑线上。如果能把握这一机遇，中国将有机会弯道超车，站上汽车强国的顶峰。

这不仅是国家层面的机遇，更是雄心勃勃企业主的机会。一个全球潜在市场规模达15万亿的庞大市场，对于宣告进军高科技的恒大而言有着无与伦比的吸引力。而在恒大看来，在这场大变局中争胜的关键在于技术，只有“把握全球最先进的新能源汽车技术”方能立于不败之地。

汽车产业是国民经济战略性、支柱性产业，是新一轮科技革命和产业变革的重点领域。恒大坚持布局新能源汽车,就等于把世界最顶尖的新能源汽车技术全面引入中国，为中国汽车工业转型升级，推动中国从汽车大国走向汽车强国贡献力量，既有家国情怀和使命感，又体现了独到的商业眼光。同时也标志着恒大继续坚定地向高科技转型迈进，为公司打造百年老店奠定坚实基础。

民营企业家回报社会，不仅仅可以捐款、扶贫，还可以有更伟大的追求。作为逐梦人，世人对埃隆·马斯克的赞誉，从来不是因为其创立的公司为社会创造了多少利润，而是作为一家企业，在对人类科技、文明的探索方面做出的努力。投资高科技领域，恒大和许家印看到的，既是未来行业发展的趋势，也是许家印为中国民营企业扛起的一面投资社会的大旗。

著名科学家居里夫人曾说，人类也需要梦想者，这种人醉心于一种事业的大公无私的发展，因而不能注意自身的物质利益。他们往往有着超前的眼光，有着颠覆当下常人观念的思维，有着“虽千万人吾往矣”的坚毅的信仰，能够从更高维度洞悉现代企业、商业社会的发展的趋势和脉络，推动着人类社会的进步和发展。在人类的历史上，有很多这样的追梦人，像埃隆·马斯克以及许家印这样，为人类探索太空、逐梦火箭而默默努力的企业家们。他们的到来，是时代的幸运！

第七章

常怀感恩初心——砥砺前行的恒大人

没有国家恢复高考的政策，我还在农村；没有国家的14元的助学金，我也读不完大学；没有国家的改革开放政策，恒大也没有今天。恒大的一切，都是党给的，国家给的，社会给的，我们应该去承担社会责任，我们应该回报社会，我们必须回报社会。这不是空话，也不是虚话，这是我的心里话。

——许家印

第一节 勇攀时代高峰
——商业大亨再创传奇

1.穷人家里出生 人生信条没有“求人”二字

1958年出生的许家印，在2018年时迎来了耳顺之年。其60年的人生阅历可谓是新中国发展变迁的一个记事簿，记录着国人如何靠着智慧和勤奋一步步摆脱贫穷走向富强。

许家印出生时，恰逢中国遭遇三年严重困难时期，举国维艰。除了生不逢时外，他也缺乏“含着金钥匙出生”的运气，出生在河南周口的一个农村家庭，用许家印自己的话说就是“河南豫东一个最穷的地方”。

在他1岁3个月的时候，母亲得了重病。结果可想而知，在那个没有钱看病，也没地方看病的年代，母亲离开了。许家印不到两岁就成了半个孤儿，随后的日子里，一顿三餐不是地瓜就是地瓜面，衣服、被子都是补丁摞补丁，童年时期就尝遍了人间冷暖。在他读小学时，村里的学校就只有几间破草房，课桌则是用泥巴做的长台子……

如果按照一般纪录片里描述的情节，或者既定的思维来推理，这个孩子的命运以后会和农村发生较大的关联，他将平凡普通地度过一生，或许也没机会走出农村去看一看外面的世界。

然而许家印偏偏没有认命，人生信条里没有“求人”两个字，因为没人可求。他唯一的希望就是自己，宁愿啃着发霉的窝窝头，也要把书读下去。用他自己的话说：“上中学的时候，离家比较远，每星期背着筐去学校，筐里面装的是地瓜和地瓜面做的黑窝头。一日三餐，每餐吃一个地瓜、一个窝头，喝一碗盐水。到了夏天，天很热，黑窝头半天就长毛了，洗一洗继续吃。”

1976年许家印高中毕业，想去砖瓦厂找份搬砖头的临时工做，可是连这都找不到。“当时我的最大目标和最大愿望是什么？就是走出农村，找份工作，能够吃上白面。”许家印如此回忆道。

命运似乎垂青于勤奋刻苦的孩子，在中国恢复高考的第二年（1978年），他以周口地区前三名的成绩考入武汉钢铁学院（现武汉科技大学）冶金系。在上大学期间，许家印没有钱读书，也没有钱吃饭，靠着国家每个月14元的助学金完成了大学学业。

毕业后许家印在周口高贤镇做了5年知青，锄田、开拖拉机、做仓库管理员，什么苦干什么。脚掌被犁钯划得鲜血直流，他抓起一把石灰堵住伤口又继续干活，生产队需要掏大粪的，又是许家印第一个冲上去。

在舞阳钢铁的10年里，他拼体力、拼青春，一步步从技术员走上中层管理岗位。职务升迁的背后是超乎常人的付出，他每天7点从家出门，晚上9点还未回家，即便周末、春节也要值班。

许家印在舞钢公司工作了10年后，在邓小平南方谈话那一年（1992年），决定南下深圳，又是完全从零开始，而后的剧情发展大家也很熟悉了。

2.处级干部成为打工仔

在1992年，中国大地上发生了一件大事——邓小平南方谈话。全中国流行下海，在这种大背景下，34岁的许家印揣着一份三十几页纸的简历以及2万元，来到了改革开放的第一线——深圳，南下寻梦，人生由此翻开新的篇章。

就在这一年，日后叱咤风云的房地产风云人物开始崭露头角：冯仑、王功权、潘石屹、易小迪、王启富、刘军“万通六君子”已经在海南通过房地产挖到了第一桶金，轰轰烈烈开始创业，杨国强创立了碧桂园，朱孟依的合生创展也注册成立。而这个今天的“地产枭雄”许家印，却连房地产的门都没摸到，他还在为到了深圳之后找一份工作发愁。

深圳当然不是天堂，对于许家印来说，深圳是一个全新的世界，很多事物陌生而新鲜。初到深圳，许家印就被职场当头打了一棒：怀揣着三十多页的简历奔波人才市场十几天，这个在大型炼钢厂叱咤风云的处级干部居然没有找到一份工作！

但许家印毕竟具有超强的应对能力，他经过对简历的调整，最终被一家名叫中达的公司录用，做起了业务员。在舞钢，他是管理几百号人的“领导”；而在中达，他却是个“小业务员”，对所有同事都喊“师傅”，十分谦虚。这与他此前“舞钢管理能人”以及后来“中国地产枭雄”的形象，都相差千里。

在那个宏大的时代，这只是一个低微的起点。没有资本、没有背景、缺乏经验的许家印，从基层开始做起。没办法，人在屋檐下，就得懂得低头。

虽然许家印的下海生涯是这样开始的，但许家印依然非常带劲：一是他觉得中达老板身上有非常多他所欠缺的商业性的东西可以学习；二是他曾说过的：“自己在一家内地钢铁工厂10年的积累，也没有在深圳这个大熔炉1年的收获多。”

这时候的许家印，生活上还颇为艰辛。上班的头三个月，他住在朋友家的走廊里，后来他拉来业务升为办公室主任，公司给他安排了一间厨房腾出来的“卧室”，放张单人床后就再也关不了门。一年四季，许家印就这样“蜗居”在这间四面透风的房子里面，但对比起高考前零下15摄氏度的刺骨寒风，这里的条件对许家印来说算不了什么。

凭着许家印的聪明和努力，来深圳两年后，许家印已是中达公司的合伙人，和中达老板平起平坐了，但他还和老婆分居两地，中达老板实在看不过去了，就由公司出钱租套房让许家印一家团聚。但是，房子是和别人合租的两房两厅，除合租人自住一间外，许家印和老婆、两个儿子、父亲、岳母还有一个朋友挤在其余地方。自己房间没有空调，许家印儿子夏天就躺在合租人门口的地板上“蹭空调”。

3.介入楼市，一鸣惊人

到深圳的第三个年头，许家印终于迎来他人生当中的重大转折点：前去广州为中达公司开辟广州的房地产市场！许家印踌躇满志，带上了几名员工和一部标致汽车来到广州，在黄埔的城中村开始了房地产创业历程。

这时候的许家印，依然是房地产的门外汉，在杀往广州的时候还从未接触过房地产！但许家印硬是边学边干将项目运转起来，此时他已经接受过商场的洗礼，对自己信心满满，性格也愈发坚韧成熟，压力越大，动力就越强！

中达在广州投资的公司叫鹏达，尽管许家印的身份还只是职业经理人，但是他已经将事情完全当成自己的事业来做，在项目运营过程中带上明显的“许氏风格”——快！鹏达在广州开发的第一个项目叫“珠岛花园”，而该项目的启动资金，来自鹏达公司2000万元贷款中剩下的1500万元。许家印在人生地不熟的广州凭借神一样的速度将108个公章在一年内全部盖完，以“小户型、低价格”的精准定位迅速打开市场，实现“当年开工、当年销售、当年售完”。珠岛花园成为广州房地产市场的一匹黑马，许家印惊人的执行力和速度震惊业界！

其实，在此之前，许家印还是一个房地产界的门外汉，他回忆当时说：“连什么是容积率我都不懂，就这么边学边干起来的。”

4.恒大帝国的诞生与起航

珠岛花园的项目非常成功，一个项目就为母公司带来两个亿的净利润，而这个操刀的老总，依然只领3000元每月的工资，也得不到老板的业绩奖赏。当他鼓足勇气要老板给自己涨到10万年薪时，老板果断拒绝了他。许家印已经通过市场验证了自己超群的能力，为公司创造的巨大的贡献和自己得到的待遇的极大不匹配让许家印树立了一个坚定不移的信念——自己创业，挺进房地产市场！

经过深思熟虑，许家印找了老板，极为坦诚地感谢老板的知遇之恩，表明了去意。1997年5月，珠岛花园二期已经销售过半，许家印在高业绩面前毅

然选择了离开。

在中达的5年，是许家印腾飞前至关重要的一段历程，这期间，他从内地“小山沟”到了改革开放的最前沿深圳，极大地开阔了视野，敏锐地捕捉了各类商业信息，熟练地掌握了商业运作的能力，形成“许氏风格”：目标明确，谋定后动，快速出招，不鸣则已、一鸣惊人。这个行事作风为日后恒大帝国的崛起奠定了坚实的基础。

事实的确如此。1997年正值亚洲金融风暴，国内企业界一片哀鸿，巨人史玉柱败走珠海（楼盘），秦池姬长孔身陷绝境。此时的房地产业更是深陷“政策晦明不定，经营半死不活”的泥潭。许家印离开中达，创立恒大，正好一头撞上了这一行业低谷。

恒大的前身是鹏达公司和深圳千盈公司在1996年成立的天帝实业公司，后由许家印掌控的广州凯隆收购了鹏达的股份，并在1997年将天帝实业更名为恒大实业，许家印任董事长。从这一刻起，恒大这个日后叱咤中国房地产市场的地产帝国正式诞生！

“一个没钱的人想办大事，怎么办？只有用最少的钱，拿最多的地，然后快速开发销售，快速回笼资金。”许家印将恒大的第一个项目锁定在了海珠区原广州农药厂的地块上。

20年前，挤在不到100平方米的民房里，恒大的七八名员工开发出恒大第一个楼盘金碧花园，位于海珠区工业大道。1996年的恒大资金捉襟见肘，所以许家印的策略是“偏地段”“低价”和“快速”。当时预售条件还没那么严，开工第二个月，金碧花园就开始发售，定价破天荒的低：以2800元/米^{2}的价格亏本开盘，用“小户型+大规模”在广州两千多家开发商之中突围而出，在开盘当天上午，三百多套住宅全部被抢购一空，共计回款8000多万元！

典型的白手起家。那个时代没有风投、没有ABC轮、没有“画大饼”和“飞天猪”。许家印要赤手空拳撬动资源完成从普通创业者到地产巨擘的“逆袭”，除了胆识和谋略，他还迫切需要资金和资源。

“兜里有2块钱要做20块钱的事。”许家印就是这样野心勃勃。

恒大的首次出手，就完全震惊了整个广州市场，而“恒大快进快出闪电战般的风格”，也在这个项目上体现得淋漓尽致：当年征地，当年报建，当年动工，当年竣工，当年售罄，当年回款！在1997年恒大诞生的时候，广州有超过1600家房地产公司，而且大多数都是1990年左右就开始运作。和他们相比，恒大显得非常弱小，但凭着金碧花园的成功，恒大算是立稳了第一个脚跟。

到了开发金碧花园二期的时候，恒大的资金宽松了很多，许家印将其投入小区环境的优化和配套的完善，金碧花园二期以3500元/平方米的价格也很快销售一空，恒大的地位进一步得到巩固。

从此，恒大就沿着这个模式高歌猛进，一发不可收拾。许家印的个人，更多地以恒大掌舵人的身份出现，他此后的经历，就是恒大帝国的崛起史。

关于他此后的生活，几乎无从描述，因为恒大就是他的全部。

凌晨三四点钟回家睡觉，睡一会就起床去公司，这是“拼命三郎”许家印在恒大这么多年的状态，他回忆道：“我没有乱花钱的习惯，经常在办公室吃盒饭。经常深更半夜开会，一开就是一个通宵，如果真饿了，就让家里给我送个馒头，或者捎个汤、面过来。”

1998年，恒大在当年6月的土地拍卖会上以1.34亿元的价格拿下了广州海珠区南州路农药厂的5.3万平方米地块，敲响广州国有土地拍卖第一槌。这匹黑马紧跟着一口气开发了金碧花园、金碧华府、金碧御水山庄、金碧湾等13个楼盘，在同一时段开工和销售，一下为恒大赢得了6亿元的资金进账。不仅为许家印带来了第一桶金，还奠定了恒大初期“快速开发，规模取胜”的发展战略。

1999年，恒大首次进入广州市房地产综合实力前10名。

2000年，恒大在广州市房地产综合实力10强排名第6位，恒大投资近亿元兴建的恒大中学首次招生，规模达3000人。

2001年，恒大名列广州市房地产综合实力10强第4位。

2003年，恒大名列广州房地产最具竞争力10强企业第1位，并首次进入中国企业500强，名列348位，许家印荣获“中国房地产十大风云人物”

称号。

2004年，恒大跻身中国房地产10强企业第5位，再度进入中国企业500强，名列281位，获“中国民营企业20强”称号。

2005年，恒大三度蝉联中国企业500强，名列290位，并跻身中国房地产企业第2位，广东省房地产企业第1位，许家印荣获“2004年中国民营经济十大风云人物”称号和“中国十大慈善家”称号。

2006年，恒大连续跻身中国企业500强，名列第323位，许家印名列2006年大陆慈善家排行榜第7位，恒大地产集团以32.73亿元的双品牌价值名列全国房地产品牌价值第1位。

2007年，恒大地产集团成功引入美林、德意志银行、淡马锡三大国际战略投资者，筹集资金4亿美元，荣列2007中国房地产百强企业综合实力TOP10第6位。

2008年，恒大在房市最困难时期逆势销售118亿元，挺进百亿俱乐部，恒大赴港上市搁浅，但从国际市场私募融资5亿美金，度过经济寒冬。

2009年，恒大重启IPO，同年11月在香港联交所成功上市。上市当天，公司股票收盘价较发行价溢价34.28%，创下705亿港元总市值的纪录，成为起于内地、在港上市最大的内地房企，全年实现销售额303亿元。

2010年，公司先后成功发债27.5亿美元，创造中国房地产企业全球发债的最大规模纪录，全年实现销售额504亿元。

2011年，恒大总资产达1790亿元，实现销售804亿元，销售面积、在建面积、进入城市数量等核心指标均位列全国第一，品牌价值突破210亿元；恒大足球中超夺冠。

2012年，恒大实现销售额923.2亿元，销售面积达1548.5万平方米，蝉联全国第一；恒大足球中超再度夺冠；恒大皇马足球学校开学。

2013年，许家印当选全国政协常委；恒大足球中超“三连霸”，并成功夺取亚冠冠军；恒大销售额突破千亿元。

2017年9月18日，中国恒大早盘大涨，使得恒大集团董事局主席许家印身家一度升至395亿美元，一举超过马化腾，成为福布斯实时富豪榜上的中国首富。

从省吃俭用攒了10年才攒到2万元的普通工人，到身家百亿美元的中国首富，许家印成功的同时，也给了大家“一碗鸡汤”。许家印的传奇，就是中国经济发展的缩影，说他善于捕捉机会也好，误打误撞也罢，在他平凡而又传奇的经历中，踩准了时代发展的每一个步点：恢复高考后考取大学，成为捧着铁饭碗的“体制人”；市场经济中最早的下海者，住房制度改革机遇的把握者，港股创富的敲钟人，足球逆袭的缔造者……

今天的他，一如既往地统领着庞大的恒大帝国，朝着成为世界上行业内“规模最大、队伍最优、管理最好、文化最深、品牌最响”的“五最”国际顶级企业全力奋进。

今天人们看到的许家印，除了是人们所熟知的恒大集团董事局主席外，同时还多了全国政协常委、中国十大慈善家之一、全国劳动模范、管理学教授、博士生导师等身份。

他曾先后荣获“全国脱贫攻坚奖”“全国劳动模范”“优秀中国特色社会主义事业建设者”等多项国家荣誉，并连续七届荣膺“中华慈善奖”“推动中国城市化进程十大杰出贡献人物”“中国民营经济十大风云人物”“中国房地产十大风云人物”等荣誉。

在地产界，许家印又曾被称作是“高调者”“地产奇人”“地产枭雄”“地产足球第一人”“风云人物”“工作狂”“拼命三郎”“强硬派”“慈善家”……所以，纵观许家印60年的人生，可以说，既是一部苦难史，也是一部奋斗史、成功史，更是一部新中国的发展史。

要想了解许家印其人，光看今天显然不够，探究许家印的过往经历，可帮助我们对这个集多种身份于一身的传奇人物有更加饱满的理解。

第二节　铮铮铁汉柔情
——常怀感恩之心

一个人年少时期的经历，往往深刻在骨子里，影响一生。小时候，缺乏什么，长大会努力弥补自己。小时候，得到了些什么，长大会自觉地回馈他人。

许家印也是如此，他曾说过："没有国家恢复高考的政策，我还在农村；没有国家的14元的助学金，我也读不完大学；没有国家的改革开放政策，恒大也没有今天。恒大的一切，都是党给的，国家给的，社会给的，我们应该去承担社会责任，我们应该回报社会，我们必须回报社会。这不是空话，也不是虚话，这是我的心里话。"

铁汉也有柔情之时，事实上，感恩正在成为恒大新的代名词，许家印亲力亲为带动了恒大的企业文化。

1.90度鞠躬 感恩供应商

一家巨型企业的崛起和发展，离不开上下游全产业链的支持；一个"超级航母"的诞生，往往也能带动整个产业生态的崛起。

以苹果公司为例，它的背后是超过200家全球供应商的生态体系。这些供应商，支撑起苹果公司在全球层面的资源配置；而苹果公司的壮大，也孕育出一个充满科技含量的制造业产业链，更培育出无数个上市公司。

恒大也是如此。对于一个总资产高达1.76万亿元、年销售规模突破5000亿元的企业来说，从设计到采购，从设备到材料，从营销到销售，每一个环节都涉及无数供应商。

正是这些上下游企业的鼎力支持，让恒大得以乘风破浪、扬帆远行；同时，恒大从地方性企业发展到全球性“航母企业”，也在无形之中改变着整个供应链的生态体系。

在恒大举行的2018年度战略合作伙伴高层峰会上，许家印向公众展现了他真性情的一面。恒大请来了1000多位事业伙伴亲临捧场，其中不乏许多商界传奇人物，比如苏宁控股的张近东、正威国际的王文银、广田控股的叶远西、易居中国的周忻等，与其说大伙是冲着恒大20年200倍的增长奇迹去的，倒不如说是冲着许家印的人品去的，这再度展现了许家印强大的朋友圈。

图7-1　恒大2018年度战略合作伙伴高层峰会

2007年，“恒大朋友圈”初步建立时，合作企业只有43家，当时的恒大还在谋求上市；而到了10年之后的今天，恒大已经跻身世界500强，合作企业由数十家发展到近千家，合作金额也从当初的数十亿元跃升到今天的数千亿元。

这期间，恒大既是一家一往无前的独角兽企业，也是一个润物细无声的孵化器。统计显示，至少有27家公司在与恒大合作期间成功上市，包括广田集团、建艺集团、瑞和股份、宝鹰股份、全筑股份等知名企业。

无论上下游企业之间的无缝对接，还是行业之间的合纵连横，抑或不同生态产业之间的竞合互补，这个产业链的壮大，不仅让所有生存于其间的企业共同受益，也创造出无数新的可能。

从规模经济到知识经济，从企业崛起到产业辐射，这种全产业链的生态模式，正是中国经济跨越式发展的关键秘诀之一。

在2018年度恒大战略合作伙伴高层峰会上，许家印将恒大崛起的功劳归功于恒大的战略合作伙伴。许家印和恒大为何感恩供应商，其原因正在于此。说到情深处，许家印走到演讲台左侧，向前来了个90度的深深鞠躬，给台下的听众来了个措手不及。

有人认为他是在作秀，要知道，许家印的身家已经是2900亿元，并不需要靠这种方式哗众取宠。周围的朋友都说那一刻才是许家印内心的真实感受。远了不说，恒大在2017年震惊业内的1300亿元战略投资就足见朋友对恒大及许家印的支持。如今恒大正迈向"新恒大"时代，或许，会做人的许家印也会有贵人帮助其实现"新蓝图"。

与人品好的人做生意，一就是一、二就是二，人品是一面镜子，折射一个人的胸怀与格局。生意是死的，人是活的。有了信任，再难做的生意也会成功。没有信任，再赚钱的生意也是竹篮打水一场空。

恒大的这个"超级朋友圈"，隐含着房地产行业转型升级的巨大可能性，孕育着新经济的萌芽。

围绕着住宅开发，由7362家企业构成的朋友圈，本身就是一个"生态体系"。在这个生态体系里，不仅仅是恒大向这些企业购买产品和服务，这些企业之间也会横向联合，创造商业机会。这本身就是一个巨大的B2B的系统。开发、利用好恒大的朋友圈，仅仅这一点就完全可以催生出一个独角兽企业来。

所以，恒大的这个"超级朋友圈"具有无限的可能性。

2.向前老板拜年 感恩创业时期的栽培

图7-2 2018年春节迎接前老板

向前老板拜年，于个人而言，这是一种不忘初心的姿态；于整个恒大而言，这是感恩文化的具体体现；于整个时代而言，这是向创业年代的致敬之举。

2018年的这个春节，是恒大总部迁到深圳的第一个春节，大年初三，许家印和他夫人在深圳接待了一位特殊的客人——许家印1992—1996年在深圳打工时的老板，并给这位客人致以新年的祝福（如图7-2所示）。没错，就是那个在许家印帮助下赚了2亿多元，却不愿意把许家印的年薪从5万元涨到10万元的前老板。

1992年，许家印从钢铁厂出走，南下深圳打拼。当时可谓一穷二白，许家印从一家贸易公司的业务员起步，短短三四年就能独当一面。随后，主动申

请到广州“开疆拓土”，4个人、1辆车，许家印的房地产生涯由此开启。

1996年，许家印第二次出走，这一次他选择不再为人打工，恒大由此应运而生。放弃了相对优渥的待遇和稳定的工作，许家印开始筚路蓝缕的创业生涯。

那时候的创业年代，让人心驰神往，可没有前老板的栽培，或许就没有许家印独特的商业之道，也很难看到如今辉煌的恒大。

当天，许家印特意穿了西装打了领带，一向简朴的许太太也同样穿了正装。为了表达虔诚之心，许家印夫妇早早到恒大中心外的马路边等候客人的到来，客人一到，许家印亲自上前为20多年前的老板拉开车门并搀扶下车，随后一路陪着参观讲解，汇报创业历程并感谢前老板多年前的指导和培养，家宴时，又请前老板坐了主位。手下的员工在微信圈里是这样描述的：

大年初三，被温暖和情怀满满打动的一天！公司总部迁到深圳的第一个春节，外地过年的老板和许太特意早早赶回深圳，给一位特殊的客人——老板92年到96年在深圳打工时的前老板拜年。

老板今天特别重视，特意穿了西装打了领带，一向简朴的许太也同样穿了正装。客人还没到，他们夫妻俩就早早到恒大中心外的马路边等候；客人一到，老板亲自上前为二十多年前的老板拉开车门并搀扶下车，随后一路陪着参观讲解，汇报创业历程并感谢前老板多年前的指导和培养。家宴时，听说老板又请前老板坐了主位……

做事先做人。永远怀抱一颗感恩的心，永远不忘帮过自己的人，才是真正懂得感恩的人，才能成就真正的事业，才能走向卓越和伟大。向老板学习！

11:42

图7-3　恒大员工微信朋友圈截图

图7-4　许家印为前老板解释创业历程

3．振兴男足女排功不可没

也许正是许家印童年的坎坷和成长的艰辛，成就了豁达的胸怀和伟大的精神世界。

中国的民企能做大，都离不开身上的狼性和血性。许家印和恒大就是一个例证。但恒大身上的狼性，与其他企业狼性文化却不太相同，许家印除了熟知市场规则的同时，更深谙中国社会的商业属性。这种敏锐的嗅觉，让他能把这种野性巧妙地限制在一个合理范围，在不同场合的不同释放，野蛮生长，但又合理发展，产业虽跨界，却不越界。

有很多人说“首富”的面孔都很相似，就比如许家印和王健林，都在地产业有突破，都为中国足球和自身的企业文化操碎了心——恨不得把规章制度写得比宪法还细化。

不一样的是，万达盘子做得实在太大——你看习惯了满世界跑的人，最后有几个能安心回家。而许家印在一波一波激进的海外扩张浪潮中始终独善其身，现在才有资本挺直腰杆在各种场合拍胸脯说：“过去21年，恒大一直坚持只在国内投资，并成功在中国经济飞速发展的红利中实现企业的壮大。我们认为，这种红利还很大，恒大完全可以在其中继续取得长足发展。”

哪怕是对待看似同样市场化球队经营的方向上，两个人侧重点也不一样。当年王健林主动赞助地方政府体育馆地块，后来成功运作了大连万达足球队，最后见好就收，功成身退。

许家印接手球队时正值男足低谷，临危受命，盘活了球队；然后三顾茅庐重金聘请国际著名教练里皮执掌恒大，但国足在世预赛上的糟糕表现让许家印坐不住了，2016年10月，他做通里皮思想工作，将这位主帅“让”给了国家队，牺牲了恒大队的成绩不说，还主动承担了里皮团队执教国足每年1550万欧元的费用。

其实这不是许家印第一次“送钱又送人”了，此前恒大女排教练郎平，也是他输送给国家队的。

而这两次输送都有了看得见的成果：里皮执教后的国足2017年在武汉以1:0力克杀进世界杯的亚洲劲旅乌兹别克斯坦队，虽然最后国足仍无缘世界杯，但依然是国足历史上一次突破性胜利；而我们亲爱的中国女排在当年“铁榔头”郎平的率领下一举夺得里约奥运冠军，让多少人热泪盈眶，女排精神穿越时空重新回到我们身边。

在商业规则里，没有偶然，只有必然。于国家社会效益来说，许家印的两次输送，功不可没；于恒大自身来说，舍小利逐大义，最后还是会名利双收——双赢。

4.感恩时代 达则兼济天下

若曾经一贫如洗的你，有朝一日，成功了、发达了，你会干什么？如果你的回答只是吃吃喝喝之类的，显然，你还没有通过老天爷的考验。

其实，“穷”带给我们的不仅是奋斗的动力，还赋予我们一颗谦卑和感恩的心。正所谓“人之有德于我也，不可忘也”“吃水不忘挖井人”。就如《史记》所载，淮阴侯韩信在功成名就后，为报漂母“一饭之恩”，最后以千金相赠。

在孟子看来，一个合格的成功者，则应“穷则独善其身，达则兼济天下”。而深受中国儒家文化熏陶的许家印显然是知其深意的。

无论是恒大的壮行大会上的凝噎泪目，还是合作伙伴峰会上的鞠躬致谢，许家印把他数十年来的刻苦经历，人生体悟，凝在“不忘初心，常怀感恩”八个字里，体现出的不仅是一个经历风霜的长者的智慧风范，更是中国企业家的社会精神。

千金一饭，结草衔环，这是中国人自古以来的感恩情节。当我们把这种情节置于企业与社会的关系，就会发现，无论是什么规模的企业，其初创、成长、辉煌，与国家、社会、伙伴，甚至对手，总是息息相关的。国家的稳定，给企业发展以基础，社会的关注，给企业发展以助力，伙伴的帮助，与企业共赢，对手的压力，让企业成熟……

在许家印一贫如洗的时候，他最大的愿望就是走出农村，找份工作，能够吃上白面。而在许家印成为巨贾之后，他的使命就成了兼济天下，就如其所言“恒大的一切，都是党给的，国家给的，社会给的，我们应该去承担社会责任，我们应该回报社会，我们必须回报社会”。

然而许家印诠释的回报社会，却并非捐款那么简单， 因为，对许家印来

说，捐款来说真不是一个需要很高技术含量和门槛的办法。

恒大帮扶贵州毕节大方县，由许家印亲自带队走进乌蒙山中，亲自了解当地情况，他在危房里，握着老人的手做出承诺的场景，成为中国企业扶贫最具标志性的一幕。连他自己都说“5年无偿投入110亿元对恒大来说不是一件难事，最难的是要派一支能吃苦耐劳、能奉献、能打硬仗、能出思路、能出管理、能出办法、能出技术、能激发当地干部群众内生动力的优秀扶贫团队”。由此看来，许家印是要像做恒大地产、恒大足球一样去做扶贫。

因此，对许家印和恒大集团来说，在贵州毕节扶贫就成了一个资金、人力及各类资源并进的工作，只许成功不许失败。

为了更好地做好对贵州毕节的帮扶工作，恒大从集团更是从内部选派了321名常驻县乡的扶贫干部、1500名驻村扶贫的队员，与此前常驻大方县的287人会师，形成了2108名的扶贫铁军决战乌蒙山区扶贫前线。

在恒大扶贫大军出征壮行大会上，许家印首度披露贫寒成长经历，并泪洒会场：“对于贫困，我是有非常深刻体会的。我出生在河南豫东一个最穷的地方。我1岁3个月的时候，母亲得了病，没有钱看病，也没地方看病，就这样走了，我就成了半个孤儿。”于是就有了随后5年无偿投入110亿元的壮举。

这样的付出并不多见，自然也得到了高度的关注。对于恒大在贵州毕节的扶贫工作成绩，国务院扶贫办更是给予了充分肯定，其表示，恒大帮扶不仅改变了贫穷地区落后的面貌，更通过市场化手段有机连接，建立起长效持久的扶贫、脱贫机制，为民营企业参与脱贫攻坚探索出一条可复制、可推广、可持续的新路子。

许家印的赤诚、扶贫员工的用心，使得一个“整县式、参与式、立体式、滴管式”的中国扶贫“恒大模式”横空出世，而就如中国社科院所言，不论是国内还是国际上公益领域，“恒大扶贫模式”都是一个创举。

那个在贫瘠农村长大的许家印，用他的大爱情怀，回馈那些与他一样被穷苦绊住的人。而未来这些感受到爱、接受过帮助，进而改变命运的孩子们，大概都会在心里长出一颗感恩与回报的种子。把这份大爱情怀，绵延下去，这正是慈善能带来的最好的事情。

5.史上最“壕”股权激励 凸显人性关怀

许家印强调规则，强调制度，但对于员工也从来不乏人性关怀，甚至把员工当家人。他曾在2011年中超开幕式主题曲《崛起》中写道：无论怎样你都是我的兄弟，再遥远都会注视着你。你的每一次跌倒和爬起，我的心疼，我的惋惜。无论怎样都要拥有尊严，什么结果都不会怪你。荣耀与辉煌不只是胜利。

而在恒大足球俱乐部，许家印在要求俱乐部“务必要用铁的手腕治理俱乐部，从严管理”的之前，首先要求俱乐部 “务必要关爱每一个球员，每一个俱乐部员工”。

对于员工而言，工作之外的许家印是个好老师。在恒大夺得亚冠之后，队长郑智就曾在接受采访时深情地表达对许家印的感激之情：“感谢许教授，他教会了我们什么是冠军的含义。”

许家印在员工福利上从不吝啬。除了班车、宿舍、食堂、内购房……这一系列让恒大人衣食住无忧的福利外，许家印还多次给予员工股权激励。

2017年10月6日，7994名恒大中高层管理干部获得共计7.4357亿股期权，被称为中国恒大“史上最‘壕’”的股权激励。

而这，并不是中国恒大第一次向核心员工授出购股权了。

2009年，恒大在香港上市时，便推出期权（购股权）激励计划，期权红包占当时已发行股本的10%。

在2010年5月18日、2014年9月10日，恒大又进行了第二次和第三次股权激励，分别授予135和101名高管，两次合计授出购股期权12.43亿股，行权价分别是2.40港元和3.05港元。如今，中国恒大的股价在30港元/股左右，以此计算，前两次期权激励的参与者获利10倍之多。

第三节　人生万花筒
——多面许家印

1.小盒饭的大作为

以前创业拼搏时期，许家印能按时吃份盒饭就算打牙祭，久而久之盒饭就成了他的标配。

很多人只记得许家印是风度翩翩的“腰带哥”，却不记得人家在年会上与几千名员工吃盒饭，而且吃了20多年。

即便如今的恒大财大气粗，每年年会期间照旧吃盒饭，被称为中国最值钱的“盒饭大会”。而许家印吃盒饭的照片也时不时被刷爆朋友圈（如图7–5所示）。

图7–5　许家印的盒饭

原来，在恒大年会的中午间隙，仅有30分钟的休息时间，于是两荤两素的盒饭就成了参会员工的工作餐。而许家印与几千名员工吃盒饭，这也是恒大创立以来的传统。

刚刚加盟恒大的任泽平是有些吃惊了，开会间隙把这件事发在微博上引发了热议（如图7–6所示）。

许总今天的讲话很振奋人心，加入恒大的荣誉感使命感倍增。
中午许总和大家一起吃盒饭。不忘初心，砥砺前行，作为行业当之无愧的龙头，为迈向世界百强努力奋斗，为实现中国梦作出贡献！
今天公司开年会，议程安排得很满，只留了30分钟吃午饭。和往年一样，许总来到临时餐厅，跟几千名员工一起吃盒饭，这也是恒大创立以来的传统。两荤两素的简单盒饭，却吃得津津有味。
恒大创业之初，七八个人挤在不到100平米的简陋民房里办公，如今已发展成为世界500强，但老板不忘创业初心，依然没日没夜工作。就像许总今天的发言主题“不忘初心 砥砺前行”，只有专心专注、兢兢业业地工作，才能成大事业，才能有大作为。向许总学习！

图7–6　任泽平微博截图

不过，于许家印而言，吃盒饭与首富身价似乎并不是件冲突的事情，更不是有些网友评论的所谓“作秀”。

在其自述里曾有过一毛钱热干面的故事，与这个盒饭的故事“相映成辉”。

> “我没有乱花钱的习惯，经常在办公室吃盒饭。经常深更半夜开会，一开就是一个通宵，如果真饿了，就让家里给我送个馒头，或者捎个汤、面过来。我最爱的夜宵是热干面。我的夜宵里，10顿里有5顿都是热干面。在武汉上大学时，唯一奢侈的消费，就是吃学校旁边一毛钱一碗的热干面。为了这一毛钱，我还挨过老师的批评：‘你是吃助学金的人，还吃一毛钱这么贵的东西！’”
>
> ——许家印

在以高效著称的恒大，盒饭似乎是常见的景色。而在年会吃盒饭，已经成为企业的一道风景，让后来者都能迅速融入其中。这一行为既能让人感受到当初创业的峥嵘岁月，又能让人认识到面向未来的不忘初心，更能深刻体会每时每刻都要居安思危的重要性。

2.积极纳税 服务民生

在漫威的电影当中，超级英雄经常会说一句“能力越大责任越大”，而在现实中的企业家们，尤其如此。近日一份“纳税榜单”新鲜出炉，许家印掌舵的中国恒大以缴纳404.24亿元所得税位列榜首，相当于每个工作日纳税超1.6亿元！

这不禁让人想起，2018年3月12日，许家印在全国政协记者会上说：做好企业就是最大的民生，个人所得税起征点要大幅提高到1万元以上。

今天，这份“纳税榜单”，大家看到了一个知行合一、坚守初心的许家印，他和他的恒大在用实际行动告诉大家，什么叫能力越大责任越大。许家印曾多次在公开场合表示，民营企业依法依规、专心专注、兢兢业业地做好企业的经营、管理和发展，把自己的企业做大做强，为社会创造更多的财富、解决更多的就业问题、上缴更多的税收，这就是最大的服务民生。

而除了勇于承担更多企业社会责任之外，为劳动者减负，也成为许家印的关注焦点。

许家印表示，少收的个税不会对总体的财政造成太多影响，却可以实现大部分工薪阶层少交或不交个税，惠及大量的人群，他们增加的收入也将拉动消费。另外，许家印认为，对收入在起征点以上的高收入人群，个税征收的力度适当加大也是可以的。

许家印认为，现在消费比较高，工资涨得却不是很快，个人所得税起征点大幅提高到1万元以上能让全国大部分工薪阶层免交个税，这个惠及面就特别广，就能实现低收入人群少交税，高收入人群多交税。提高个税起征点，值得好好深入研究。

越来越多经济学家明确指出，衡量企业价值的最重要指标不再是营收或者利润，而是纳税。纳税越多的企业，意味着创造越多的社会财富，也承担了更多的社会责任。

实际上，在企业缴纳的所得税中，25%的中国企业所得税和土地增值税是整个所得税中的大头。在一定程度上，房企缴纳的所得税越多，也就意味着房企营收与房屋土地交易额越大。

业界认为，恒大的纳税额也反映出了企业在改善民生方面的积极作用。毫无疑问，这对经济繁荣发展、促进社会就业、改善生态环境等方面都起到一定的作用。

值得注意的是，恒大在2017年纳税甚至高于净利润，相当于每个工作日纳税超1.6亿元，并解决超过220万人的就业问题，真正实现社会效益与企业效益的双赢。

经济学家曾指出，企业的社会责任可以量化为企业社会贡献总额，既包括企业对员工的责任、对环境的责任，也涵盖纳税的责任、社会捐赠责任等。在这些因素中，占比最高的正是纳税总额。这并不难理解，政府财政收入主要源于税收，税收可以有效转化为市民的公共服务和基础建设，成为社会发展的基石。企业在快速发展的同时承担纳税的义务和责任，就是最大的社会责任。

表7-1 中国上市房企所得税排行榜

排行	股票代码	房企名称	所得税 / 亿元
1	03333.HK	中国恒大	404.24
2	02007.HK	碧桂园	177.70
3	00688.HK	中海地产	177.22
4	01109.HK	华润置地	172.29
5	000002.SZ	万科A	139.34
6	00960.HK	龙湖地产	100.75
7	03383.HK	雅居乐集团	90.89
8	00813.HK	世茂房地产	81.21
9	02777.HK	富力地产	70.51
10	600048.SH	保利地产	60.22

企业的综合实力强，承担的社会责任大，也往往得益于与时俱进的管理理念和精益求精的企业文化。因为这是一个企业文明程度的反映，也是知识形态的生产力转化为物质形态生产力的源泉与动力。

恒大董事局主席许家印就曾在多个场合强调，企业一方面要做好自身的经营、管理和发展，多解决就业问题、多缴税、多创造社会财富；另一方面要饮水思源、回报社会，积极承担社会责任，投身慈善公益和脱贫攻坚。

成立至今，恒大积极承担社会责任，并将自身盈利大量投入公益慈善和脱贫攻坚。资料显示，自2009年上市以来，恒大累计纳税1827亿元。以2017年为例，恒大纳税420亿元，高于同期净利润370.5亿元，相当于每个工作日纳税约1.6亿元，同时还解决就业220多万人。

根据许家印2018年年初公布的“新蓝图”发展目标，到2020年恒大将实现年利税1500亿元，以此估算届时年纳税将达800亿元左右，这意味着仅3年时间恒大纳税将实现翻番。

此外，恒大已在民生、教育、体育、公益慈善等领域累计捐款100多次达113亿元。尤其在扶贫方面，恒大自2015年12月开始帮扶贵州省毕节市，无偿投入110亿元，目前已捐赠到位60亿元，并派出2108名扶贫队员，已帮扶毕节30.67万人实现初步脱贫，到2020年还要帮扶72.46万人稳定脱贫。

恒大卓越的企业文化渗透于社会实践之中。除了展开“结对帮扶”公益活动，无偿投入30亿元外，恒大还积极捐助希望小学，建立恒大中学，持续资助贫困孤儿、支持少数民族教育事业，建立了捐资助学的完善体系。

能力越大责任越大。有数据显示，在恒大的最新发展规划中，利税1500亿元是其2020年的目标之一，以此推算，届时纳税额会在700亿元左右，可见恒大对纳税工作的重视。此前发布的政府工作报告，明确指出把改善民生列为经济社会发展的主要任务之一。这就敦促更多的企业，要像恒大一样通过做好经营贡献更多税收，用先进的管理理念指导企业运营来创收，承担更多社会责任，为民生的改善贡献一分力。

据多家投行预测，恒大业绩仍将维持高速增长，成为首家净利润超千亿元的房企。但相对于亮眼的经营数据，如何更好地回报社会、改善民生，才是许家印最看重的“业绩”。可以预见的是，随着盈利能力的不断提升，恒大将为脱贫攻坚、慈善公益，以及建设科技强国贡献更大力量。

许家印在产业内登峰造极，居功至伟，来源于他不为人知的隐忍蓄势和锲而不舍的努力打拼。

许家印的商业舵手经历，也是诠释一个企业如何不忘初心，始终以创业者的危机感鞭策自己，以社会责任感要求自己，让企业与时代的脉搏共振的样本。

值得一提的是，最近，国务院下发文件多次提及企业家精神，从促进经济社会发展和增强综合国力的高度，明确企业家精神的地位和价值。文件提及，“弘扬企业家爱国敬业遵纪守法艰苦奋斗的精神，弘扬企业家创新发展专注品质追求卓越的精神，弘扬企业家履行责任敢于担当服务社会的精神”。

如何回报社会，是企业的问题，归根结底还是企业掌门人的问题，中国民营企业在社会经济发展中所占的比重越来越大，与中国民营企业家的素质提高有着重要关系。中国商人，在改革开放40年的大浪淘沙中，不断淘洗成金，那些成功者，他们不再是人们眼中的暴发户、资本家，而是深谙中国传统文化、谨守仁义礼智信、思想开放、思路灵活、不忘初心、常怀感恩的一群人。

艰苦奋斗、专注追求与责任担当，这些企业家精神体现在褚时健、柳传志和许家印身上，也体现在每一个中国企业家身上。

正是他们一步一个脚印，带领中国企业，从厂房、传达室和简陋民宅里闯荡出来，跻身为世界500强，屹立于世界企业之林。

许家印作为恒大的掌门人，其个人的精神气质已经深刻融入恒大企业文化的点滴中。恒大员工在经年的耳濡目染中，渐渐体悟到这种精神的可贵。

在这里，我们来看看许家印于2017年在政协第十二届全国委员会常务委员会第二十三次会议的发言，就清楚许家印的拳拳初心和砥砺前行的决心：

“党的十九大让我们深受鼓舞，信心倍增。我们一定要深刻学习领会习近平新时代中国特色社会主义思想，学懂、弄通、做实党的十九大精神，让党的十九大精神在企业落地生根。

“我们要坚定不移地在党的方针路线指引下，弘扬企业家精神，专心专注、一心一意做好企业，多交税，多解决就业，多为社会创造财富。不忘初心，牢记使命。

“民营企业从无到有、从小到大，无不得益于党的改革开放政策和全社会的支持与帮助。我们要致富思源、富而思进，积极承担社会责任，多做慈善公益，积极投身脱贫攻坚战，为决胜全面小康社会贡献力量。

“我们坚信，在以习近平同志为核心的党中央坚强领导下，‘两个一百年’的奋斗目标和中华民族伟大复兴的中国梦一定能够实现！”

第八章

党旗高高飘扬——党的建设在恒大

我作为恒大集团党委书记，十分清楚党建工作的重要性。我们要进一步抓好党组织覆盖和党的工作覆盖，加大党员发展力度，加强基层党组织建设，把党支部建在项目上。充分发挥党组织在员工队伍中的政治核心作用、在企业发展中的政治引领作用，要坚定不移地学习、贯彻以习近平同志为核心的党中央路线、方针、政策，全面做好企业的队伍建设、制度建设和文化建设。

——许家印

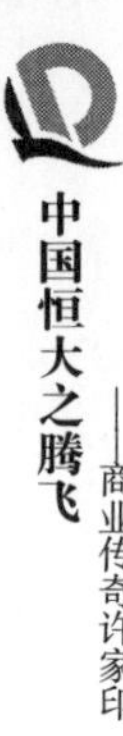

第一节　恒大党委书记许家印
——开广州民企党委之先河

在所有的中国知名民营企业家中，许家印是第一个出任民营企业党委书记的人。把中国共产党的党旗插在民营企业上，让党旗在恒大高高飘扬，许家印不愧为率领恒大冲锋陷阵的党旗旗手。

2002年，恒大集团率先成立广州市第一家民营企业党委。目前，恒大已有在岗党员7756名，基层党组织63个。作为中国政协常委、恒大集团党委书记的许家印非常重视党建工作。2018年，恒大进一步抓好党组织覆盖和党的工作覆盖，加大党员发展力度，加强基层党组织建设，把党支部建在项目上。

中共十九大于2017年10月在北京圆满召开，在党的十九大报告中，习近平总书记专门提到了“企业家精神”。报告称要“激发和保护企业家精神，鼓励更多社会主体投身创新创业。建设知识型、技能型、创新型劳动者大军，弘扬劳模精神和工匠精神，营造劳动光荣的社会风尚和精益求精的敬业风气”。

就在党的十九大召开前夕，2017年9月25日，中央曾首度发文提到企业家精神，内容是“营造企业家健康成长环境”“弘扬优秀企业家精神”“更好发挥企业家作用”。这样对照来看，无疑是一种呼应，体现了中央对于企业家和企业家精神的重视。

那么企业家精神到底指什么，为什么要弘扬企业家精神？回到党的十九大报告关于“企业家精神”的表述，习近平说要“激发和保护企业家精神，鼓励更多社会主体投身创新创业”，这其实就是在强调企业对于经济建设的重要作用。习近平总书记也曾明确指出，市场活力来自人，特别是来自企业家，来自企业家精神。

而企业家精神的核心又是什么呢？笔者认为政治智慧是其中的关键。政治智慧被古人总结为三个层次——“王者伐道，智者伐交，武者伐谋”。“王者伐道”，这里面说的王者，并不是指皇帝或者大王，而是指最高层次、最高政治智慧者。伐，在中国字里，通常被理解成讨伐，伐其实包含运用、实践的意思；道，指的是事物发展的客观规律，也就是我们通常所说的顺势而为。应该说，最高政治智慧，就是顺势而为。顺应事物发展的客观规律，这才是王道。最难做到的，就是认清这个势。所以，王道也是最高政治智慧，因为能够认清势并且顺应势的人，少之又少。

中国的企业家，需要有政治智慧，这是一种战略眼光。许家印就具有这样的政治智慧，具有这样的战略眼光。2015年6月25日，恒大集团党委与广州越秀集团党委座谈交流党建工作，双方从民企和国企的角度对如何做好党建工作进行深入剖析和对比。越秀集团党委副书记伍尚辉同志说：“如果民营企业的老板重视党建工作，那么，这个民企不仅党建工作会超越国企，而且其他方面也会发展得很好，有政治智慧的老板成大事是必然的。”十二届全国政协常委、全国劳动模范、恒大集团党委书记许家印同志就是这样一位拥有政治智慧的企业家，更是“王者伐道”的践行者。

在中国改革开放的大潮中，许家印同志坚持党的实事求是思想路线，紧密结合国家政治经济大局，与时俱进，借势而为，带领恒大集团在探索中发展，在发展中壮大，在壮大中反哺社会，演绎了恒大集团从小到大、由弱到强的瑰丽篇章，成为新时期经济领域的旗帜性人物。许家印同志以兼济天下的传统情怀，积极践行社会主义核心价值观，参政议政、建言献策，为全面建设小康社会，推动中国城市发展和区域经济繁荣做出了巨大贡献，先后为民生、教育、体育、文化等社会慈善公益事业捐款100余次超80亿元，许家印同志连续七年荣获民政部颁发的中国慈善领域最高政府奖“中华慈善奖”，是该奖项创立以来获奖次数最多的个人。

“民营企业从无到有、从小到大，无不得益于党的改革开放政策和全社会的支持与帮助。”“我们一定要深刻领会学习习近平新时代中国特色社会主

义思想，学懂、弄通、做实党的十九大精神，让党的十九大精神在企业落地生根。”这是全国政协常委，恒大集团董事局主席、党委书记许家印于2017年在政协第十二届全国委员会常务委员会第二十三次会议上的发言。从一个河南周口走出来的穷孩子，到中国大型房地产企业的掌舵人，已经问鼎中国首富的许家印或许比任何一个企业家都感谢这个伟大的时代。许家印深知，恒大集团在短短22年时间，由一家地方房企发展为世界500强企业，与党和国家的支持密不可分。

一、给党员同志一个家，做好组织建设

习近平总书记指出，非公有制企业是发展社会主义市场经济的重要力量。非公有制企业的数量和作用决定了非公有制企业党建工作在整个党建工作中越来越重要，必须以更大的工作力度扎扎实实抓好。

有很多人会不理解，为什么要在民企甚至外资企业设立党支部？因为，凡是党建工作做得好的单位，企业经营得也相当好。

关于这个问题，在2017年10月19日上午的“加强党建工作和全面从严治党”记者招待会上，中共中央组织部副部长齐玉也专门做了正面回答：“这符合法律的规定，根据中国共产党章程的规定，凡是有正式党员三人以上的企业、农村、学校等基层单位都应当成立党的组织。”可见，在中国的企业成立党的基层组织，是顺理成章的事情。

时至今日，民营经济已经由从前国有经济的“有益补充”，成长壮大为中国经济的“半壁江山”。如此大的体量和影响力，必然要在党的指导下，才能科学、合理地从事各类生产活动。而恒大集团建在项目上的党支部也是在这一形势下应运而生的。

2002年党的十六大召开前夕，中国民营企业蓬勃发展，但党的基层组织建设却发展缓慢，“口袋党员”成了党员找不到组织，无人管、无人问的代名词。随着公司的强劲快速发展，恒大集团一举跨入广州市房地产四强行列，党员人数也不断增多，许多党员同志为党组织关系介绍信不知往哪落、党费不知

往哪交、预备党员不知如何转正等问题感到困惑。为解决这些困惑，给党员同志一个家，恒大掌舵人许家印同志亲自与上级党组织联系，组织起草呈报恒大成立党委申请。恒大成立党委的请示得到海珠区委批准，在广州市海珠区委组织部的大力支持和具体指导下，恒大党委成立党员大会于2002年8月23日在广州小海燕剧场隆重举行，许家印同志当选为党委书记。时任广州市委常委兼组织部部长苏志佳同志、海珠区委书记孔少琼同志等领导莅临大会并发表重要讲话，对恒大党委在党的十六大召开前夕成立表示祝贺并寄予厚望。民营企业建立党组织，不仅是巩固党的执政基础的需要，也是企业自身健康发展的重要保障。恒大党委是广州市第一家成立党委的民营企业，在海珠区乃至广州市民营企业党建史上具有里程碑意义，也正因此，恒大党委有责任努力当好民营企业党建工作的领头羊。

二、中国共产党恒大集团委员会组织架构

恒大集团全部员工总人数超过12万人。

在党建方面，恒大集团党委下设二级党委4个、国资改制上市公司党委1个、党总支27个、党支部802个，在岗党员超10259人。下图是中国共产党恒

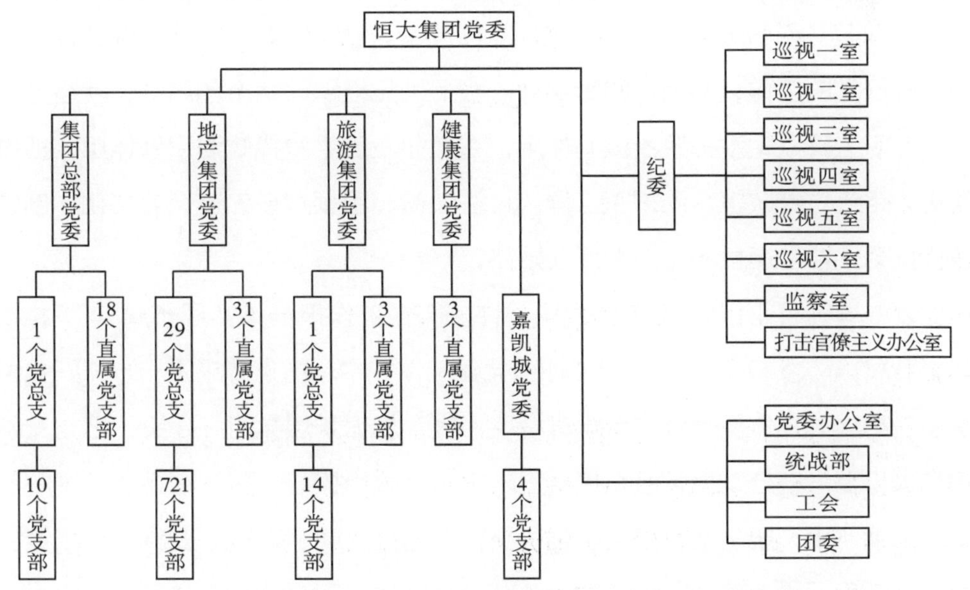

图8-1　中国共产党恒大集团委员会组织架构图

大集团委员会组织架构。

1.恒大上市，党委换届

经历2008年两个寒冬（美国金融风暴突袭全球、恒大香港上市遇阻搁浅）的磨砺，恒大集团于2009年年底在香港联交所成功上市，开启恒大集团发展新纪元。为适应恒大上市后所面临的新形势、新挑战，恒大党委于2011年9月30日召开党员代表大会，选举产生恒大新一届党委，党委书记许家印同志结合党的十七大精神和上级党组织的要求以及恒大发展蓝图安排部署党建工作。时任广州市海珠区委常委、组织部部长李海洲等领导同志出席会议，李部长代表海珠区委高度赞扬恒大集团的务实精神，希望恒大党委继往开来，扬帆远航，为恒大集团健康快速发展保驾护航，为中国民营企业党建工作的深入开展和巩固党的执政基础做出积极贡献。

2.建立健全基层党组织

习近平指出，加强和改进非公有制企业党建工作，抓好“两个覆盖”、发挥好党组织“两个作用”、加强“两支队伍”建设很重要。抓好“两个覆盖”，就是要抓好党组织覆盖和党的工作覆盖，加大党员发展力度，做好流动党员管理服务和引进党员职工工作，不具备建立党组织条件的要采取多种方式积极开展党的工作，增强党的影响力。发挥好党组织“两个作用”，就是党组织要在职工群众中发挥政治核心作用，在企业发展中发挥政治引领作用，把贯彻党的路线方针政策、维护职工群众合法权益、引领建设先进企业文化、创先争优推动企业发展贯穿党组织活动始终。

2017年春节恒大年度工作会议，许家印在工作报告《实现布局 向下扎根 向上发展 再次腾飞》第六部分“加强党建工作”中，重点要求进一步抓好党组织覆盖和党的工作覆盖，加大党员发展力度，加强基层党组织建设，把党支部建在项目上。充分发挥党组织在员工队伍中的政治核心作用、在企业发展中的政治引领作用，要坚定不移地学习、贯彻以习近平同志为核心的党中央路线、方针、政策，全面做好企业的组织建设、队伍建设、制度建设和文化建设。

图8-2　2017年恒大集团总部党委会选举现场

恒大党委按照《中国共产党章程》和《中国共产党基层组织选举工作暂行条例》，对全系统基层党组织进行了换届（成立）选举（如图8-2所示）。这次换届（成立）选举工作，下设二级党委5个、国资改制上市公司党委1个、党总支27个、党支部802个，在岗党员超10259人。不仅保证基层党组织在恒大的覆盖率达到百分之百，而且有效地激发了基层党组织开展党建工作的热情。

3.旗帜鲜明打击官僚主义

在全党开展党的群众路线教育实践活动中，恒大贯彻落实党中央必须下大力气加以惩治“形式主义、官僚主义、享乐主义和奢靡之风”精神，于2014年开展为期一年的打击官僚主义运动，许家印同志担任运动领导小组组长，旗帜鲜明地对推诿扯皮、不负责任、浮夸空谈、不做实事、办事效率极其低下等严重阻碍公司发展的官僚主义现象进行坚决打击，取得预期效果，恒大的工作作风达到空前好转。为做到打击官僚主义制度化、常态化，打击官僚主义办公室保留为恒大集团正职级部门。在许家印同志的主持下，恒大打击办2015年2月出台《恒大集团干部守则36条》，对各级干部提出了严格要求；2016年3月出台超过13000字的《恒大集团工作作风检查实施办法》，明确

“查处流程标准化、处罚原则标准化、证据取得标准化、文书出具标准化”为打击办开展工作奠定了基础；2017年9月出台《恒大集团检查纪律八禁令》，要求打击办员工“正人先正己，执纪先守纪”。2018年恒大再次开展为期一年的打击官僚主义运动，鞭策各级干部及员工严以修身、严以用权、严以律己；谋事要实、创业要实、做人要实。

4.成立党委统战部

为适应新时期统战工作社会化的形势要求，积极探索和推进非公有制经济领域统战工作，加强员工队伍中统战对象思想政治工作，引导他们做合格的中国特色社会主义事业建设者，在上级党委统战部的关怀帮助下，恒大集团党委统战部于2011年8月11日成立，许家印同志兼任部长。2011年10月27日，中央统战部在北京举行感恩行动经验交流会暨理论研讨会，许家印同志在大会发言中结合“家”的概念，从通过民生地产给普通百姓高性价比的“家”、通过捐资助学给孩子们希望的“家”、通过扶危助困给劳苦大众温暖的“家”、通过企业党建给党员组织上的“家”、通过文化事业给精神文明发展一个梦想“家”等五个方面做了经验交流。恒大“五个家”理念，体现道德文明精神实质，彰显社会主义核心价值观，是恒大履行社会责任的创新之举。

三、发挥政治核心和引领作用，抓好思想建设

恒大党委成立15年来，在许家印书记的正确领导下，坚持党的实事求是思想路线，结合公司具体情况，将党建工作与政治责任、经济责任、社会责任、文化责任有机融合，全面做好企业的组织建设、队伍建设、制度建设和文化建设，在恒大从小到大，从弱到强，成功跻身世界企业500强的历史进程中（2017年排名第338位），发挥了政治核心作用和政治引领作用。

学生时代就加入中国共产党的许家印对党怀有深厚感情，在每个成长阶段，许家印都严格按照党员的标准要求自己，始终保持共产党员的先进性，从

政治上、思想上、行动上与党中央保持高度一致。

2005年4月30日，许家印同志被授予“全国劳动模范”光荣称号，并作为全国30位获奖企业家的唯一代表上台领奖。这是党和国家对中国民营企业家群体的认可，是对中国民营企业在中国特色社会主义建设中所发挥的重要作用的肯定。

2013年3月，全国政协十二届会议，许家印同志当选全国政协常委，是经济界唯一一位中共党员民营企业家。民企老板入选常委，不仅是新一届政协常委的亮点，而且体现了非公有制经济在我国经济中的地位，表明民营企业在快速发展，在解决就业、提供产品、提供多样化服务的同时，也极大地促进和推动了中国特色社会主义的市场经济的发展。表明随着社会经济的进一步发展，非公有制经济的重要性更加凸显，其生存发展及壮大，越来越得到重视和认可。

许家印同志非常珍惜党和政府给予自己的荣誉，每天认真阅读党报党刊已成为他的生活习惯，及时了解把握党和国家各个阶段的方针政策，并贯彻落实到恒大的发展战略和日常工作之中，坚持多做顺民心、解民忧、惠民生的实事，努力为党和国家的事业贡献力量。

在恒大集团内部流传着这样一句话，“公司的大会小会许主席不一定每次出席，但是只要是政协的一定都会积极参加”。许家印同志积极参与全国政协的各项组织活动，紧密围绕国计民生问题，不断提出推动社会发展的新办法、新举措。如在社会发展的不同时期，针对当时突出的社会矛盾，先后提出的《建立“企业利润强制捐助”机制，在全国各城镇设立“低收入家庭扶助基金”》《建议国家“三控”降房价，确保房地产市场长期稳定健康发展》《激发企业参与热情，推进慈善事业发展》《加大老城区城中村改造力度，降低房价稳定市场》《关于中国足球改革的几点建议》《关于进一步保障农民工薪资权益的几点建议》《理顺青少年足球管理体制 加快足球人才培养》《建立全方位激励体系 推动绿色建筑大发展》《广州市旧城改造》等提案，受到党和政府、媒体和各界群众的广泛关注和普遍认同。

2017年10月30日，政协第十二届全国委员会常务委员会第二十三次会议

在北京召开，会议主要议题为学习贯彻中国共产党第十九次全国代表大会精神。作为民企党建工作的先行者，恒大掌舵人许家印在讲话中提出，“一定要深刻学习领会习近平新时代中国特色社会主义思想，学懂、弄通、做实党的十九大精神，让党的十九大精神在企业落地生根”，无疑对当下民企学习党的十九大精神有表率与带动作用。

首先是“学”。习总书记曾引用汉代刘向的一句格言“学所以益才也，砺所以致刃也”，来强调学习的重要性。党的十九大开幕当天，恒大上至集团总部，下至施工现场，在会议室、培训室、员工餐厅、办公卡位等组织11万员工收看开幕会；党的十九大胜利闭幕后，恒大集团第一时间组织全体员工召开学习贯彻党的十九大精神专题会议，并请来广东省委党校教授深入浅出地传达和讲授了习近平新时代中国特色社会主义思想的精神要义和方略布局。11月30日，恒大集团又专门组织集团全体党员召开党的十九大精神专题学习会议。

其次是“通”。所谓学以致用，中间的一个重要过程便是融会贯通。对于企业家来说，“通”就是“在党的方针路线指引下，弘扬企业家精神，专心专注、一心一意做好企业，多交税，多解决就业，多为社会创造财富”。恒大集团至2017年，已形成“房地产+服务业”的产业格局，总资产1.76万亿元，年销售规模5010亿元，年纳税超420亿元，员工11万多人，解决就业220多万人。

最后，也是最重要的一点：“做”！习总书记在报告中强调要增强狠抓落实本领。抓落实既是一种态度，更是一种能力，是企业家精神在企业管理中实实在在的体现。一直以来，恒大都以“精心策划、狠抓落实、办事高效”的工作作风闻名业界，锻造了一支敢于拼搏、善打硬仗的“恒大铁军”。在学习党的十九大精神“做”层面，许家印强调要积极投身脱贫攻坚战，为决胜全面小康社会贡献力量。这支由11万员工组成的“恒大铁军”就是许家印底气所在。多年来，恒大积极投身慈善公益和扶贫事业。在全国政协鼓励支持下，恒大集团从2015年12月开始结对帮扶贵州毕节大方县，三年无偿投入110亿元，采取一揽子综合措施，确保到2018年年底实现全县18万贫困人口全部稳定脱贫。2017年5月3日开始，除大方县外，恒大集团又承担了毕节市纳雍县、威宁县、赫章县、织金县、黔西县、金沙县、七星关区、金海湖新区和百里杜鹃管理区共6县3区的帮扶工作，计划到2020年帮扶全市现有92.43万贫困人口全部稳定脱贫。习总书记告诫我们，不忘初心，牢记使命。对于大多数历史只有二三十年的中国民营企业来说，更应该像恒大这样时刻记得当初为何而出发，坚信“两个一百年”的奋斗目标和中华民族伟大复兴的中国梦一定能够实现！

第二节　加强党的领导
——党建领先，支部建在项目上

许家印在2017年集团工作报告中指出：“我作为恒大集团党委书记，我十分清楚党建工作的重要性。” 中国共产党几十年奋斗打下江山，一支人民军队，从秋收起义、南昌起义时候起，靠的是什么？就是支部建在连队上，实行党指挥枪！

支部建在项目上，这是许家印在党建上的一个创举，也是作为民企党委的恒大党建工作的一个伟大实践。

多年来，恒大党委始终坚持结合公司实际，按照上级党组织的要求认真抓好党建工作，实现党委成立之初“给党员同志一个家”的承诺，最终推动企业超常规、跨越式飞速发展。

一、履行政治责任　抓好党的建设

1.发挥党员模范作用

恒大员工来自五湖四海和社会各个阶层，他们的社会经历不同、价值取向不同，各种思想相互交融碰撞，难免出现政治观念弱、雇佣意识浓、主人意识淡等问题，在一定程度上制约着公司的发展壮大。恒大党委成立之后在许家印同志的带领下，发挥政治影响作用，有效地破解了这种制约，特别是党的十八大以来，党员自觉按照“四讲四有”“三严三实”做人做事，在各个工作岗位上发挥先锋模范作用。在恒大的发展进程中，恒大培养了一批年轻党员进入集团高层，他们讲政治、有智慧、吃苦耐劳，成为中国房地产界的新一代精英。

为加强思想政治工作，体现公平，弘扬正气，在公司营造崇尚先进、学习先进、争当先进的良好氛围，2004年恒大在原广州军区广联礼堂召开全体员工大会，采取劳模候选人发表竞选演讲，推荐单位助选、现场投票、电脑计票、当场宣布结果的方法评选劳模，改变了以往层层推选、领导拍板、群众不认同劳模的局面。大会评选出劳动模范12人，其中10人为共产党员。这次劳模评选的最大特色是，每个推荐单位把劳模候选人的先进事迹改编成短剧、小品等节目，通过文艺表演的方式达到感染人、教育人的效果。

党的十八大以来，党员做到从思想和行动上与党中央保持一致，自觉按照“四讲四有”“三严三实”做人做事，在各个工作岗位上发挥先锋模范作用，2016年恒大集团举办20周年庆典，表彰优秀员工370名，党员占比50%以上。

2.贯彻落实“两学一做”

按照许家印关于认真开展“两学一做”指示精神，恒大党委结合公司实际，按照上级党组织的安排部署，制订“两学一做”学习教育实施方案，积极与中建四局等国企、立白集团等民企、广东海警总队及舰艇维修厂等广泛开展交流活动，取长补短促进“两学一做”工作，探讨研究新时期党的建设；2016年广州市“两学一做”协调联络指导组、广州市非公党委，两度检查督导“两学一做”学习教育工作开展情况，对恒大“两学一做”工作表示满意；2017年3月22日，中央组织部共产党员微信订阅号以《“两学一做”在民企——恒大篇》为主题，向全国介绍恒大党建工作情况；2016年广东省委开展“两学一做”考学，恒大党员参考率100%（不含已离职党关系未转党员），平均成绩95分。

恒大“两学一做”的突出特点：

一是把握重点学。把握重点、关注焦点、关心热点，全面认真学习“两会”精神。

二是结合工作学。学习中要联系工作实际，与企业文化相结合，与恒大自身“深入持久开展打击官僚主义运动”“员工修身准则36条”“干部守则36条”“工作作风检查实施办法”等党建特色相结合。

三是促进发展学。学习的目的在于应用，从政治高度进一步理清思路，把学习的成果运用于工作之中，凝聚力量做好各项工作。

3.红色阵地“党员之家”

2013年3月广州恒大中心正式启用，租金190元/米^2，是珠江新城顶级写字楼之一，前来租赁的公司络绎不绝。在这种形势下，许家印同志批示在恒大中心13楼建立党员之家。笔者先后多次前往党员之家实地了解恒大党建工作开展情况，并采访了恒大集团党委副书记杨昭纯同志。据介绍，党员之家集中展示恒大党建工作成果和基层党组织风采，先后接待了海珠区委组织部、广州市非公党委、广州市组织部党联处、广东省总工会、广东省海警总队、西宁市委组织部非公党建考察团、南沙区非公党建考察团、花都区非公党建考察团、天河区非公党建考察团、南宁市委组织部非公党建考察团、荔湾区非公党建考察团、霸州市非公党建考察团等单位超过1000人次，受到广泛好评。广东省纪委宣传部梅河清部长赞誉恒大党员之家是一面旗帜，是红色阵地。

4.党组织活动凝聚人心

在海珠区委党的群众路线教育征文活动，恒大党委获得组织优胜奖、《民企也要反四风》和《党的群众路线在恒大》两篇论文获得一等奖；按照广州市非公党委要求，恒大党委开展“信念，让前行的脚步更坚定”主题征文活动，收到征文171篇，从不同角度讴歌党的光辉历程和丰功伟绩，弘扬社会主义核心价值观，展现恒大人脚踏实地干事创业的精神风貌。

结合公司实际选择合适时机开展形式新颖、参与性强、特色鲜明、丰富多彩的党组织活动，有效地增强了党员的党性意识、责任意识和宗旨意识。如：与广东省工商联党组联合开展“创建和谐企业、构建和谐广东”党员活动日，看望建筑工地党员并向生活困难党员同志发放慰问金；组织党员开展“3·5”学习雷锋活动，免费为楼盘社区群众配钥匙、修家电；举行“7·1”晚会和党的历史图片楼盘巡展，“红色七月·红色经典”系列活动传播正能量；与海珠区非公经济组织党委、民政局联合“6·1”慰问海珠区孤儿；与海珠区非公经济组织党委、工商联联合“春节”慰问海珠区工商界前辈；参与市委组织部“山海对话”活动，恒大党员捐款19万元，为娄山关板桥小学和中寺小学各修建一个足球场。这些联系实际接地气的党组织活动，既是加强党建工作，增强党组织凝聚力和战斗力行之有效的方法，又是党的群众路线和社会主义核心价值观的具体实践。

党的十六大闭幕不久的2003年春天，恒大党委包专机到海南三亚开展党组织活动。这次党组织活动的主要任务是组织召开恒大党委成立之后第三次全体党员大会，学习贯彻党的十六大精神和党的“三个代表”重要思想，安排部署恒大集团第三个“三年计划”。会议结束之后，组织党员游览了天涯海角、亚龙湾、大东海等著名热带景区。这种把党建工作与员工福利及旅游观光活动融合一起的创新，既增强了党组织活动的凝聚力和吸引力，又宣传了恒大的企业文化和品牌，引起了媒体的关注和报道，产生了良好的社会舆论效果。

5.学习贯彻党的十九大精神

为落实党的十九大精神，推进“两学一做”学习教育常态化、制度化，交出优异成绩单，恒大集团2018年将进一步抓好党组织覆盖和党的工作覆盖，加大党员发展力度，加强基层党组织建设，把党支部建在项目上；充分发挥党组织在员工队伍的政治核心作用、在企业发展中的政治引领作用，全面做好企业的队伍建设、制度建设和文化建设。

（1）许家印同志心系党的十九大召开

党的十九大召开前夜，许家印同志出差在外地，特意打电话安排恒大集团党委副书记史俊平同志，务必组织好恒大党员、干部及全体员工收看党的十九大开幕会，认真学习贯彻党的十九大精神，并要求将有关措施及通知连夜发往下榻酒店，亲自把关审批红头文件。党的十九大胜利召开，把恒大集团党建工作推向新高潮。

（2）让党的十九大精神在企业落地生根

许家印同志将企业家贯彻落实党的十九大精神归纳为两个方面：一是要“专心专注、一心一意做好企业，多交税、多解决就业、多为社会创造财富。不忘初心、牢记使命”。二是要“致富思源、富而思进，积极承担社会责任，多做慈善公益，积极投身脱贫攻坚战”。

（3）召开专题会议学习贯彻党的十九大精神

2017年10月27日，由集团董事局副主席、总裁夏海钧同志主持专题会议，邀请广东省委党校宋儒亮教授，带领恒大万名中层以上干部一起学习党的十九大精神。地产集团党委书记时守明、金融集团党委书记邱火发、旅游集团董事长肖恩、健康集团党委书记谈朝晖、北京公司党总支书记段胜利、深圳公司党总支书记柯鹏等同志，在大会上发言谈了学习心得。

（4）邀请党校专家教授讲党课解读党的十九大报告

2017年10月30日下午，恒大集团党委特邀广东省委党校党史党建部教授、历史学博士、硕士生导师张雪峰同志，以《奋力开创新时代中国特色社会主义美好未来》为主题解读党的十九大报告，为恒大集团党员上党课。近三千名党员身着正装、佩戴党徽、精神饱满地通过全国视频会议参加了此次党课。党课主持人恒大集团副总裁、党委副书记史俊平同志，对恒大集团下一阶段学习贯彻党的十九大精神进行了部署，并要求全体党员认真消化领会党课内容。

6.开创“互联网+党建”模式

恒大党员遍布全国180多个城市。为切实搞好党建工作，恒大党委在采用“kk”“ems”系统办公的基础上，开发上线“SAP”人事系统党员信息查询和维护系统，创建“互联网+党建”模式，及时准确掌握党员信息变化情况，将互联网信息传播的影响力融入党建工作各个环节，做到上情下达、下情上达，释放出党建工作的新优势和新活力。

“恒大党建”微信公众号就像“智慧党建阵地”，及时向党员宣传党的方针政策、推送党组织活动信息，鼓舞广大党员在全国各地发挥先锋模范作用。恒大集团党委要求全体党员关注“恒大党建”公众号，自觉倾听党的声音，按照“四讲四有”合格党员标准，进一步提高党性修养，努力增强“四个意识”，坚定理想信念、保持对党忠诚、树立清风正气、勇于担当作为，在公司和社会两个阵地，充分发挥共产党员的先锋模范作用，积极践行社会主义核心价值观。恒大“互联网+党建”，将党建工作与服务党员、服务企业紧紧地结合起来，为党建工作不断筑牢基础开创新的路径。

二、加强党纪和党的建设，打击官僚主义

许家印曾说过，要像爱护自己的眼睛一样爱护恒大的品牌。创优质品牌，同样离不开企业廉政文化建设。“把文化做成产品，把产品做成文化”，这是许家印经常对恒大员工说的话。许主席在把优质的产品献给老百姓的同时，展现的还有其品行、德行和修行。有形的产品外壳包裹的是企业家的心。正所谓产品等于人品，一个品牌的形成，必然是物质和精神的成功合成。而廉政文化将促使品牌的灵魂更高尚、更纯洁。

在杜绝漏洞方面，恒大不仅确立了超前的约束机制，同时成立了党的纪律检查委员会。目前，恒大已建立起由监察室、打击官僚主义办公室、巡视一室至巡视六室、金融稽查中心、管理及监察中心、招投标监察中心、民工权益保障中心等部门组成的监督监察体系。纪委在恒大20年的发展过程中，在杜绝漏洞方面起了很大的作用。

通过不断实践和创新，打击官僚主义办公室已形成了一系列符合恒大实际的行之有效的监管机制。截至2017年，恒大在打击官僚主义方面，累计发现问题1984项，直接处理318项严重官僚主义问题，问责处罚1782人次；组织集团系统自查自纠工作，全年问责处分114309人次，其中开除劝退204人，降职降薪227人次，经济处罚113878人次；挽回或避免经济损失6920万元，

同比增长35.31%。在惩治“蛀虫”方面，办理专案23件，配合司法机关依法惩治各类违法犯罪人员38人，其中判处刑罚5人，批准逮捕11人，刑事拘留8人，挽回直接经济损失共计4440.43万元。

谈及打击官僚主义，许家印曾说到，之所以用“打击”这个词，因为“打击”才够力度，才足以表达我们反对官僚主义的坚定决心。企业存在的官僚主义作风，尤其是不负责任、推诿扯皮、只讲不干等恶劣风气，既增加成本、降低效率、削弱企业竞争力，也极大影响员工的工作积极性和工作氛围，是阻碍公司发展的巨大障碍。

据集团党委相关人士介绍，在查处的几个案例中，监察部门都是从数据源头入手，发现数据存在异常，从而挖掘出员工存在违纪违法问题。此外，监察部门十分重视普法知识教育，廉政片中也反映出，多起案件也暴露出员工的法律知识浅薄，因此监察部门也通过各种普法教育使员工具备基础的法律知识，树立起正确的人生观、价值观。

恒大集团打击官僚主义办公室副主任彭晖也表示，有些人总以为做得巧妙，监察部门查不出来，有的被提醒了也不当回事，殊不知机关算尽，到头来误了卿卿性命，直到带了手铐，才悔之晚矣。从理论上讲，任何犯罪都发生在一定的时间和空间里，借助于现代技术和丰富的侦查经验，没有破不了的案。

2016年7月1~15日，恒大集团全员观看了2016年版《廉政警示片》，该片以电视专题片的形式结合丰富的镜头和深入采访，集中展现内部贪腐人员蜕化变质、身陷囹圄、家庭分裂的人生巨变。警示片深刻揭示了腐败对企业、家庭乃至国家和社会的巨大危害，给全体恒大人上了一堂振聋发聩的反腐倡廉警示教育课。观看警示片后，集团上下展开了持续半个多月的自省自查反贪腐学习活动，极大提升了企业的廉洁风气。

许家印要求监督监察部门既要加大对外监察力度，又要加强自身建设，防止灯下黑。庞大的监督监察体系，体现的是恒大监督监察工作的细致。这些在其他企业“闻所未闻”的机构，往往成为恒大的攻坚利器。比如“民工权益保障中心”的成立，是恒大进一步加大对民工权益保障的工作监察力度而采取的举措。与恒大合作的有超过1000家施工单位，超过10000个班组，130万民工。民工的工资、奖金能不能按时拿全拿齐，民工各方面的社会保障，各种保险该买的有没有买，民工的安全等方方面面，恒大均要对这么多家施工单位进行监督和检查，要深入10000多个班组中了解民工权益是否得到保障。

“贪如火，不遏则燎原；欲如水，不遏可滔天”，这是这部廉政警示给每一个恒大人的警示。企业延续最本质的是文化的延续，廉政文化无疑是企业文化的重要组成部分，它是一种健康因子，引领的是积极高尚的企业理念。恒大之所以仅用短短20年便步入世界500强行列，正是依靠着企业廉政文化的建设，和每一位品行端正的恒大人不懈努力，一个不依靠现代企业制度来规范管理的企业注定不会长久成功。而现代企业管理制度本身就包含了廉政建设之义。

许家印强调，恒大发展到今天，是各级领导和全体员工艰苦奋斗、努力拼搏的结果，让官僚主义等不良作风阻碍公司发展，让个别腐败分子侵占集体利益，都是绝对不允许的。“打击官僚主义”运动是恒大深化管理、打造铁军的重要举措，坚决执行优胜劣汰机制，这个就是深化管理，这就是恒大的基础。

第三节　践行党的宗旨
——回馈社会，为人民服务

中国共产党是中国特色社会主义事业的坚强领导核心，慈善事业是中国特色社会主义事业的重要内容，乐善好施是中华民族的传统美德，情为民所系，利为民所谋是社会各界的共同责任。企业在发展中只有自觉承担社会责任，才能实现经济与社会效益的双赢。

许家印表示："中国改革开放以来很多的民营企业从无到有、从小到大、从弱到强，这一切都得益于党的政策和全社会的支持。恒大的一切都是党给的、国家给的、社会给的，恒大理应担起先富帮后富的社会责任。"在许家印同志的带领下，恒大践行党的"全心全意为人民服务"宗旨，积极承担社会责任，累计为民生、扶贫、教育、环保、体育、见义勇为等慈善公益事业捐款超100亿元。

1.无理由退房倒逼产品质量升级

2015年4月15日，恒大集团的一个举动在全国范围内引起了强烈反响，恒大在全国范围内推出"无理由退房"政策，开创行业先河，为购房者提供信心保障，免除了他们购房的后顾之忧。据了解，恒大是中国第一个敢于实行"无理由退房"的房地产企业，2016年是"无理由退房"政策实施的第二年，全年销售增长率分别实现了53.1%和85.4%，在2016年登顶房企销售金额、面积双冠王，被广大业主津津乐道、广为称颂！恒大这一路走来所取得的傲人成绩，离不开恒大对优秀品质的坚守，离不开恒大对居住体验的不懈追求，也离不开恒大一贯以来的严苛标准！那一套套受新老业主追捧的精工美宅，一个又一个热销的项目都证明了恒大产品早已深入人心，恒大品质早已誉满全国。

秉承党的全心全意为人民服务宗旨，让老百姓住良心房、放心房，恒大向社会郑重承诺“无理由退房”源自对产品的信心，源自对公司共产党员及全体员工的信赖。早在恒大创立时许家印同志就确立了“质量树品牌，诚信立伟业”的恒大发展宗旨，率先在全社会倡导以诚信为核心的“阳光宣言”，树立诚信经营理念，营造诚信经营的良好环境；遵守公平竞争市场原则；规范企业内部管理，向消费者提供优质产品、精品服务。坚决维护消费者权益，不偷工减料，不违规作业，确保工程质量；不做虚假宣传，不搞价格欺诈，履行公开承诺；强化物业管理，完善售后服务；诚信交楼、诚信办证。“质量树品牌，诚信立伟业”，在新的形势下，恒大党委要求党员继续发挥先锋模范作用，带领全体员工坚定不移地践行社会主义核心价值观，站在全心全意为人民服务的高度，严格把控项目建设、工程进度、销售服务、物业管理等各个环节，向产品质量和工作质量要效益，变“无理由退房”为“没有人退房”。

恒大诚信获得普遍认可，连年获得“消费者最喜爱品牌”“银行3A级重点客户”“最具诚信房地产企业”“资信20强企业”“守合同、重信用企业”“中国房地产诚信企业”等荣誉。

2.为民谋利硕果累累

恒大集团从金碧花园第一个项目开始，发展到今天在全国拥有800多个项目，为社会提供就业岗位超过220万个。恒大集团的发展壮大，离不开广大民工的辛勤付出，采取各种有效措施确保不拖欠民工工资，是恒大的一项必须完成的良心工作和政治任务。为切实保障民工权益，恒大成立集团民工权益保障中心，制定《恒大地产集团民工权益保障管理办法》，建立400投诉热线、微信平台、民工权益保障邮箱等投诉渠道，多管齐下确保民工权益。每逢春节临近，全社会出现资金紧张高峰时期，恒大必定成立总部和地区公司两级民工权益保障领导小组，集团董事局主席、党委书记许家印同志和各地区公司董事长分别担任民工权益保障领导小组组长，组织召开建筑承建商等有关单位专题会

议，筹备专项资金，将不拖欠民工工资作为头等大事落到实处，从而保证民工欢欢喜喜回家过年。恒大集团成立22年来，从未出现过民工工资维权事件。

同时许家印同志始终坚持依法、自觉、诚信纳税，恒大在广州地区乃至全国成为中国企业诚信纳税的标杆，多次被各级税务部门评为“诚信纳税先进集体”“纳税大户”“纳税信誉A级企业”等荣誉称号。恒大销售额由2006年的17亿元，增长到2017年的5010亿元，增长294倍；纳税总额由2.1亿元增长到约420亿元，增长200倍。

3.多次政协递交提案 心系民生事业

作为恒大集团党支部书记的许家印，还有另外一个身份就是2008年当选全国政协委员，2013年当选全国政协常委。历届“两会”期间，他提案的落脚点也多放在足球、慈善民生等方面的问题。

在2010年3月的全国“两会”上，许家印作为中国企业界唯一代表，在大会作了题为《激发企业参与热情，推动慈善事业发展》的大会发言。2011年的“两会”，他提出了与房地产行业息息相关的《加大老城区城中村改造力度，降低房价稳定市场》提案。而2012年，他带到北京的却是一份关于足球的提案《关于中国足球改革的几点建议》。

值得一提的是，许家印2012年深思熟虑的提案还得到中央高层领导的批示，这也是足球一线从业者的提案第一次受到如此的重视。2012年9月3日，恒大皇马足球学校正式开学，同日，恒大皇马足球学校军训开营典礼在广州市海珠区国防教育学生训练基地隆重举行。恒大皇马足球学校全体师生及军训基地领导和教官出席了开营仪式。这也意味着许家印亲自身体力行，把自己在2012年的这个提案转化成现实。

2014年，全国政协常委许家印在提案中直陈中国青少年足球发展中存在诸多问题，他建议理顺青少年足球管理体制，应该明确教育部是青少年足球管理的责任部门，各级教育部门建立专门的青少年足球管理机构，实行从上到下的垂直管理，全权直接负责青少年足球人才培养。同时，从建立完善的青少年联赛体系、大力兴办“新型足校”等方面入手，加快青少年足球人才培养。

2018年3月10日，全国政协十三届一次会议举行记者会，许家印作为政协委员代表就“提高保障和改善民生水平”回答记者提问，以其实践经验及体会，阐述了民营企业在改善民生、精准扶贫等方面应发挥的作用。民生问题是历年“两会”的焦点话题，2018年的政府工作报告总结了过去五年我国在改善民生方面取得的重大成就：我国居民收入年均增长7.4%，超过经济增速，并提出提高个人所得税起征点，增加子女教育、大病医疗等专项费用扣除，合理减负等切实惠民的政策。

与民生息息相关的，有就业、社会保障、教育以及脱贫等重点问题。除了在精准脱贫方面进行专门工作，出钱出力出人之外，在改善民生方面，民营企业还能做些什么？

对此，许家印保有非常朴素的观点：做好企业就是最大民生。企业发展壮大，自然会增加就业岗位数量，解决社会大众工作问题；社会保障和教育事业的发展完善，都离不开税收支持，企业经营得越好，上缴税收就越多，为社会出的力就越大。许家印在记者会上直言：“民营企业依法依规、专心专注、兢兢业业地做好企业的经营、管理和发展，把自己的企业做大做强，为社会创造更多的财富、解决更多的就业、上缴更多的税收，这就是最大的民生。”这话说来简单，却体现了许家印从政协委员视角所看到全局观。截至2017年年底，民营经济对GDP的贡献已经超过60%，解决就业超过80%，纳税超过50%，民营企业已经发展到2500多万家，这些数据清晰显示了民营企业在中国经济中的重要地位。倘若每一家民营企业，皆如许家印所言，发展好自己，创造出财富，不就是为改善民生做出了最大贡献吗？

许家印认为，民营企业的发展，都离不开党的非常好的政策和社会各界的关心支持。“民营企业乘着党的十九大的东风，在这个伟大的新时代一定会发展得更快、更好、更大、更强，为改善民生发挥更大的作用。”

4.建立恒大足球俱乐部党支部，承担社会责任发展足球事业

2010年3月，在中国足球面临低谷、广州足球遭遇降级的危急关头，恒大集团收购广药足球俱乐部。恒大党委根据中国足协的规定和要求，在第一时间成立恒大足球俱乐部党支部。

恒大足球俱乐部党支部坚持开展党组织活动，提高党员素质，教育党员从严要求自己，发挥先锋模范作用，用出色的表现为国争光。2011—2017年，恒大足球连续七次获得中超冠军，成为中超联赛史上夺冠最多的球队。2013年，恒大集团出台《恒大国脚八项规定》，激励球员为国争光；同年恒大队勇夺亚冠联赛冠军，创造中国足球多项纪录，在中国足球史上写下最辉煌的一笔，为祖国争得了荣誉。

恒大投资建设了全球规模最大的恒大足球学校，为扶贫生减免学费或提供助学金、奖学金，在青少年足球培训方面奠定了坚实基础，为中国足球的发展培养后备力量。恒大足球学校党支部，结合2014年恒大足球学校西班牙分校在马德里正式开学，荷兰分校也在2015年9月开学，恒大足球学校本部青少年学生超过3000名等具体情况，坚持发挥党的政治引领和政治核心作用，筹备组建足校团委，以培育和践行社会主义核心价值观为重点开展党支部活动，在社会上产生了一定影响。2017年1月27日，足球学校党支部与广州市海珠区非公经济组织党工委交流党建工作经验，党工委书记赖红漫同志总结说，恒大足球学校的规模、软硬件设备设施，现代化的管理模式等，足以证明恒大是一家有创新、有实力、有担当的民营企业，相信足球学校党支部必定能够很好地发挥作用，成为展示民营足校党建工作的世界窗口。

5.恒大党旗在乌蒙山飘扬，精准扶贫树全国标杆

2015年11月底，习近平总书记指出，我们必须动员全党全国全社会力量，向贫困发起总攻，确保到2020年所有贫困地区和贫困人口一道迈入全面小康社会。

恒大自2015年12月开始结对帮扶国家级贫困县——贵州省毕节市大方

县，三年无偿投入30亿元。在大方扶贫取得可喜成果的基础上，从2017年5月开始，除帮扶大方县外，恒大又承担了毕节市其他6县3区的100多万贫困人口帮扶工作，计划再无偿投入80亿元实施整市帮扶。恒大从集团系统内选调常驻县乡各级领导干部321名、驻村扶贫队员1500名，与大方县原有的287人扶贫团队会师，组成2108人的恒大扶贫铁军决战乌蒙山区，确保到2020年实现毕节市100多万贫困人口全部稳定脱贫。恒大毕节精准扶贫的突出特点是，出资金、出人才、出技术、出管理、出思路，通过产业扶贫、搬迁扶贫、教育扶贫、就业扶贫等一揽子综合措施，实现既输血又造血，授人以渔精准扶贫。

恒大大方扶贫公司创立伊始就建立了党支部，当时在册党员26人，随着扶贫队伍的不断壮大，现在在册党员增加到80人。为在扶贫战斗中更好发挥党组织的战斗堡垒作用和共产党员先锋模范作用，2017年11月18日召开全体党员大会，按照新《中国共产党章程》和《中国共产党基层组织选举工作暂行条例》规定，选举产生中共恒大大方扶贫公司党总支部委员会，下设大方、金沙、赫章、黔西、纳雍、织金、威宁、七星关及金海湖等扶贫分公司党支部。为在扶贫队伍中发挥政治核心作用和在决胜乌蒙山扶贫战斗中发挥政治引领作用，从组织方面奠定了坚实基础。

精准扶贫战斗中，恒大展现了共产党员风采，以不屈不挠的意志，精益求精的态度，忘我奉献的行动，精彩诠释着优秀共产党员的勇敢作战精神。这精神照亮了乌蒙山的天蓝、水清、树绿、花香，谱写了恒大扶贫共产党员的壮丽赞歌。

6.履行社会责任，致力于慈善报国事业

许家印同志率先在业内倡导企业公民理念，从更高层面提升企业的道德价值，先后为教育、扶贫、赈灾等慈善事业捐款超过100亿元。2017年8月29日，国务院扶贫开发领导小组召开东西部扶贫协作经验交流会，汪洋副总理评价恒大扶贫工作时提到，“做事是很认真，很讲政治的”。

在教育领域，1999年创业不久的许家印就出资100余万元在家乡河南兴办希望工程，在他的扶助之下，数百名失学儿童背起书包重新走进了校园，从这年开始，他先后出资抚养了数十名孤儿，成为他们的“父亲”，这些孤儿现已完成大学学业，走上工作岗位；2000年，许家印投入亿元创建恒大中学并设立优秀学生奖学金；2004年6月，许家印捐款300万元资助广东省100名贫困大学生；2007年9月，许家印一次性捐款3000万元援建广东100所民族小学，数额刷新广东省纪录，惠及韶关、清远5万名少数民族儿童；2010年8月，许家印捐赠1000万元在武汉科技大学设立奖学金，用于表彰品学兼优的大学生；2011年4月，许家印无偿将价值数亿元的恒大中学赠送给政府，希望恒大中学成熟的办学机制在政府的运作下继续发扬光大，为国家培养出更多的人才；2011年6月，许家印投入3亿元成立中国贫困大学生助学基金，每年拨款3000万元资助百所高校的万名贫困学子；2012年10月，联合中国扶贫基金会，特别设立专项助学金，对符合资助标准的贫困生进行分级补助；2013年12月，向中国扶贫基金会捐款930万元，资助足校贫困生；2014年1月，向罗定市泷州教育基金会捐款300万元，用于贫困生助学奖学；2014年5月，向沈阳市于洪区慈善会捐款130万元发展教育事业；2014年7月，恒大集团向清华大学教育基金会捐款1亿元；2015年7月，恒大集团向中国儿童少年基金会捐款5000万元；2015年8月，恒大集团向南南可持续发展教育基金会捐赠552.3万元；2016年，恒大集团向暨南大学捐赠3000万元以支持暨大教育事业的跨越式发展。

在扶贫济困领域，2010年6月30日“广东扶贫济困日”，许家印捐1.2亿元善款用于支持贫困农户小额信贷业务，成为当年度中国企业界最大一笔单项定点慈善捐款；2011年“广东扶贫济困日”，许家印捐款3.18亿元，继续大力度支持中国扶贫事业；2011年11月29日，许家印捐赠165万元支持“广东光彩事业潮州行”扶贫项目；2011年12月28日，许家印向广州市公安民警基金会捐款200万元，以激励奋战在各条战线的公安民警维护社会稳定与和谐。2012年6月30日，许家印在“广东扶贫济困日”活动捐款3.5亿元，设立专项扶贫济困基金，同年5月27日向韶关慈善总会捐款200万元善款；2013年6月30日，广东扶贫济困日活动再次捐款2000万元；2014年3月，许家印向中国儿童少年基金会捐款3000万元，以支持中国儿童公益事业；2015年3月16日，恒大集团向广东省扶贫基金会捐款2140万元；2015年12月19日，恒大集团无偿投入30亿元扶贫资金，结对帮扶贵州省毕节市大方县，2017年又计划无偿投入80亿元扶贫毕节市，创下中国扶贫史上投入资金最多、扶持措施最全、推进效率最高等多项纪录；2016年，恒大集团在“广东省扶贫济困日”上认捐2亿元，由省内统筹，按照人均2万元脱贫投入标准，帮助贫困人口加快脱贫；2017年，恒大集团在“广东省扶贫济困日”上认捐4亿元，助力脱贫攻坚，为广东省到2018年提前建成全面小康社会的目标贡献力量。

在赈灾领域，许家印先后参与东南亚海啸灾区、粤北粤东台风、汶川地震、玉树地震、雅安地震、海南台风、鲁甸地震、兰州水污染等救灾工作。2008年汶川地震期间，许家印顾不得考虑当时企业自身发展遭遇的挑战，成为南方第一个捐赠逾千万元巨资并向全社会发出倡议的企业家，引发了其他企业的捐赠潮。2014年4月，兰州曝出自来水苯含量严重超标，受到污染的一条输水线路当日停用，受此影响兰州多个地区停水。恒大第一时间捐赠50万箱1200万瓶恒大冰泉矿泉水，连夜派发到受灾群众手中。2014年7月，恒大集团向遭遇台风“威马逊”破坏的海南省灾区捐款1000万元。2014年8月，恒大集团第一时间通过中国扶贫基金会向云南省昭通市鲁甸县地震灾区捐款1000万元现金及200万瓶矿泉水，是灾情发生后最先做出反应、捐赠数额最大的企业。基于突出的救灾贡献，许家印同志被评为“全国抗震救灾先进个人”。

同时在恒大集团内部，许家印同志将关爱员工制度化，2011年设立恒大员工救助基金，在原有健全的福利体系基础上，对家庭贫困或突遇重大变故的困难员工进行专项救助帮扶。

多年来，在党和国家的正确决策和坚强领导下，恒大集团在中国经济建设、慈善公益事业、精神文明建设、党建工作等方面获得的各种荣誉奖项超1000项。恒大集团先后被授予“中国最佳企业公民”“全国爱心捐助奖”“中国最具社会责任感房地产企业”“全国思想政治工作先进单位”“全国企业党建工作先进单位”“牵手革命老区红军小学共筑中国梦突出贡献奖”“广东省非公有制经济组织双推双培示范点”“广东省非公经济组织先进党组织”“广州市非公有制企业党建工作示范单位”“广州市非公有制经济组织先进党组织”“海珠区优秀党委”“海珠区非公有制经济组织党建工作星级示范点”等荣誉。

许家印同志连续七年荣膺中国慈善领域最高政府奖“中华慈善奖”，并荣获“全国劳动模范”“中国十大慈善家”“十大公益慈善楷模”“中国消除贫困奖”“优秀中国特色社会主义事业建设者”“全国企业优秀党委书记”等国家级奖项，还获得了“广东省非公有制经济组织优秀党务工作者”等荣誉。2018年7月31日，《福布斯》发布2018中国慈善榜，恒大集团董事局主席许家印以42.1亿元的现金捐赠金额雄踞榜首，捐赠金额占榜单总额的四分之一，继2012年、2013年后第三次成为中国首善。

恒大党员队伍从2002年的100多人发展到如今的10259人，这不仅仅是一个数量上的变化，其深层意义在于从一个侧面反映了我国民营经济从弱到强的发展历史进程。恒大集团跨越式超常规的高速发展，成为业界典范，精彩故事数不胜数。其中一个小故事，旁证了恒大成功的必然性。2009年 3 月15日，恒大党委召开党员大会进行深入学习实践科学发展观活动动员，应邀参加恒大党员大会的广州市海珠区总工会常务副主席黄瑞桃同志感慨地说：“恒大的党员大会，没有一个人迟到，没有一个人早退，没有一部手机响，没有人交头接耳，掌声热烈而一致。从部队转业到地方工作几十年了，还没有见过这样严明的大会。纪律严明、执行力强是部队战无不胜的保障，也是恒大做大做强的基础和竞争力不断增强的保障！”

第四节　有规矩成方圆

——党的灯塔指方向

1997年3月1日，恒大在佛山西樵山召开了公司成立以来的首次全体员工大会。在全体员工到场的情况下，也不过是个20人的“小会”。但正是在这个20人的会议上，恒大制定了诸多影响深远的前瞻性决策。恒大发展的战略、目标、文化、管理以及队伍建设等很多重大决策都是在这个会议上决定的。

西樵山会议确定了“质量树品牌、诚信立伟业”的恒大宗旨，“艰苦创业、无私奉献、努力拼搏、开拓进取”的恒大精神，“精心策划、狠抓落实、办事高效”的恒大作风。这些在西樵山会议上确定的企业文化，到现在没有任何改变。

恒大在初创时只有20人，想要发展，扩充队伍是必然。西樵山会议明确了恒大队伍建设的标准。员工入职要求是本科以上学历、五年以上的专业工作经验、勤奋好学的工作狂。如今看来平淡无奇，但背景设在1997年则足以令人震惊。

西樵山会议确立了恒大的价值观及“目标计划管理”体系，制定了“艰苦创业、高速发展”第一个“三年计划”并开始实施，像一架精密仪器那样运转。以“小面积、低价格、低成本”定位的产品，完成了恒大发展最基本的积累。以“规模取胜”的发展战略，为恒大指明了前进方向，就像美国著名管理学家乔尔·罗斯所言：“没有战略的企业，就像一艘没有舵的船，只会在原地转圈，也像流浪汉一样无家可归。”从一开始便确定好战略的恒大，犹如一艘开足马力的战舰。

西樵山会议的意义不言而喻，会后第三年恒大便从2000多家房地产企业中突围，成为广州十强企业。随后恒大一年一个台阶实现跨越式发展，并于2016年成功跻身世界企业500强。恒大所取得的一系列辉煌成就，实际上多数也是西樵山会议决策的延续。

2005年全国开展共产党员先进性教育活动，为提高党员的思想政治觉悟，许家印同志以《志存高远、勤奋学习、鼎成大业》为主题，为恒大全体党员和2005届统招大学生上党课。党课结合党的十六大精神、国内外政治经济形势和恒大经营现状以及发展前景，运用辩证唯物主义的世界观和方法论，从基本素质、综合能力、综合水平三个方面，精辟地阐述了公平公正、分析能力、政策水平等36条，把恒大员工做人做事的原则和方法系统化、理论化，《恒大员工修身准则36条》成为恒大企业文化的重要组成部分。

2014年，恒大集团践行党的群众路线，结合中央"八项规定"和"反四风"精神，开展打击官僚主义运动，设置集团中心部室打击官僚主义办公室，并于2015年制定《恒大集团干部守则36条》《恒大集团工作作风检查实施办法》等规章制度，按照"查处流程标准化、处罚原则标准化、证据取得标准化、文书出具标准化"等原则，狠抓队伍作风建设，鞭策党员干部及员工严以修身、严以用权、严以律己。

值得一提的是，恒大集团下发了《恒大集团工作作风检查实施办法》后，始终坚持零容忍态度打击不正之风，并释放出全面推进作风建设、越往后执行越严的信号，以运动开展规范化实现精准打击。例如任人唯亲，以前不容易把握，存在着模糊地带，此次明确列出涉及亲属关系须回避的情形，可以"对号入座"，使违纪者不能再心存侥幸，再如违反工作纪律的行为，以前虽有制度约束，但过于零散碎片化，现在制度更加规范，处分体系也更加完善。

恒大集团打击官僚主义办公室相关负责人表示，该办法的实施，可以密切作风建设与管理服务的关系、与经营发展的关系、与广大员工利益的关系和领导干部的关系，从而大幅促进工作质量和效能的提高，打造出铁军队伍。

而2015年颁布的《恒大集团干部守则36条》是为进一步强化恒大干部思

想作风建设，摒除公司内部存在的官僚主义、形式主义、享乐主义等歪风邪气，确保干部队伍严明的铁律。根据恒大党委书记许家印同志关于“恒大干部队伍的歪风邪气苗头必须要刹住，集团下定决心要大力整顿干部队伍”的指示精神，在党委副书记兼纪委书记伍立群同志的组织带领下，打击办、监察室、总裁办、人力资源中心、管理及监察中心、招投标中心等相关部门，结合恒大发展面临的新形势、新目标和新战略，对房地产开发建设管理的相关环节及公司管理现状，进行深入分析和研究，对当前干部队伍建设存在的问题进行归纳总结提炼，经反复推敲、数易其稿，最终形成恒大干部守则36条。

《恒大集团干部守则36条》分为“守纪律、讲效能、懂规矩”“秉原则、忠职守、严把关”“守诚信、会担当、重大局”“树正气、重责任、拒腐蚀”四个部分，每个部分归纳出9条具体表现。对于查实违反干部守则36条的人员，对号入座给予通报批评、降职、免职、开除等处理。在2015年恒大集团年度工作会议上，伍立群副书记宣读了《恒大集团干部守则36条》全文，并带领全体领导干部集体学习，这在恒大历史上尚属首次。对此，许家印书记强调：“今天让大家一起在年度会议学习干部守则36条，就是希望引起各中心、各地区公司、下属公司以及各级领导的高度重视，深刻理解和领悟，做到自律务实，正风肃纪，立正身、讲原则、守纪律、拒腐蚀。”

早在2004年9月，全国民营企业思想政治工作会议在西安举行，恒大党委作为广东省民营企业代表，在大会上介绍了企业思想政治工作开展情况，被中华全国工商业联合会授予“全国民营企业思想政治工作先进单位”称号。时任中央统战部副部长、全国工商联党组书记胡德平同志出席会议并发表讲话指出：“思想政治工作没有一定之规，民营企业思想政治工作要针对不断出现的新矛盾、新问题，用新的思维、新的方法、新的手段解决新的课题，在实践中创新，在创新中发展。民营企业要用辩证唯物主义的观点和方法，科学地处理发展中出现的问题，励精图治做好企业。”《恒大集团员工修身准则36条》和《恒大集团干部守则36条》，是运用辩证唯物主义的观点和方法，结合员工的思想状况以及发展中出现的各种问题，归纳凝成的恒大企业文化组成部

分，内容联系实际，语句简明扼要，形式不拘一格，对于恒大员工端正思想作风，扎实开展工作具有重要指导作用。

在恒大企业文化战略指导下，恒大团队形成了良好的工作氛围，公司上下一盘棋、拧成一股绳，克服不可克服的、战胜不可战胜的，以超强的执行力屡创发展奇迹。

第九章 恒大精准扶贫——回报国家社会，以天下为己任

没有国家的改革开放政策，恒大也没有今天。恒大的一切，都是党给的、国家给的、社会给的，我们应该去承担社会责任，我们应该回报社会，我们必须回报社会。民营企业在脱贫攻坚中可大有作为。通过实践，我们感到，扶贫工作重在精准、贵在落实。必须瞄准短板，坚持因地制宜、因户施策、因人施策，既要『见效快』，更要『利长远』；必须真抓实干，坚持『输血』与『造血』并举，不仅出资金，更重要的是出人才、出技术、出管理、出思路，工作到村、调查到户，措施到位、扎实推进，这样才能不断地夺取脱贫攻坚战新胜利。

——许家印

今天的中国，正处于财富大爆炸时代，企业家们在市场上呼风唤雨，创造财富，在富豪榜，一个接一个地在更新着财富的巨大数字。但在财富的分配上，像比尔·盖茨、巴菲特这样慷慨地将自己巨大的财富反馈社会等真正的慈善富豪，并不多见。一位有社会责任感的企业家，不仅仅能经营好一家公司，更重要的是，能平衡社会责任与财富的关系。

在中国，就有一位无偿投入110亿元到贵州毕节扶贫，并承诺“不脱贫不收兵”的许家印和他身后的中国恒大。跻身世界500强，号称中国第一房企，110亿元真金白银投入扶贫……与恒大集团的高调相比，许家印为人则显得十分低调。但是，人们是不会忘记的，历史是会有记录的。恒大通过做大产业，成为一家万亿级的企业，并且加大对社会公益以及扶贫的投入。恒大在贵州毕节“不脱贫，不收兵”的承诺和不计回报的投入，则让它成为一家受人尊敬的具有社会责任感的伟大企业，让许家印成为一位真正的企业家。2018年年初，在众多社会领域的探索者和引领者中，许家印被《中国慈善家》评选为“2017年度中国十大社会推动者”。2018年7月《福布斯》发布2018中国慈善榜，许家印以42.1亿元的现金捐赠金额雄踞榜首，捐赠金额占榜单总额的四分之一，继2012年、2013年后第三次成为中国首善，展现榜样的力量。

为了探寻许家印和恒大扶贫的时间脉络和发展路径，我们还需要回到出发点。这样才能深入认识一个伟大的中国企业家是如何与时共进，清楚了解他为何能做出这样的选择。

2015年12月19日，全国政协、恒大集团与贵州省政府在毕节市大方县举行恒大集团结对帮扶大方县精准脱贫签约仪式（如图9–1所示）。按计划，恒大集团将在三年内投入扶贫资金30亿元，通过一揽子综合措施结对帮扶大方县，实现2018年年底整县脱贫目标。全国政协经济委员会副主任项宗西，全国政协常委、恒大集团董事局主席许家印，全国政协经济委员会办公室副主任胡纪源，贵州省副省长刘远坤等出席签约仪式。

在签字仪式上，许家印庄严承诺：“我们要把帮助毕节贫困人口脱贫作为恒大的历史使命。让他们早日脱贫、过上好日子，这是我们最大的欣慰，也

图9-1　恒大在大方县举行的精准扶贫签约仪式

是我们每一位恒大人一生的光荣、一生的荣耀。”

两年多的时间，恒大集团已经为大方县建设了335个肉牛养殖基地、22个蔬菜育苗中心、10223栋蔬菜大棚、10.6万亩蔬菜大田基地、10万亩中药材和经果林基地，并投入生产；改造了50个新农村，建设了11所小学、13个幼儿园以及奢香古镇、完全中学、现代职业技术学院、慈善医院、儿童福利院；14000贫困人口喜迁新居；1000名师生获得奖励资助；23077名贫困群众掌握致富技能，16961人稳定就业；5290万元创业基金帮助13302户贫困户实现创业梦；保障扶贫惠及19133名困难群众。同时，恒大选拔公司员工2108人、引进上百家上下游龙头企业、吸引成百上千名企业家前来学习借鉴……现在的“恒大乌蒙山扶贫前线”，已经成为激发企业家精神、加强员工责任教育、形成扶贫合力的重要阵地。

如今，在中国的西南地区，恒大集团已经实现了大方县东北部60个村的率先脱贫、大方县8万贫困人口的初步脱贫的阶段性战绩，更确立了2018年大方县18万贫困人口、2020年毕节市92.47万贫困人口全部稳定脱贫的宏伟目标。

2017年5月，恒大集团董事局决定，除帮扶大方县外，将主动承担毕节市其他6县3区的帮扶工作，计划再无偿投入80亿元，加上大方县的30亿元，共计无偿投入110亿元扶贫资金，到2020年帮扶毕节市92.47万贫困人口全部稳定脱贫。“毕节市一共7个县3个区，900多万人口，现在还有92.47万贫困人口，脱贫任务非常繁重。我们初步预算，需要无偿投入80亿元，加上大方县的30亿元，一共需要无偿投入110亿元的扶贫资金。”许家印表示，对于恒大集团来说，5年无偿投入110亿元并不是一件难事，最难的是要派出一支能吃苦、能奉献、能打硬仗、能出思路、能出管理、能出办法、能出技术、能促进当地群众内生动力的一支优秀的扶贫团队，决战乌蒙山恒大扶贫前线。

2017年7月，恒大集团召开“帮扶乌蒙山片区出征壮行大会”，组织各省公司选派的321名常驻县乡的扶贫干部、1500名驻村扶贫队员宣誓，为他们壮行，加上先期选拔帮扶贵州省毕节市大方县的287名老队员，2108人的恒大扶贫铁军，奋战在乌蒙山区的扶贫第一线。

这是一个中国版知恩反哺的励志故事。对许家印来说，中国这一代新型民营企业家，与西方新教伦理背景下的企业家慈善行为不同，也不仅仅是出于完善自我道德人格的诉求。一个先富起来的民营企业家帮后富群体致富，更饱含了新社会阶层代表人士的政治自觉。在当下脱贫攻坚与未来发展的关系上，恒大集团因地制宜、立足长远，把“补短板”向“搭跳板”延伸，彰显了新时代的企业家精神，真正践行了“先富帮后富、最后实现共同富裕”的时代要求。

第一节　精准扶贫
——创新政企协作扶贫模式

党的十八大以来，党中央把贫困人口脱贫作为全面建成小康社会的底线任务和标志性指标。在“十三五”规划建议中，农村贫困人口脱贫被确定为全面建成小康社会“最艰巨的任务”。扶贫不仅是重大经济问题，也是重大政治问题。

2013年11月，习近平到湖南湘西考察时首次做出了“实事求是、因地制宜、分类指导、精准扶贫”的重要指示。他要求，扶持谁、谁来扶、怎么扶、如何退，全过程都要精准，有的需要下一番“绣花”功夫。他强调，要让贫困地区每一个孩子都能接受良好教育，让他们同其他孩子站在同一条起跑线上，向着美好生活奋力奔跑。

如今，精准扶贫、精准脱贫成为我国脱贫攻坚的基本方略。自党的十八大以来，中国6000多万贫困人口实现了稳定脱贫，平均每年有1300多万人脱贫，平均每两秒多脱贫1人。在习近平总书记看来，只要还有一家一户乃至一个人没有解决基本生活问题，就不能安之若素。全面建成小康社会，一个不能少；共同富裕路上，一个不能掉队。“我们将举全党全国之力，坚决完成脱贫攻坚任务，确保兑现我们的承诺。”进入新时代，习近平发出了精准脱贫攻坚战的总攻令。

为什么许家印这位河南省周口太康县人要无偿投入110亿元到资源贫瘠的乌蒙山集中连片特困地区？为什么要集全公司之力投身大山深处的扶贫最前线？

2015年，许家印率队到大方县调研时，对于在村民家里看到的贫瘠景象心中忧戚：摇摇欲坠的木板房上长满了杂草，毫无遮风挡雨功效可言。家家靠着房前屋后一小块山坡地养家糊口，经常吃了上顿没下顿。一条条狭窄的小路，泥泞不堪，交通不便，导致经济发展十分缓慢……许家印想起自己小时候贫穷的日子，“对于贫困，我是有非常深刻的体会的”。

对于许家印来说，即便成为富豪，对贫困的感受却从未疏离，对“改变世界担负责任”的追求执着，也从未退却。当许家印看到乌蒙山区这里的老百姓没有路、没有水、没有电，靠着房前屋后的一点点山地养家糊口、靠天吃饭，吃了上一顿不知道下一顿，很多人一辈子都没出过山，得了病没有钱看病也没有地方看病的贫困境况，仿佛看到了当年在贫困中挣扎奋斗的自己，他感慨：“他们实在是太穷了！”

贫穷或许会限制人的想象力，但只有经历过贫穷的人才知道贫穷的苦，同样，经历过改变的人才知道改变的力量有多大。让更多的人感受到“改变的力量”，让个人和企业的追求与大多数人的“美好生活”相契合，正是许家印的初心所在。不忘初心，许家印将目光放在贵州贫困的乌蒙山区，计划用110亿元的资金，助力一个地区上百万人口的全面脱贫。不惜资金，不惜投入，不畏艰难，不怕困苦，这等豪情，令围观者动容。回报社会、助力国家发展、创造美好生活，从一开始就镌刻在恒大的企业使命之中。扶贫，对于许家印和恒大，其实只是水到渠成之事。

而缘分，绝不是一厢情愿，而是相互需要。毕节市是全国首个，也是唯一的“开发扶贫、生态建设”试验区。大方县又是毕节市的一个缩影。全县有贫困乡镇24个、贫困村175个，110万人口中贫困人口多达18万，贫困面大、贫困程度深，扶贫开发任务艰巨。一个大家庭中，日子过得不好的那几个，往往最让家人牵挂。全国政协主要领导同志从中牵线搭桥，终于促成了这段缘分。

1.政企协作的“恒大模式”

政企协作的“恒大模式”，是恒大精准扶贫的特色。在集团层面，“政”有恒大集团扶贫办公室；在企业层面上，“企”有恒大大方扶贫管理有限公司。政企联手的模式双刃并出，运作起来行之有效。在人员配备上，恒大集团选派的管理骨干与毕节市委、市政府从全市抽调的挂职干部一起办公。置身扶贫第一线，恒大集团扶贫机构与大方县各级党委、政府水乳交融的协作，是扶贫工作顺利、高效施行的前提和保证。

两年多来，坐在大方县恒大扶贫办公楼的干部们不分你我，但他们手头的工作，却有明确分工，大家各司其职，共同推进大方县的扶贫大业。

今天，恒大集团自觉携手当地党委、政府创新工作机制，不断融入当地群众的生活和文化。

笔者发现，这个机制与众不同：恒大集团层面成立了扶贫办，在大方县成立了恒大大方扶贫管理有限公司；人员配备上，恒大集团选派的200多名管理骨干与毕节市委、市政府从全市抽调的100名干部混合办公，不分你我。恒大大方扶贫管理有限公司的门口的灯牌清晰地显示着“距离大方县整县脱贫还有××天”（如图9-2所示），时刻激励着恒大人和当地干部群众在实现全面脱贫的道路上不分你我、携手并进。

图9-2　恒大大方县扶贫管理有限公司

前面有冲锋的，后边有掌舵的。自结对帮扶以来，毕节市委、市政府充分发挥扶贫领导作用，每隔10天左右，市委领导就会到恒大援建各工地现场办公，按扶贫开发节点计划推进相关工作。

这样的运作机制，让那些当初“听不懂当地方言的外乡娃儿”，在当地政府干部的带动下，很快融入当地环境，成为“新大方人”。

从更广、更长的维度观察，这其实也是一个融合加深的过程。“帮扶大方县，帮就要帮到点上、帮到根上，从上到下都不敢有一丝松懈。”姚东说。从恒大集团董事局到每一名员工，谋划扶贫方案、制定扶贫措施、检查扶贫进度、走访扶贫对象，关于扶贫前线的点点滴滴，恒大的每个人都挂在心上，落实到行动上。

两年多以来，许家印已先后6次来到大方县，深入一线“明察暗访”。在扶贫团队印象中，有一次许家印来“暗访”，把他们吓得可不轻，“当时许主席过来后，不按安排好的路线进行，而是随机到贫困户家中‘抽查’，同一群扶贫干部‘打游击’，但我们实实在在做了，不怕经不起检验”。

“派驻大方的扶贫团队，大部分是从集团各系统、分公司抽调而来，四分之一是‘90后’。”恒大集团扶贫办副主任阮士恩说，恒大的扶贫团队都是从集团内精挑细选的优秀青年，这群人朝气蓬勃，不畏艰险，不怕困难，敢打敢拼，已成为一支特别能吃苦、特别能战斗的“铁军”。

中国社科院《扶贫蓝皮书：中国扶贫开发报告（2017）》指出，恒大一改过去局部式、间接式、单一式社会帮扶为整县式、参与式、立体式、滴管式社会帮扶，投入人力物力财力参与扶贫全过程，并通过市场化手段盘活了农村的存量资源。恒大以企业自身的资源、渠道优势，引入更多社会力量参与扶贫，特别是引入上下游龙头企业，化解了产业扶贫中的市场风险和自然风险，帮助贫困户持续增收、稳定脱贫，从而“创造了高质量的扶贫效率”，是“国内甚至国际上公益领域中的一个创举”。

蓝皮书还指出，在恒大结对帮扶毕节的实践中，充分发挥党委政府的政治优势和制度优势，以及企业管理优势、决策执行效率高的优势，通过政企联席会议的方式，确保政府与企业各司其职、优势互补、高效协作，“在扶贫领域创新性地实现了政府与企业的合作”。对于大局的敏锐判断，对于趋势的超强把握，结合在市场中摸爬滚打形成的可贵的经验，带着一颗扶贫初心，许家印成功开拓出“政企合作扶贫”的新样本。

2.六位一体，全面发力

2015年11月28日，中央扶贫工作会议结束的当天，恒大集团就派副总裁带队赴大方县专项考察。在签约之前，恒大专门成立了由集团副总裁直管并兼任主任的扶贫办公室，并先后两次到大方县实地考察，才形成此次一揽子结对帮扶大方县的综合措施。

12月19日的签约会上，许家印拿出了一个范围、力度堪称空前的帮扶计划：三年内投入30亿元，到2018年年底帮扶大方县实现贫困人口全部稳定脱贫。

“我们既要出资金、出人才，还要出管理、出思路。”许家印说。

出资金——2016年所需的10亿元已于当年1月8日捐赠到位。截至2018年1月9日，恒大结对帮扶毕节市精准扶贫、精准脱贫捐赠的第四笔20亿元扶贫资金已到位，已累计捐赠到位60亿元。

出人才——恒大集团派出200多人组成的管理团队、共3000多人的扶贫队伍常驻大方。

出思路——恒大结对帮扶大方，坚持精准扶贫，因户施策、因人施策；坚持“输血”与“造血”并举；坚持既要“见效快”更要“利长远”！

这个帮扶计划有六大支柱——产业扶贫、易地搬迁扶贫、吸纳就业扶贫、发展教育扶贫、贫困家庭创业扶贫和特困群体生活保障扶贫。

在大方扶贫，以计划管理和高效执行为标志的“许氏管理”空降大方，与地方党委、政府及公务人员之间渡过了初期磨合之后，一个高效协作机制很快就走上了正轨。

恒大在大数据扶贫的基础上，结对帮扶毕节市大方县精准脱贫，提出了六大扶贫模式（如图9–3所示）。

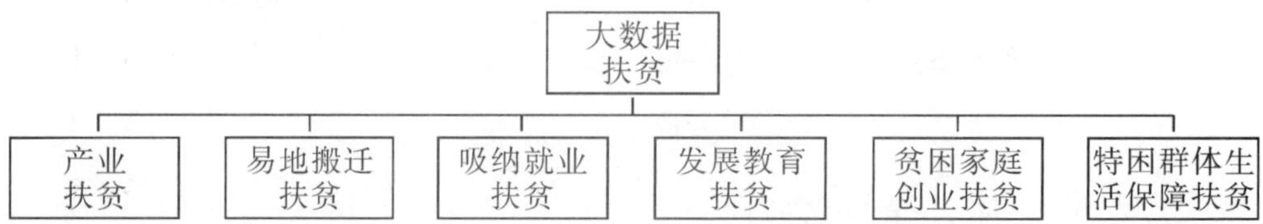

图9–3 政企协作的恒大扶贫模式

它们环环相扣：产业扶贫蕴含着发展教育扶贫因素，志在培育当地群众市场意识；易地搬迁扶贫，并非一搬了之，通过产业配套，实现安居乐业；吸纳就业扶贫既提供岗位，也大力培养合格建设者……即使特困群体生活保障扶贫，也渗透着育人、市场启蒙和发展产业的因子。

恒大坚持精准扶贫，因户施策、因人施策，坚持“输血”与“造血”并举，坚持既要“见效快”更要“利长远”，最重要的是运用市场化手段建立长效的扶贫、脱贫机制，已探索出了一条可复制、可推广、可持续的发展路径，成为包括民营企业在内的全社会力量投身脱贫攻坚的标杆，外界也将这称为精准扶贫的“恒大模式”。

3.恒大扶贫铁军，乌蒙山书写大篇章

2015年12月9日，恒大正式成立了扶贫办，扶贫办主任由集团副总裁姚东兼任，从此开始了一场脱贫攻坚战，扶贫队伍挨家挨户遍访贫困户，摸清贫困户家底，因地制宜看真贫、扶真贫、真扶贫。

“春风吹絮入西黔，花绽时节远长安。莫念亲朋难聚首，他朝对酒再言欢。威宁草海丛鸣鹤，百里红鹃艳照天。且看奢香宣慰府，定将标榜铸华年。”

这首《入毕节之别长安》，是恒大集团“90后”员工王长玉从西安奔赴

大方时写下的。

结对帮扶大方，恒大集团坚持精准扶贫，因户施策、因人施策；坚持“输血”与“造血”并举；坚持既要“见效快”更要“利长远”。恒大集团不仅出资金，更重要的是出人才、出技术、出管理、出思路，扶贫办主任姚东和超过200人的管理团队，带领超过3000人的扶贫队伍常驻大方县，与大方县干部群众一起开展脱贫会战。年轻，是恒大集团派驻大方县200多名管理骨干的标签。

当青春遭遇历史，会产生什么化学反应？“对我们也是一场严峻的考验。”恒大集团扶贫办一位高管说。压力，是青春的动力；机制，则是青春的催化剂。

在当地各级党委政府的领导和配合下，600多个日日夜夜，恒大集团的扶贫队员和当地干部群众并肩作战，穿山越岭、走村入户、早出晚归、风餐露宿，深入基层、工作到村、包干到户，挑灯夜战共同研究帮扶措施，一户一策、精准到人，扎扎实实掀起了一阵精准脱贫帮困、推进共同富裕的热潮。

两年多转瞬而过，恒大集团帮扶大方县扶贫的种子，已经破土，展现出勃勃生机。

笔者于2017年9月在大方县实地采访时了解到，仅两年时间，大方县东部山区的60个贫困村已发生明显变化。

时任贵州省委书记陈敏尔评价说，恒大集团结对帮扶大方县，为社会力量参与脱贫攻坚起到了示范引领作用，是贵州脱贫攻坚的大事件，必将在我国扶贫史上写下浓墨重彩的一笔。

4.大数据实现精准扶贫

只有开对“药方子”，才能拔掉“穷根子”。“恒大模式”的核心，就在于建立了长效的扶贫、脱贫机制，真正培育和强化了贫困地区自身的造血功能，这正是精准扶贫、精准脱贫的应有之义。而开对药方的关键首先在于全面掌握当地整体情况以及个人情况，因此精确识别是精准扶贫的前提。

恒大集团之所以能在2015年11月28日决定帮扶大方县整体脱贫，之后仅

半个月就形成具体帮扶方案，大数据技术的运用功不可没。

恒大大方扶贫管理有限公司特困群体保障扶贫部部长，这是张徽龙现在的职务。他的主要工作是特困群体保障与扶贫数据支持。精确识别需要通过有效、合规的程序，把谁是贫困居民识别出来。总的原则是“乡为单位、规模控制、分级负责、精准识别、动态管理”；开展到村到户的贫困状况调查和建档立卡工作，包括群众评议、入户调查、公示公告、抽查检验、信息录入等内容。

但数据采集的原始工作，是最辛苦也最困难的，这些都离不开恒大扶贫公司一线员工的泪和汗。

上坪寨乡建档立卡贫困户共819户，2376人；需要产业覆盖的共281户，1006人。如何让全乡贫困户顺利脱贫，成了乡里重中之重的工作，为了详细掌握上坪寨乡的实际情况和地形地貌，使后期帮扶产业顺利落地，来自织金上坪寨乡扶贫分部的陈国威带领队友们深入田间地头，实地察看了荒坡、田、土路、沟、渠等情况，为后期工作奠定了坚实的基础。一支笔，一本册，一瓶水，一个包，这就是他作为一个乡镇扶贫队员一天的装备。无论路途艰辛，不管风吹日晒，脚长泡了继续走，鞋穿破了换一双，一步一个脚印地来到贫困户家中开展入户走访工作，详细了解困难乡亲们的实际生活状况、生产发展意愿，利用面对面拉家常的机会，把党的政策方针和我们的帮扶政策传递到他们

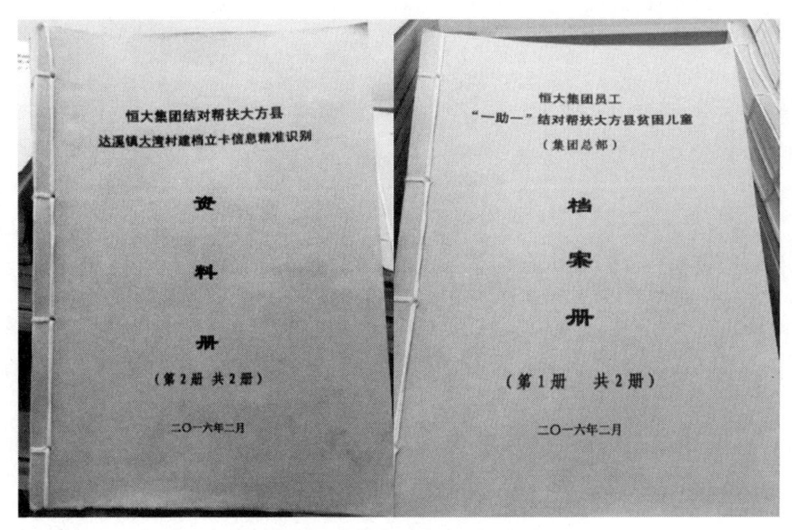

图9-4 扶贫数据账本

图9-5　恒大扶贫队员访贫问苦

心中，帮助贫困户群众从思想上脱贫，激发他们依靠自己脱贫的信心。他常跟战友们说：“入户走访，就是要和老乡们打成一片，让他们接纳我们，进而感受到我们的赤诚，知道党和国家并没有忘记他们，从而打开他们的心扉。只有这样，乡亲们才能跟我们一起干，走出一条脱贫致富之路！”正是他这种扎实工作的作风，让他赢得了乡亲们的认可和支持。

在贵州省扶贫办、毕节市和大方县等政府部门支持下，在前期队员们的辛勤努力下，恒大集团大数据技术团队利用SQLSEVER、ACCESS等专业数据库软件，对大方县建档立卡贫困人口数据系统59693户、176506名贫困人口进行了精细的计算，分析出了贫困人口的精准大数据。其中，识别出身份证号码错误1625人、性别不明24人、贫困属性不明16人。

同时，通过相关维度内关联分析形成了重点数据概况、贫困人口文化程度分布、劳动力的乡镇分布、贫困人口家庭结构分布、致贫原因等39个子数据库，为“精准扶贫、精准脱贫”总体规划提供了一手资料。

数据准确是大数据技术的关键。如今，张徽龙和团队成员主要的工作就是查漏、核定，对数据库进行动态管理。通过扶贫信息系统的动态管理、数据分析，制定切实可行的帮扶措施，建立扶贫项目库、扶贫专家库，使帮扶措施和帮扶项目真正有效地执行下去，有效实现了预期的目标和结果。

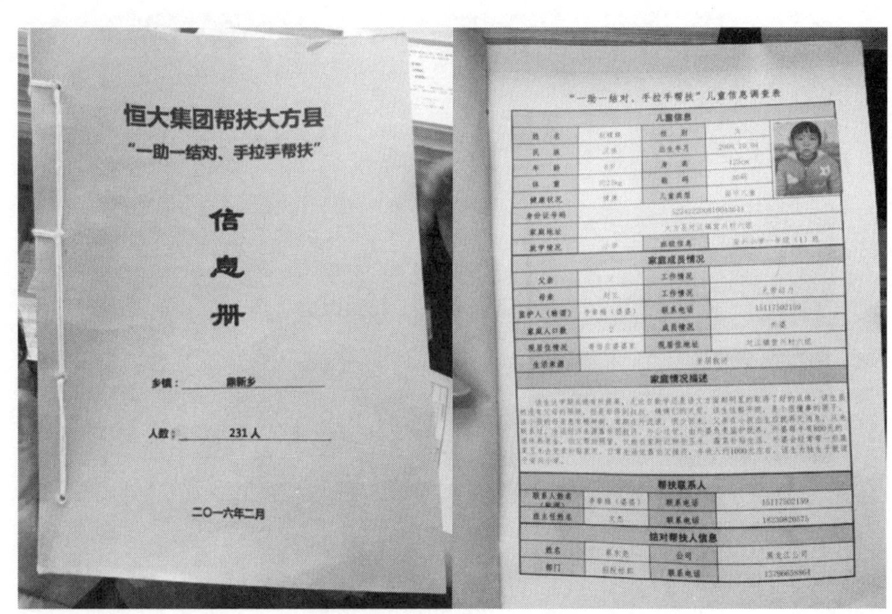

图9-6　扶贫数据信息册

习近平总书记强调要“实事求是，因地制宜，分类指导，精准扶贫”，重在从“人”“钱”两个方面细化方式，确保帮扶措施和效果落实到户、到人。通过进村入户，分析掌握致贫原因，逐户落实帮扶责任人、帮扶项目和帮扶资金；建立起贫困户的信息网络系统，将扶贫对象的基本资料、动态情况录入系统，实施动态管理。对贫困农户实行一户一本台账、一个脱贫计划、一套帮扶措施，确保扶到最需要扶持的群众、扶到群众最需要扶持的地方。年终根据扶贫对象发展实际，对扶贫对象进行调整，使稳定脱贫的村与户及时退出，使应该扶持的扶贫对象及时纳入，从而实现扶贫对象有进有出，扶贫信息真实、可靠、管用。

第二节　构筑产业扶贫
——“输血”与“造血”并举

因地制宜的产业扶贫，是实现永久脱贫的基础，也是恒大帮扶措施的关键所在。但是，贫困地区的产业“怎么扶”，过去在实际操作中困难重重，特别是在一些贫困程度深、贫困面广的地区，一方面普遍存在筹集资金难、产业发展难的问题，另一方面因为缺乏“造血”能力，导致返贫现象普遍。

为了扶贫毕节市，恒大注重产业支持，帮助贫困地区根据当地条件发展工业，帮助贫困人口持续增加收入，稳定脱贫。恒大在产业选择方面，将当地现实与市场定位相结合，并将至少两个产业项目分配给每个贫困家庭。恒大也充分发挥其在资本和资源市场化运作方面的优势，引进上游和下游的优质企业，形成一整套包括龙头企业、贫困家庭以及合作社和基地在内的模式，并且，在扶贫期间，恒大和地方政府联合使用市场方法，适度下放土地，建设产业基地；组织农民家庭成立合作社，指导合作进行生产。

恒大创新性地把产业扶贫的各个关键环节建立起既相对独立，又紧密衔接的价值链，很好地解决了传统产业扶贫人口难参与、参与难，益贫机制往往难以持续的缺陷，丰富了企业参与扶贫的途径与模式。目前，已开工建设蔬菜、肉牛、中药材、经果林产业化基地458个，投入使用427个；设立1亿元的恒大产业扶贫贷款担保基金，担保总额10亿元，已为334个蔬菜、肉牛等专业合作社发放贷款4.4亿元；已引进43家上下游龙头企业。这种持久的、可内生发展、互利共赢的市场化合作机制，完成了对产业化各个环节的有机衔接，从根本上解决了长期困扰贫困户的不知道“种什么、种多少、怎么种、卖给谁”的问题，通过供产销一体化经营，帮助贫困人口就地脱贫。

1.发展肉牛产业

“远看是条狗，近看却是牛！”多年前，云南省一位农牧专家到大方县开展交流工作时，曾戏称本地小黄牛为“狗牛”。大方县养牛产业有基础，但牛个头小、肉不多、“牛”不起来，当地的黄牛被戏称为“狗牛”。

目前，大方县农耕和肉牛总产量8万头左右，以农户散养为主，当地群众养牛致富愿望非常强烈。民有所呼，我有所应。许家印说，帮扶要做到尽职不越位，扶到点子上、不搞拉郎配，用市场机制引导贫困群众逐步完善自我造血功能。2016年5月8日，恒大大方扶贫管理有限公司与大方县政府达成共识，用三年时间完成10万头肉牛改良任务，将大方县打造成毕节市最大的安格斯优质肉牛大县。

优质种牛从哪来？本地品种怎么改良？这都是当地群众单打独斗不好解决的问题。对此，恒大集团和大方县政府早有准备。

以打造优质肉牛产业品牌为目标，由恒大出资修建养牛基地，建设疫病防控、品种改良、饲草饲料供应和市场营销等支撑体系，创新设立“扶贫牛超市”，建立“政府+企业+专业合作社+金融+保险+贫困户”新型产业化经营机制，推动形成肉牛产业从“育种—育肥—饲草饲料—屠宰加工—市场营销”等各产业环节的有效衔接、融合，推动肉牛产业“带一接二连三”，实现全产业链发展。

围绕“养什么”，由恒大集团引进优质种牛安格斯、西门塔尔，引进中禾恒瑞与政府合作组建基础母牛、优质肉牛超市，集中供贫困户选择，供合作社购买，着力发展肉牛产业提供品种品质保障。

围绕“钱从哪里来”，由恒大集团与政府合作，建立产业、保险、创业等基金，为农户提供全额扶贫贷款、全额担保还款，全额为贫困户养牛购买保险等资金保障，着力为发展肉牛产业提供资金保障。

围绕“怎么养”，为贫困群众参与发展肉牛养殖提供“选牛—贷款—担保—保险—领牛—卖牛”一站式服务，在饲养过程中，每头牛政府补贴1000

图9-7　第一扶贫牛超市

元饲草饲料费用，支持农户改造圈舍，为农户提供防疫服务，每繁殖成活一头牛犊再奖励1000元。同时，由政府引导，群众负责种植全株青贮玉米，企业、合作社负责统一收购用作饲草饲料，通过推动种植结构向粮改饲转变，着力为发展肉牛产业提供良种良法保障。

围绕“怎么卖”，由龙头企业负责市场营销，引进四川蓝雁集团建成屠宰加工厂，一方面对出栏肉牛进行屠宰、加工和包装，形成特色肉牛产品推向市场；另一方面，由龙头企业发挥市场灵通、体系完善的优势，集中收购和组织肉牛、肉牛产品等对外销售，并通过做大规模、提供市场份额取得市场主动权，打造市场营销平台，着力为发展肉牛产业提供市场保障。

在此过程中，政府、企业、农户等三位一体共同参与，通过构建良种繁育、动物防疫、饲草饲料、市场营销四大畜牧养殖体系。恒大集团推进融资、保障、激励、市场机制创新，形成了“买牛不愁钱、养牛没风险、产牛有奖补、卖牛有收入”的产业扶贫路子。

（1）创新融资机制：买牛不愁钱

恒大集团设立1亿元的产业扶贫贷款担保基金，担保总额10亿元，为贫困户提供买牛贷款担保支持。贫困户可积极运用特惠贷、黔园通、税源贷、贵园信贷通、转贷通等惠民贷款项目，申请金额1万元为期3年的购牛贷款，用于购买肉牛发展养牛产业。截至目前，累计发放贷款2328万元，购买优质肉牛2328头。

（2）强化保障机制：养牛没风险

建成动物疾病控制中心，实现动物疫病免疫密度95%以上，恒大出资175元给每头牛购买5000元保险。财产保险公司捐赠100万元资金，为每头牛提供120元再购买3000元的保险。结合“十万农民大培训”，开展肉牛养殖培训10期3754人，完成动物春防培训32期，培训人员622人次，培训村动物防疫员260人。种植高产牧草3.32万亩，辐射带动全县种植优质牧草13.11万亩。充分利用新一轮退耕还林还草政策，采取林草结合模式，大力发展林下种草，提高林草结合模式补助标准，完成林下退耕还林还草种植5.74万亩，可使农民每年通过种植牧草增加收入7300万元。皇竹草、金荞麦、甜高粱、全株青贮玉米等牧草种植，有效解决了大方县饲草严重不足的问题，以养带种的方式有效推动农业种植结构调整，成功争取原农业部将大方县列入2017年“粮改饲”试点县。

（3）完善激励机制：产牛有奖补

建立专业合作社给贫困户代养杂交牛模式，合作社吸纳带动贫困家庭养牛在30头以上，由县政府和恒大集团出资对所需基础设施予以资助。截至目前，累计投入5585万元，用于安乐乡、风山乡等11个乡镇2万头安格斯养殖示范基地基础设施建设。输配技术人员费用126.16万元，产牛犊补助农户费用101.6万元。

（4）用好市场机制：卖牛有收入

中禾恒瑞每年投入肉牛产业发展基金2000万元，可使农户每年通过种植牧草增加收入7300万元。专业合作社给贫困户代养一头杂交牛，贫困户每年可收益1600元以上。全县牛存栏76298头，出栏7110头，可带动30147户贫困户84143人通过养牛种草增收，实现6000户贫困户通过养牛增加收入12000万元，通过种草增加收入4400万元，确保4664户贫困户12500人稳定脱贫。

目前，肉牛基地开工317个，建成296个。已引进中禾恒瑞等12家畜牧上下游龙头企业，建立母牛供应、技能培训、饲养、收购、加工、销售等产业化体系。截至2017年年底，牛产业发展项目已覆盖全县28个乡镇92个村，建成牛交易市场9个，发展优质肉牛养殖专业合作社56个，规模化养殖场171个。

同时已调入优质基础母牛8509头，从国外引进纯种安格斯种牛10000头，从加拿大引进世界领先的安格斯、西门塔尔种牛冻精18万支，已改良当地土牛1.8万头。肉牛基地帮扶的贫困户，户均饲养肉牛3头，年人均纯收入超过4000元。肉牛产业改良提升，体现了恒大集团帮扶的一条基本原则：产业链上的“短板”，是帮扶的主要发力点。

2.发展蔬菜产业，建设大棚蔬菜基地

以发展覆盖千家万户的蔬菜、中药材和经果林等种植产业为抓手，由龙头企业主导，实施全产业链经营，有效衔接各个环节生产要素，变一家一户盲目生产为“产—供—销”一体化经营，避免果蔬、中药材生产大起大落，确保农民稳定增收。针对发展果蔬药种植“基础差”的问题，恒大集团出资修建大棚、育苗基地和节水灌溉、生产基地和初加工中心等农业产业基础设施，并将援建设施和无偿提供的种苗、农用机具、土地整理资金等统一确权给贫困户入股合作社生产经营，切实为贫困农户、合作社发展特色种植产业提供基础支撑。

2015年12月恒大集团结对帮扶大方县以来，结合大方县实际，大力发展蔬菜种植业，通过引进上下游龙头企业，采取“龙头企业＋合作社＋贫困户＋基地”的帮扶模式，帮助贫困人口就地脱贫。目前，蔬菜种植39.52万亩，建成蔬菜大棚10223栋，设施蔬菜示范基地2500亩，露地蔬菜示范基地3.75万亩，其中早春、夏秋蔬菜核心示范区2万亩，城镇周边保供保健蔬菜核

心示范区1.75万亩。恒大集团已投入产业扶贫资金3.4亿元，已开工蔬菜产业化基地274个，投入使用146个；设立1亿元的恒大产业扶贫贷款担保基金，担保总额10亿元，已为334个蔬菜专业合作社发放贷款4.4亿元；已引进21家上下游龙头企业，着力帮助大方县打造10万亩以上高山冷凉蔬菜基地。

（1）建种植基地，解决“种什么”的问题

恒大集团以建设蔬菜基地为平台，采取筑巢引凤的方式，引进蔬菜种植龙头企业。通过龙头企业带动，扶持本土企业发展蔬菜产业，切实解决当地不知种什么的问题。一是引进专业公司种。恒大集团建设蔬菜基地，采取“龙头企业+合作社+基地+农户（贫困户）”模式，引进地利集团、三元朱等21家国内蔬菜产业龙头企业进行规模化种植、产业化经营、品牌化打造。目前，地利集团、三元朱等企业已建成标准化蔬菜种植基地10.6万亩，蔬菜大棚10223栋，贫困户户均种植2.5亩，年人均纯收入超过4100元。二是扶助本土企业种植。恒大集团扶持建立互助合作社，采取“公司+合作社+基地+农户（贫困户）”模式，为大方县贫困群众找到一条高效的蔬菜种植管理方式。合作社牵头提供规范管理和种植指导，形成规模化种植，促进贫困户增收。目前，恒大已扶持75个蔬菜种植专业合作社。

（2）建育苗中心，解决“种多少”的问题

恒大集团投入5300万元资金建成占地面积28080平方米的智能化育苗中心，在棚内安装了控制温度、湿度和光照的适时监控系统及水肥药一体化双轨式移动喷灌车、轴流风机、环流风机等国际先进设备建立育苗中心，以市场需求种多少为导向，避免供大于求、求大于供的问题，规模化培育种苗，采取免费供苗的方式合理配置蔬菜种植品种及规模。一是基地集中供苗。恒大集团与地利集团合作，由地利集团主营，结合季节时令，以俏销菜为主体，采取集中育苗，作为蔬菜品种、产量、质量调节阀，分期分批向合作社分发种苗，实现“省工、省时、效率高”的目标。截至目前，县城育苗中心可在1个月左右一次性为1500亩蔬菜基地育苗，乡镇建设11个育苗分中心既有效解决了蔬菜基地种苗供应问题，也避免了无序的自然种植，增强抵抗市场风险能力。二是农户因需供苗。针对散种贫困户育苗“价格高、周期长、成活低、规模效益不高”的缺点，恒大集团采取种植贫困户按需求上报育苗数量、品种，由育苗中心统一育苗，分发给种植贫困户，提高效益和抵御风险能力，促进种植贫困户增收。

（3）建保障机构，解决“怎么种”的问题

恒大集团为提升大方县贫困户蔬菜种植水平，成立相关管理机构，并采取技术培训的方式，提升贫困户的种植能力。一是成立管理机构。恒大集团在大方县成立了恒大扶贫管理有限公司，下设蔬菜产业等19个部门，由5人组成的蔬菜产业部细化职责分工，落实责任分解，推进蔬菜种植工作落实。蔬菜产业部在育苗上结合市场提出合理规划，在实际种植中落实种植指导，在销售过程中主动联系市场，保护种植贫困户的切身利益。二是成立培训机构。成立专业蔬菜产业管理培训机构，组织成立由45名专业技术人员组成的培训指导团队，协调地利集团、三元朱公司等龙头企业选派专业技术团队常驻培训机构，蹲点指导，结合开展“十万农民实用技术大培训”，建立涉及41项技术技能共335人的“十万农民实用技术大培训”师资库，将农技人才、科技副职、农民讲师等人才全部纳入，强化蔬菜种植科学技术技能培训。注重“接地气”，实行“课堂教学+实地指导”，定期深入村组、深入田间地头开展蔬菜种植技术培训，引导专业合作社组织贫困户进行规模化、科学化、标准化种植生产。截至目前，开展“十万农民实用技术大培训”课程超过400期，培训超过6万名农民，发放新型农民证书1.2万件，已实现全县青壮年劳动力培训全覆盖。

（4）建销售体系，解决“卖给谁”的问题

一是完善经营体系。恒大集团配套建设蔬菜集散中心，借助“互联网+”手段，依托“大数据”平台，根据市场需求指导育苗中心生产。基地蔬菜成熟后，企业采取“订单式”保底价收购，由集散中心和市场经营户集中组织到田间地头向合作社现场收购，集中进行洗、拣、分、装，并将绿色蔬菜运输到贵阳、重庆、广州等全国各地供给农产品批发市场。二是培育经营主体。通过引进龙头企业、培育县内企业和专业合作社，以蔬菜产业化发展为抓手，

大力培育各类新型农业经营主体，构建现代农业经营体系，注重发挥好各类新型农业经营主体在不同环节的独特作用和优势，又鼓励不同主体间融合发展。不断创新经营模式，促进各类主体产业结合、多业融合、抱团发展。三是创新经营模式。采取农业大数据市场分析等措施，着力推进“农超对接”“农校对接”“农社对接”，促进蔬菜产销市场无缝衔接。采取“五个统一”经营模式，即统一育苗、统一物资供应、统一种植技术、统一包装、统一销售，引进地利集团和三元朱等蔬菜龙头企业，根据市场需求实行标准化栽培，订单收购，形成了“产—供—销”一体化的蔬菜产业链。

（5）建利益联结机制，解决“怎么扶”的问题

恒大集团以带动贫困户脱贫致富为落脚点，充分发挥龙头企业的示范带动作用，拓宽蔬菜市场渠道，使蔬菜种植与市场需求共融，完善公司、专业合作社、农户（贫困户）的利益联结机制，落实利益分红，解决了“怎么扶”的问题。一是确权分红机制。恒大集团无偿援建种苗基地，建成后产权确权给周边贫困户，贫困户以种植基地入股合作社，实现分红增收。分红方式——合作社留成30%，合作社成员60%（贫困户不用自己出资，以确权的土地、恒大确权的基地设施建设、扶贫免息贷款折算入股），10%留着常规开支。如恒大援建的幸福新村配套产业为蔬菜大棚，按照户均配套2个蔬菜大棚，确权给搬迁贫困群众，实现贫困户户均种植蔬菜2.5亩，入股合作社年人均分红超过3000元。二是参与分红机制。恒大集团把蔬菜种植项目或蔬菜种植贷款无偿给合作社，合作社需安排贫困户进合作社成为社员参与分红。分红方式——合作社留成50%，合作社成员50%。同时，恒大集团在扶持合作社时就订好招工时贫困户优先。长石镇山坝村光明组62岁村民陈开福参与其中，他家有3亩多土地，以每亩500元的租金收入全部流转给合作社，每天打工收入超过80元，每月工作超过20天，就可以实现稳定脱贫。

3.“培、抓、建”三招，打造扶贫“药园子”

2015年12月以来，大方县抢抓恒大集团帮扶大方的机遇，依托大方丰富的中药资源和“十里不同天”的立体气候环境优势，把中药产业发展作为贫困户脱贫致富的重要元素之一。中药扶贫以市场为导向，引入中药企业（如一力集团等）示范带动，引导大方县龙头企业发展优势品种，形成了“中药种植不担心、销售不发愁、产供销一体化”的中药产业扶贫路子。截至2017年上半年，恒大集团帮扶大方中药产业扶贫项目已覆盖全县11个乡镇25个村，建成中药材加工厂房、种子种苗繁育厂房等7个，规模化种植基地12个。

（1）培育产业基础

一是建示范基地。根据大方县地理环境、气候优势积极发展天麻、半夏、冬荪等中药材种植，建成天麻、冬荪、前胡、丹参、魔芋等中药材种植扶贫基地8991.5亩（含1200亩魔芋种苗基地），带动全县种植中药材10万亩以上。同时建立冬荪层架式种植示范基地28亩。二是形成初加工链。恒大集团结合各中药材种植基地需要，配套建设有中药材初加工厂房、种苗生产厂等设施设备。建立冬荪菌种生产厂房1000平方米以上；建设丹参加工厂3105平方米及安装了相应设备设施；建设冬荪加工厂3160平方米，配套安装了烘干设备设施及检测设备；建设魔芋种苗生产厂房2550平方米及相应设施；规划建设中药材（前胡为主）烘干房750平方米及相应设备设施；规划建设天麻烘干房1145平方米。截至目前，恒大集团援建的中药材天麻、冬荪、魔芋、丹参、前胡种植示范基地及配套设施，覆盖全县1164户贫困户。三是培育技术人才。组织种植合作社、种植户、技术人员、贫困户开展中草药种植技术培训会，提高中草药种植水平。截至目前，全县中药材培训共举办23期4096人。

（2）抓市场衔接

一是引进龙头企业。恒大集团采取引入中草药龙头企业，以与当地专业合作社合作的方式，采用“公司+专业合作社+贫困户”的路径，发展中草药产业。如引入一力集团，借助其在种植、管理、加工、销售上的优势，发展丹参种植1500亩建立示范基地，示范带动贫困户215户503人种植丹参645亩。

自富种植养殖专业合作社通过“专业合作社+贫困户”的模式带动脱贫，合作社在八堡乡复兴村发展林下仿野生天麻种植400亩，其中涉及贫困户18户发展的90亩由合作社统一购买蜜环菌、天麻种，恒大集团根据合作社台账按实际种植面积将蜜环菌、天麻种费补助给合作社（每户补助5亩以内），合作社负责保底收购（保底价15元/斤，若市场价高于保底价，按市场价收购），并无偿提供天麻种植技术及管理。二是搭建销售平台。恒大集团利用资金技术积极帮助大方县建成国家中药监测站，开展国家中药种苗基地（天麻、半夏）建设工作，成功争取拟建设黔西北中药材物流基地，并与同威生物、九龙天麻、达灵药业、贵州省药材大方药业等四家达到GMP标准的生产企业建立了中草药销售联络联系机制。三是建立销售机制。建立公司（合作社）按照市场价格统一购买统一销售的营销机制。如自富种植养殖专业合作社在八堡乡复兴村野鸡组发展林下仿野生天麻种植400亩，带动贫困户18户59人发展天麻种植90亩，贫困户种植天麻由合作社按保底价/市场价统一收购后，实现贫困户人均年收入6330元以上；在八堡乡长兴村长兴八组，发展林下仿野生天麻种植基地500亩，带动贫困户10户34人发展50亩，贫困户种植天麻由合作社按保底保/市场价统一收购后，实现贫困户人均年收入6103元；在八堡乡海龙村海龙五组发展林下仿野生天麻种植基地500亩，带动贫困户23户97人发展115亩，贫困户种植天麻由合作社按保底价/市场价统一收购后，贫困户人均年收入5188元。共计带动51户206人，贫困户人均年收入达5000元以上。

（3）建利益联结机制

一是入股分红机制。将恒大集团援建的基地折价作为贫困户的股份按比例年终分红。如大方县猫场镇狱新中药材种植专业合作社在猫场镇碧脚村落冲组发展林下仿野生种植基地345亩，带动贫困户69户286人，由合作社统一流转土地、统一种植、统一管理、统一销售，贫困户以务工和分红（恒大集团帮助贫困户购买种源资金分配）获得收入，贫困户人均年收入3831元；核桃乡中坝村、双龙村，规划发展林下仿野生天麻种植基地1000亩，在中坝村建设烘干厂房并配套相应设备，涉及贫困户200户886人，恒大集团统一购买天麻种和蜜环菌折算为贫困户入股资金；大方县天添种养殖农民专业合作社在东关乡罗寨村发展丹参种植基地300亩，带动贫困户15户58人，合作社统一流转土地、统一种植及管理，产出丹参纳入一力集团产供销体系，贫困户（恒大集团投入丹参种苗折算资金）与合作社按资金投入比例分红。二是固定分红机制。与合作企业（合作社）签订协议，将恒大集团出资修建的厂房设备等出租给企业，并将租金作为贫困户固定收益。如義诚生态农业综合发展有限公司在店子村建设菌种生产基地，带动银川村、石坪村、杉贫村贫困户家庭87户287人发展冬荪种植23700平方米，公司示范种植10000平方米。恒大集团出资建设冬荪菌种生产厂房、冬荪加工厂房及相应设备，由公司统一运营，厂房及设备公司每年按28.324万元固定分红给贫困户，公司以保底价30元/千克回收鲜品冬荪。贫困户人均年收入6101元。三是保底分红机制。在公司（合作社）未产生效益前，按照土地流转价格，作为保底，对贫困户进行分红。如大方县金大地原生态农民专业合作社发展种植天麻205亩，覆盖贫困户41户163人；大方县恒大原生态生物农药专业合作社发展种植天麻250亩，覆盖贫困户50户212人。在未产生效益之前，除去务工收益，合作社以每亩400元的价格保底分红给贫困户。

4.农村“三变”改革模式的有益探索

一般而言，除政府和一些公益组织外，大多数参与扶贫活动的市场主体的目的是获取经济效益。而恒大扶贫大方县，采取资金、人才、管理全面投入的公益帮扶模式，投入资金之大、派出人才之多、覆盖范围之广，乃中国扶贫史上罕见，为民营企业广泛参与脱贫攻坚，承担社会责任树立了典范。恒大集团通过市场机制，以自身影响力撬动更多的企业参与贫困地区产业发展，使贫困地区在获取效益的同时，激活各类生产要素有序流动，有效促进了当地的经济发展。恒大扶贫以资源为基础，以产权为纽带，与贫困群众建立广泛有效的利益联结机制，激发了贫困地区的内生动力，释放了发展潜力，创新了农村“三变”改革的实现方式，为实现贫困地区经济社会快速发展、全面小康探索出一条新路，充分体现了我国社会主义制度优越性。

（1）提高了资源配置效率，促进了资源变资产

资源变资产，是指将集体土地、森林、荒山等自然自养和房屋、建设用地等可经营性资产使用权，通过合同和协议方式，入股到企业、合作社等经营主体，获得收益。农村“三变”改革实现了农村资源资产的确权赋能，为各类农业资源流转提供了平台，为经营主体集约优化利用资源奠定了坚实的基础。恒大集团通过援建产业项目、引进龙头企业和扶持专业合作社，激活各类产权要素，对各类资源进行重组规划，优化利用。以发展规模化种植、养殖产业为依托，采取流转、租赁、承包、入股经营等方法，发挥资源财产性价值属性和资本属性，促进资源变资产，协商确定合作项目、合作方式、合作股份、股值股比、利润分配，按合同约定分红，让贫困地区“沉睡资源”变成“有证资产”，实现资源商品化。开展职业技能培训，就近到恒大集团及战略合作企业就业，使传统农民转变为产业工人，有效提高了贫困地区自然资源和人力资源配置效率。

恒大集团以“企业+合作社+基地+农户”“合作社+基地+农户”等模式建立经营主体与贫困户利益链接机制，把各方捆绑在一起，形成利益共同体，企业通过示范带动作用，调动农民生产积极性，实现共同发展、合作共赢。例如，通过引进贵州水西阳光生态农业发展有限公司在大方县5个乡镇发展猕猴桃种植万余亩，其中土地流转7400亩，入股4200亩，有效增加了农民土地流转收益和分红收益，实现资源变资产。对有劳动力的贫困户，由经营主体提供就业岗位，让农民在家门口获得务工收入，拓宽贫困户增收渠道。

（2）促进了新型农业经营体系建设，推动了现代农业发展

产业的选择是农村“三变”改革能否持续的重要决定因素。产业支撑和新型农业经营主体是实现资源变资产的前提，农村“三变”改革的发展必须以产业为支撑，产业发展也是深化农村改革的关键，是解决其他一系列问题的经济基础。农业产业投资久、见效慢、抗风险能力弱。如何选择优势主导产业，通过“输血”激发贫困户的“造血”功能，是农村“三变”改革成功与否的关

键问题。党的十九大明确提出“实施乡村振兴战略，构建现代农业产业体系、生产体系、经营体系，发展多种形式适度规模经营，培育新型农业经营主体，实现小农户和现代农业发展有机链接”。因地制宜，避免同质竞争，选择优质、有市场的产业，才能保障长期稳定收益。按照“生态美、百姓富”和“生态产业化、产业生态化”要求，根据贫困地区的自然条件差异聚集优势资源，选择主导发展产业，加大特色农产品的生产，发展现代高效特色农业。通过引入先进生产技术，管理体系，实现农业规模发展。产业的选择要充分考虑贫困户的主体性作用，尤其是贫困户自身拥有的土地、劳动力要素的参与，构建真正的多主体、多要素参与的长效机制，将贫困户土地、资本和生产力要素有机结合起来，实现多方参与，共同富裕。恒大集团通过自身影响力和关系引入覆盖生产、加工和销售等全产业链的龙头企业，探索发展多种形式的农业生产经营机制，建成多个农业生产基地，辐射带动家庭农场、种养大户，促进蔬菜、果药、肉牛等特色产品蓬勃发展，有效推动农业向产业规模化、集约化、市场化发展，实现了农业产业转型升级，创新了现代农业管理体系。

（3）突出示范带动，创新了“三变”改革的实现方式

产业支撑是农业向规模化、集约化发展的基础，而经营主体的引入是农业产业化经营的根本保障。农业产业化经营主要有“龙头企业+合作社+农户”“公司+农户”“合作社+农户”等形式。无论哪种形式的发展，都离不开经营主体的示范带动作用。将贫困户和经营主体有机融合，建立长效利益机制，才能激发产业发展内生动力。贫困地区传统农业生产方式落后，组织化程度低，长期以来存在生产和销售脱节、市场信息不对称等问题，处于产业链末端，生产效益低。大力培育和引进新型农业经营主体，实行现代化管理经营，才能突破贫困地区农业经济发展的瓶颈，实现产业链的延伸。

农村“三变”改革的主要目标是通过农村产权制度改革，引入新型农业经营主体盘活资源、发展现代农业生产，实现贫困地区农村社会经济全面发展。熟悉市场规律是大企业参与社会扶贫的独特优势，大多数企业仅通过捐钱、捐物参与扶贫，而恒大集团帮扶大方县，不仅出钱，还出人、出管理，是

一次全面的公益行动，运用企业自身财力，通过“输血”与“造血”并行，基础设施援建、产业援建、教育培训援建、易地搬迁援建等多点发力，重点突破，助推大方县脱贫攻坚全面开花。

自改革开放以来，在党中央的正确领导和全国人民的共同努力下，我国稳定解决了十几亿人的温饱问题，总体上实现小康，人民生活不断改善。特别是党的十八大以来，“脱贫攻坚战取得决定性进展，六千多万贫困人口稳定脱贫，贫困发生率从百分之十点二下降到百分之四以下”，为世界治理贫困做出了中国的伟大贡献。进入脱贫攻坚阶段，贵州省产业扶贫成效显著，但有些地区的产业扶贫龙头蛇尾，究其原因，农民的参与度不高是一个主要原因。2015年11月，中共中央、国务院发布《关于打赢脱贫攻坚战的决定》，明确提出到2020年要解决区域性整体贫困问题，实现现行标准下的农村贫困人口全部脱贫。提出“发展特色产业脱贫”“扶持建设一批贫困人口参与度高的特色农业基地。加强贫困地区农民合作社和龙头企业培育，发挥其对贫困人口的组织和带动作用，强化其与贫困户的利益联结机制”。许家印响应号召，在帮扶大方县中实施产业脱贫，在党和政府领导下，以市场为导向，因地制宜科学规划，扶持农民专业合作社，激发农民内生动力，为贵州省产业扶贫提供重要的借鉴。

社会主义社会是人民当家作主的社会。生活在社会主义家园中的所有社会成员，相互之间应该和谐互助，一方有难、八方支援。正是在根本利益一致和共同价值目标的基础上，可以实现国家、社会和个人三者之间的有机统一。自觉担当社会责任，则是实现这个统一的坚韧纽带，是对每一个社会成员的内在要求。企业作为经济活动中最活跃的主体，其相对于政府而言，具备独特的市场资源优势，其参与扶贫，通过产业发展等手段实现贫困人口的可持续发展能力建设。2015年年底，恒大集团率先拉开“一企帮一县”的帷幕，产业管理与项目服务衔接、产业规划与致贫原因衔接、产业实施与附属配合衔接“三个衔接”助推大方县产业脱贫，以“方案精准、措施精准、用人精准”，成功探索了具有可复制、可借鉴的“恒大大方扶贫模式”。不到两年时间，帮扶措施已覆盖80%的贫困人口，帮助大方县约8.05万人实现初步脱贫，占总脱贫人口的45%。恒大集团以自己的市场优势、资本优势、技术优势和管理优势，践行“企业在发展中，只有自觉承担社会责任，才能实现经济和社会效益的双赢”的“恒大”社会责任，在贵州省脱贫攻坚战略行动展现风采。

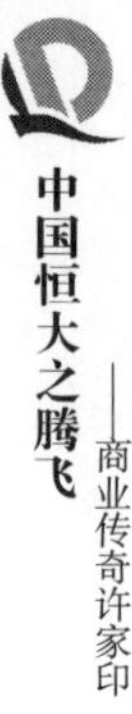

第三节 异地搬迁扶贫
——改天换地变新颜

通过实施易地扶贫搬迁工程，将使贫困群众从“越穷越垦、越垦越穷”的恶性循环中解放出来，缓解了人口与资源的矛盾。同时，结合实施退耕还林、天然林保护等生态工程，有效改善了迁出区生态环境，实现了脱贫致富与生态建设的“双赢”。人走出大山，心也要从山沟沟走向现代都市。迈过这个坎，要“润物细无声”——创造合适的商业环境，就是有效的办法之一。恒大集团通过制定《易地扶贫搬迁对象评选方案》，严格选择搬迁对象，实行易地移民搬迁与工业化结合、与农业产业化结合、与新型城镇化结合、与旅游发展结合，在安置点实行产业、政策和设施三配套，每个安置点至少配套两个以上的产业项目，由专业互助合作社统一经营；每户搬迁户确权1~3个蔬菜大棚入股公司或合作社；在安置区内建立完善的公共服务设施，确保所有安置点平稳发展，置业致富。

1.精准识别帮扶对象

一是入户面对面。把走村入户、直接与贫困群众“面对面”作为精准识别贫困户的基础，在与大方县政府签约的前一天，许家印亲自率队赴大方县走访贫困户，实地调研筹建学校等事宜；签约后的一整周，恒大集团安排调研小组以村为单位，以户为单元，奔赴60个贫困村入户调查，走访11000户，通过“零距离”交谈，把每一户、每一人的贫困状况和原因、发展和意愿等信息收集汇总到大数据库中。

二是排查标对标。恒大集团把自身识别贫困户的一套“标准”与国家确定的贫困人口的“标准”结合起来，采取“一看房、二看粮、三看劳动力强不强、四看家中有没有读书郎”的“四看法”、一笔笔核对收入的“收入核实法”、通过查看支出以及结余或赊欠看收入的“以支推收法”、不同区域收入对比的“区域范围比差法”等方式，对农户人均可支配收入认真核算和综合评分，再运用“四看法+收入核算法=排除法”，对不符合国家“标准表”的贫困户进行排除。

三是分布点对点。对全县建档立卡贫困人口数据系统59693户、177445名贫困人口进行精算，分析出贫困人口乡镇分布、贫困人口年龄段分布、各年龄段人群劳动能力分布、55岁及以下特殊困难群体“农户属性”结构分布、贫困留守儿童监护情况分布、贫困留守儿童年龄及监护情况分布等详细信息，制定分布图，把线上和线下“两个点”统一起来，按图施工，对症下药。

2.援建50个恒大新村、1个奢香古镇移民安置区

为改变居住在深山老林里面群众的生产生活现状，结合新型城镇化和新农村建设，实施易地搬迁扶贫。一是科学安置。建立“易地移民搬迁与工业化结合，与农业产业化结合，与新型城镇化结合，与旅游发展结合；靠近城区（乡镇中心区）、靠近工业园区、靠近旅游景区、靠近交通干道”的“四结合四靠近”定址搬迁方式，设计建设低成本、节约土地的四联、六联和八联特色搬迁房。依托恒大帮扶投入的7亿元及政府配套4.57亿元，采取集中安置方式，建设依托产业发展的幸福新村50个和县城安置区(奢香古镇) 1个，用两年时间完成2万人易地搬迁任务。实施扶贫生态移民搬迁项目14个，建设移民搬迁安置房2274套，投入资金情况1.93亿元，安置搬迁对象2274户9662人。二是产业定搬。借鉴惠水“五个三”经验，依托恒大援建，建立以产定搬、配套产业，以岗定搬、就近就业，以收益定搬、稳定脱贫的三定机制。就地配建农牧基地，解决511名易地搬迁贫困人口家门前就业，实施搬迁贫困户配套3头扶贫牛或2个蔬菜大棚发展产业，为搬迁贫困户缴纳医保金15.4万元、养老保险金12.7万元，7所小学、3所幼儿园开班，解决4320名贫困学生就学问题。

图9-8 大方县奢香古镇全景

3.易地扶贫搬迁对象评选方案

扶贫先扶志，随时植入贫困人口可以“触摸得到”的先进理念。比如为避免不该搬迁的搬了，该搬的却未搬的现象发生，专门制定《易地扶贫搬迁对象评选方案》，规定村民民主评议会议的最少人数，要求必须按照“遵纪守法、勤劳创业、重视教育、移风易俗、环保卫生”的标准评选搬迁对象。在岗前培训中，根据贫困户文化素质总体偏低、年龄差距大等特征，将企业的素质拓展改编为包括军训、理论教学、实地参观教学、观看励志电影、趣味运动会、现场招聘会等内容的培训套餐，参训人员结合自身特长和务工意愿，报名参加相应工作的培训，不仅起到了很好的培训作用，而且让贫困群众大开眼界——原来就业培训还可以这样做！

在这些看得见、摸得着、与自己利益密切相关的管理办法和理念的影响下，贫困乡亲的生产方式发生了改变，蔬菜种植从大田移到大棚，从为自己种转变为为市场种。生活习惯也随之发生改变，乡亲们像城里人一样跳起了广场舞；搬进恒大幸福二村的81岁老人张正英，每天起床后第一个“要紧事”就是打扫房间；恒大幸福二村的很多村民坦诚，搬来之前，的确不讲究卫生，哪里顺手哪里就是垃圾堆；搬来之后，“一定要改变”“不光要自己讲文明”“下一代也要严格教育，让他们从小就做一个讲文明、讲卫生、讲感恩、讲和谐的人”。在恒大集团就业的大方县民，体会到了“在大单位工作的自豪感”，注意到“客户说话声音都很小”；生活条件与城里人一样，住楼房，有电视、全自动洗衣机、空调、洗澡间，单位中、晚两顿饭都是三菜一汤外加水果。

恒大的管理模式、思维方式、时间观念、工作实效影响，改变了大方县广大干部以往的常规想法和干法。在和恒大团队同吃、同住、同劳动的过程中，地方干部“慵懒慢浮散拖”等现象得到明显改变，素质和能力得到大幅提升。

恒大集团副总裁兼扶贫办主任姚东介绍说，2016年国庆节之前，幸福二村、五村和八村交付使用；2017年元旦前，幸福一村、三村、四村、十村交付使用；2017年春节前，幸福六村、七村、九村交付使用。首批这10个新农村和1处民族风情小镇———奢香古镇的首期，能实现易地搬迁6000人。恒大集团帮扶大方县，计划投入资金7亿元，建设50处产业依托的幸福新村安置区和1个县城安置区(奢香古镇)，用2年时间完成2万人易地搬迁任务。易地搬迁扶贫要实现搬得出、稳得住、能脱贫、能致富的目标，必须依托产业带动。针对住在深山老林里面，路不通、水不通、电不通，房子不遮风、不挡雨的贫困群体，必须实施易地搬迁扶贫。恒大集团结合新型城镇化和新农村建设，建设带产业依托的新农村。截至2017年7月，50个恒大新村已建成并交付，共安置2500户10000人，县城扶贫安置区——奢香古镇已竣工交付，安置1000户4000人。

恒大集团建设的新农村，配备了家私家电等基本生活用品，实现贫困户拎包入住，每户配建2栋蔬菜大棚，同时配备肉牛养殖、乡村旅游等作为“第二产业”，民族小镇配建商业街，同时就近配建农牧基地，确保贫困户“能脱贫、稳得住”。

对此，时任毕节市委书记陈志刚评价说：“恒大精准、精细的工作方法

图9-9　恒大一村

值得学习。他们非常肯动脑筋，比如奢香古镇的建设，将搬迁与就业、新城镇和旅游产业有机配套，绝不是简单的一搬了之。”

（1）搬迁群众的增收门路进一步拓宽

一是配套产业分红增收。恒大集团不但投入资金、人力帮助大方县脱贫，还引进了地利集团、一力集团等龙头企业和20余家企业参与大方县脱贫攻坚。如恒大幸福二村配套蔬菜大棚，每个大棚一年种植1季白菜(生长周期为65天)和两季西红柿（生长周期为120天）为例，每个大棚毛收入为10600元，扣除生产成本4600元，两个大棚每年纯收入12000元，按7∶3的分红比例，每年每户搬迁户依靠蔬菜大棚分红收入8400元。二是基地务工增收。安置区配套的蔬菜大棚，平均每户每年能解决60个用工，一年到合作社务工收入4200元。此外，恒大投资建设的1000个农牧业产业基地为搬迁户就业提供了岗位，目前，首批搬迁211户已解决348人就业。三是吸纳就业增收。恒大集团计划用3年的时间，帮助大方县培训3万贫困户，搬迁户中有外出务工意愿的，可参加恒大吸纳就业培训后到恒大物业、园林、酒店等下属企业或战略合作企业就业。

（2）迁出地区生态环境有效改善

通过实施易地扶贫搬迁工程，使贫困群众从“越穷越垦、越垦越穷”的恶性循环中解放出来，缓解了人口与资源的矛盾。同时，结合实施退耕还林、天然林保护等生态工程，有效改善了迁出区生态环境，实现了脱贫致富与生态建设的“双赢”。比如，安乐乡幸福一村29户原居住旧房已全部拆除，搬迁户原迁出地共有耕地163亩、荒山48亩、林地51亩、宅基地26亩，耕地和宅基地大部分符合退耕还林政策，已纳入退耕还林工程进行生态修复。

（3）群众生产生活质量进一步提高

通过易地扶贫搬迁集中安置，使搬迁群众生产方式和生活质量发生了变化。搬迁群众生产方式从原来刀耕火种变成了大棚种植，从单一的种植养殖业转变为多元化产业种植和特色养殖，劳动力投入产值较原来大大提高了；由于安置区电信网络、广播、电视等全覆盖，电冰箱、电脑、电磁炉等进入普通农家，公共服务设施及文化娱乐场所完善，方便了群众办事和文化娱乐健身。已搬迁入住的群众在小广场上跳起了广场舞，春节期间还举办了丰富多彩的文娱活动。通过搬迁，农村人过上了城市人的生活，生活质量得到进一步提高。

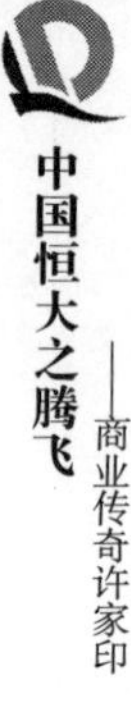

第四节　发展教育扶贫
——扶贫必扶智

农村“三变”改革的障碍之一就是贫困地区落后的意识形态和短缺的专业技术人才，只有通过转变贫困人口思想，积极学习文化知识和技能，接受现代农业生产经营方式和技术，才能有效激活贫困地区人力资源。贫困地区落后的根源之一，就是贫困地区人口安于现状，缺乏进取心的生活态度，固化形成了一种思维定式和行为准则，在这种环境下，形成低水平的经济均衡，并一直延续下去，形成贫困文化。发展教育扶贫，是拔除穷根的关键。治贫先治愚，扶贫先扶智。恒大集团通过建学校、强师资、设基金，全方位补足当地教育资源缺口。

1.教育培训并行，激活人力资源

恒大扶贫模式从资金投入的“输血式”帮扶，到全盘整合的“造血式”帮扶，不只是“授人以鱼”和“授人以渔”，而是“鱼渔皆授”。针对贫困地区多样化的“困”根，从多个领域多管齐下，全面激发贫困地区、贫困户脱贫的内生动力，突出了企业参与扶贫必须注重贫困地区、贫困群众内生动力激发、培育的价值取向。

农民专业合作社成员素质不高，缺乏专业人才是一个共性问题。通过传授农民致富本领，在普及农业实用技术同时，加强新型实用技术、标准化生产、农产品品牌意识、投资意识、质量意识、市场营销等多方面知识的培训，提高农民自我组织、自我服务、自我管理和自我教育能力，以此强化农民的

"造血"功能，让贫困村发展从输血式向造血式转变。农民专业合作社主要成员文化、经济、科学素质不高，缺乏市场经济知识技能和发展农民合作经济组织的经验，需要寻找经过专门的培训，并在当地有影响力和奉献精神的行业能人，作为合作社的领头人，既要了解农民的需求，又要及时了解市场的需求。

恒大集团致力于农民特别是贫困户劳动素质培训， 建立技术服务体系，探索创新"部门联手、资源联享、内外联动、定长效机制、定督导机制、定考评机制、选教师、选课堂、选内容"的 "三联三定三选"职业技能培训方式。投入专项经费1502.56万元集中开展技能培训547期，69633名群众从中受益，吸纳就业14107人，直接带动超过2万人脱贫。

（1）"三联"聚合力

一是政企部门联手。建立由恒大职业培训部负责人、大方县委常委领导双负责制，组建"十万农民实用技术大培训"培训组织协调机制，将大方县财政局、农牧局、林业局等十个部门作为协调小组成员单位，通过工作部门联手形成合力，全方位保障培训工作涉及的资金、师资、场地、学员安全和健康情况，为"十万农民实用技术大培训"提供有力的后勤保障。二是资源联享。将大方县农技人才、科技副职、农民讲师等与国内专家学者等资源全部纳入"十万农民实用技术大培训"师资库，建立涉及41项技术技能共335人的培训师资库。整合恒大职业培训项目资金、涉农部门培训项目资金，进行统一管理、统一使用，实现培训资源共通共享。目前，已经整合"十万农民实用技术大培训"项目资金超过700万元。三是内外联动。按照"域内培训+域外培训"相结合的思路，举办示范班带动各乡（镇）积累办班经验，为乡（镇）开展实用技术培训提供参考借鉴。选派有相关技能培训兴趣、有技能基础的农民到山东寿光等农业发达地区实践深造，培育本土人才和专业技术师资队伍。目前，已举办域内集中培训县级示范班12期，培训群众1744人；投入162.4万元，开展域外人才养成计划培训8期，委托清华大学培养医护人员人才3期150人，漆艺传承大师班2期40人；投入近60万元，选派54人到沈阳等地学习先进种植技术，学成归来的群众实现了从苦力工向技术工的华丽转身。

（2）“三定”强管理

一是定长效机制。制订《十万农民技能培训工作总体实施方案》，明确目标、细化任务、强化措施、压实责任，确保培训有序开展、取得实效。实现农民实用技术培训由短期、零星、分散培训向长期、大量、集中培训的转变，突破人力财力物力及时间的限制，更好地适应新形势下大规模培训农民、大幅度提高农民能力素质的要求。二是定督导机制。围绕夯实责任、强化管理的工作思路，建立清晰具体的责任清单，明确职能职责、承担工作目标事项、具体工作要求、完成时限等，不留空当的责任链条。联合大方县相关部门成立培训督察小组，根据责任清单，采取随机抽查、实地回访等方式，定期或不定期对各单位培训情况进行督察，并将督察情况进行台账管理。目前，共开展督导224期（次），现场指导146次。三是定考评机制。积极协调大方县将“十万农民实用技术大培训”工作纳入年度目标考核，根据各单位职责分工细化考核内容，每季度将考核结果排名。目前，共下发“十万农民实用技术大培训”情况通报8期，对工作滞后的5个乡（镇）和11名乡科级干部启动了蓝色预警。

（3）“三选”收实效

一是选教师。按照专业互补、技术贯通的方式，邀请国内相关专家，并分别从大方县县直涉农部门抽调86名技术人员组成十个讲师团，由科技副职任团长，具体负责统筹协调本乡（镇）的师资调配工作。每个讲师团人员涵盖农技专家、驻村干部、农产品加工龙头企业负责人及各单位业务能手。各乡（镇）可从讲师库中选择，也可以结合实际需要在经费允许范围内，自主邀请名师授课。截至目前，先后邀请贵州省农科院名誉院长李桂莲、中国乡建院院长李昌平、贵州大学中药材研究所王华磊等32名贵州省市专家教授来大方县开展培训。简化程序评聘农民技术职称2500人，47名农技人员领办和创办山地生态农业发展项目46个，带动41618人稳定脱贫。二是选课堂。围绕“五个十万”工程，采取技术打包、送教上门等形式，把培训课堂设在田间地头、人才实训基地。通过项目观摩和技能大比武等形式和载体，结合“三农”发展需求，变传统课堂教学为基地实践，为全县广大农民送去一道“理论＋实践”的“营养大餐”。目前，已培养农民讲师343名，共开展涵盖漆器、种植业、养殖业、中药材等实用技术培训班402期，42239名群众从中受益，发放“新型农民资格证”2548个。三是选内容。围绕肉牛养殖、蔬菜种植、中药材种植、经果林种植等板块经济和恒大产业扶贫计划，根据地域实际、季节特点和产业特征，优先培训精准贫困户和有产业发展意愿的劳动力，着力打造一批乡土人才、技能人才，壮大脱贫生力军。同时，采取“群众点单、讲师配菜”的培训方式，建立“授课+资料+咨询”的保姆式服务，解决以往培训不精准、针对性不强、群众需求度不高等问题，提升“十万农民实用技术大培训”的效果。

2. “三补齐”，助力大方教育扶贫

恒大集团自2015年12月帮扶大方县以来，先后通过援建学校，加强师资建设，设立教育基金，引进名学校、名校长等方式，补齐大方县教育发展短板，实现了包括非贫困学生在内的有优质学校上、有优秀教师教、有保障条件供的读书环境，助力大方县在教育方面脱贫。

（1）补齐基础短板，提升教育硬实力，建设优质学校

一是援建各类学校。根据贫困人口分布，结合大方县教育状况，适龄儿童数量、资源布局，校园规划等情况，按照有利于贫困家庭学生就近就学的原则，恒大集团分别在县城、28个乡（镇、办事处）以及移民安置去援建11所小学、13所幼儿园、1所完全中学、1所现代职业技术学院。截至2018年，26所学校业已全部竣工。其中11所小学、13所幼儿园、1所完全中学、1所现代职业技术学院，已全部投入使用，实现了学龄儿童就近就学。二是优化教育教学设备。恒大集团为改变边远山区落后状况，提升教学质量，免费为边远山区学校捐赠教具、课桌凳、多媒体器材、体育器材等教学设备。为了推进当地教育软环境提升，恒大还为大方县引进了清华大学远程教育、师资培训、定向招生、医疗培训、坐诊会诊、美术指导等合作机会。在教室里即可享受到顶级学府的教育资源，拉近与一线城市教育水平的距离。

图9-10 恒大二小

（2）补强师资短板，提升软实力，培养优秀教师

为切实转变目前大方县办学水平落后、教育教学管理方式粗放等问题，恒大集团依托自身优势，采取走出去的方式帮扶大方县提升师资水平。一是培训师资。建立了名师、名校、名校长“三名”教育培训基地，并与东部发达地区建立定期培养教师机制。截至目前，已组织150名中小学教师分别到清华大学、华中农业大学等知名高校，江苏省、福建省、广州市、深圳市等发达省市，以挂职锻炼、脱产学习的方式配需师资。二是引进师资。积极开展与贵阳一中、河北衡水中学、贵阳护理学院合作办学。引进优质教育资源，提升教育教学质量。聘请广州中学彭建平校长为县实验高中名誉校长，聘请天河外国语学校崔海友校长为恒大民族中学名誉校长。三是引进名学校。以该县部分学校现有师资为基础，联系优质教育集团，组织管理团队到该县整体打造几所县域内学校，使其成为全县管理水平和教学质量示范学校；引进贵阳护理职业学院到我县筹建分校；引进云南长水教育集团衡水中学到大方县办学；引进贵阳一中金塔英才学校到大方县办学，着力打造大方县高品质办学质量。

（3）补充资金短板，提升后发实力，实现家家孩子有书读

一是设立恒大大方教育奖励基金。自2016年以来，恒大集团专门设立了“恒大大方教育奖励基金”3000万元，用于奖励全县优秀的贫困教师、优秀的贫困学生、优秀的中职贫困学生、优秀的高考贫困生，为他们解决生活上的困难、上学费用的后顾之忧。二是精准资助学生。全面构建“免、奖、助、贷、补”多位一体，覆盖幼儿园到大学贫困学生的精准资助体系，确保“应助尽助”，保障贫困家庭子女受教育权利。对普惠性幼儿园的家庭经济困难幼儿给予 500~800元/（生•年）的资助。完善义务教育家庭经济困难寄宿生生活费补助政策，全面落实“两免一补”。全面实施高中、中职学校助学金及免学费政策，普通高校（高职）贫困学生生源地助学贷款及学生奖助政策。对建档立卡贫困学生在中职学校一至二年级和普通高中的给予扶贫专项助学金1000元/（生·年），免（补助）教科书费400元/（生·年），免（补助）住宿费500元/（生·年）。对普通高校本专科（高职）给予扶贫专项助学金1000元/（生·年），免（补助）学费：本科3830元/（生·年）、专科（高职）3500元/（生·年）。

这一套教育扶贫组合拳，是将企业资源通过再次分配，投向公共教育领域，对贫困地区的增量人口进行人力资本投资，目的是阻断代际贫困，培育贫困家庭子女参与到市场和现代化进程中的能力。恒大通过教育扶贫，开发人力资本、提升人口素质、转变贫困文化，使贫困人口掌握脱贫致富的知识和技能，有效改善贫困地区整体面貌，起到持久脱贫致富作用，是实施扶贫开发的重要手段和有效途径，是一种除根性扶贫。

第五节　吸纳就业扶贫
——解决长远致富

习近平总书记在参加中共中央政治局第三十九次集体学习时强调：“干部群众是脱贫攻坚的重要力量，贫困群众既是脱贫攻坚的对象，更是脱贫致富的主体。要注重扶贫同扶志、扶智相结合，把贫困群众积极性和主动性充分调动起来，引导贫困群众树立主体意识，发扬自力更生精神，激发改变贫困面貌的干劲和决心，靠自己的努力改变命运。”恒大帮扶大方县，不是表面上的物资援助，是“授人以渔”式的扶贫，是真正解决贫困户长远致富的问题。无论是产业扶贫，还是吸纳就业扶贫，在当地传统文化中注入市场意识和规则意识，价值都不止在当下。

针对贫困家庭中劳动力无业可就的问题，恒大集团紧紧围绕“谁吸纳”“吸纳谁”“如何吸纳”三个重点，以自身企业和合作企业为主体，积极开展吸纳就业扶贫。计划3年吸纳3万人到恒大物业、园林、酒店等下属企业和战略合作企业就业，真正实现“一人就业，全家脱贫”的目标。截至2018年，累计培训27期，培训人数17000人，吸纳就业14107人，稳定就业4708人，就业人员年人均工资42000元，直接带动近2万人脱贫。

（1）企业供岗，找准“谁吸纳”

根据《关于组织吸纳大方县贫困家庭青壮年劳动力到合作企业就业的通知》，号召恒大集团系统内各地区公司、战略合作企业、恒大大方帮扶产业（援建项目）、引进企业全力配合吸纳就业工作。一是恒大各地区公司供岗。恒大集团各地区公司工程管理部将吸纳单位、工种、岗位数量、薪酬待遇、具体工作地点等事项反馈给恒大扶贫办就业扶贫部，并提前安排吸纳就业人员接收工作，确保所有人员按计划顺利到岗工作。二是战略合作企业供岗。恒大集团不断与更多上下游龙头企业建立战略合作，实现了强有力的产业链整合。各战略合作伙伴积极响应号召，将吸纳单位、工种、岗位数量、薪酬待遇、具体工作地点等事项反馈给恒大扶贫办就业扶贫部。三是恒大大方帮扶产业（援建项目）供岗。恒大集团成立大方扶贫贷款担保公司，扶持有技能缺少资金的贫困户自主创业；建成农牧业基地，设置普通杂工、机耕手、种植手、采摘工、饲养员等岗位，让贫困户进入基地内务工；建设幸福新村等建筑工地，设置建筑工地普通杂工、架子工、砼工、钢筋工、木工等岗位，让贫困户进入工地内务工。四是引进企业供岗。恒大集团用集团优势为大方县引进的20家广东、香港、安徽等上下游龙头企业合作扶贫签约，形成“龙头企业＋合作社＋贫困户＋基地”的产业帮扶模式，实现了供产销一体化经营，就地吸纳贫困户劳动力就业，确保贫困户持续增收、稳定脱贫。目前，恒大集团内各地区公司提供吸纳大方县贫困户劳动力就业岗位3000个；恒大集团战略合作企业提供吸纳大方县贫困户劳动力就业岗位3000个；扶持创业50人，扶持产业供岗300个，援建项目供岗50个；引进企业提供吸纳就业岗位300个。

（2）按需应岗，找准“吸纳谁”

恒大集团结对帮扶大方县，在“吸纳谁”的过程中，明细年龄需求、明确技术需求、明白意向需求。一是年龄需求。吸纳就业对象为建档立卡的贫困户中18~50周岁的青壮年劳动力。18~30岁推荐从事技术含量高的岗位；31~40岁推荐从事后勤服务岗位，41~50岁推荐从事轻松简单的岗位。二是技术需求。恒大扶贫办就业扶贫部根据各公司、各企业反馈的岗位工种，向广大贫困户发出满足从事工种的技术需求招聘公告。三是意向需求。恒大扶贫团队和大方县县、乡干部逐户落实帮扶措施，对有就业意向并自愿前往的贫困户中18~50周岁青壮年劳动力，由恒大集团下属各地区公司组织下属相关合作企业到培训学校举办专场招聘会，贫困劳动力现场面对面地与对方交流，达成意向后与对方签订就业意向协议。目前，从事钢筋工、泥工、保安员、保洁员、酒店服务员、护理人员等工种的贫困户劳动力有500人。

（3）培训定岗，找准“如何吸纳”

恒大集团开展岗前培训，让贫困户劳动力拥有一技之长，激发他们的工作自信心，采取招聘赴岗的方式激发贫困户劳动力工作热情，在工作中关心、关怀贫困户劳动力，帮助他们解决工作中的实际问题，让贫困户劳动力安心工作、努力工作，积极参与到脱贫攻坚大战中来。一是岗前培训。恒大集团根据贫困户文化素质普遍偏低、年龄结构不一致等实际进行课程设置，分别设置军训、理论教学、实地参观教学、观看励志电影、趣味运动会、现场招聘会等课程和活动，参训人员结合自身特长和务工意愿，报名参加相应工作的培训，杜绝了传统、单一的培训模式。军训安排主要是提升参训人员身体素质、整体形象；理论教学主要提升参训人员所学专业的理论知识；实地参观教学主要使参训人员能理论联系实际，更快地吸收所学知识；观看励志电影主要是增强参训人员通过就业实现脱贫的意识；趣味运动会主要是增强参训人员的团队协作能力。目前，累计培训27期，培训人数17000人。二是招聘选岗。由恒大集团下属各地区公司组织下属相关合作企业举办专场招聘会，贫困劳动力现场面对面地与招聘方交流，选择自己能够胜任的岗位，达成意向后与对方签订就业协议。目前，已举办专场招聘会20场。三是安心上岗。恒大集团系统内各地区公司、战略合作企业、恒大大方帮扶产业（援建项目）和引进企业对吸纳到内部就业的贫困户劳动力工作上老员工带新员工；生活上困难的领导亲自过问解决。让贫困户劳动力体会到大家庭的温暖，安心工作，早日脱贫。长石镇杨柳村村民通过吸纳就业培训选岗安徽省马鞍山市恒大御景湾从事物业维保修工，他在2016年4月18日写了一封热情洋溢的感谢信，介绍了就业环境：“这里的师傅就像兄弟姐妹，从不骂人、不打人，这里的领导和蔼可亲，每天生活三菜一汤加水果。上下班有车接送，住的地方有电视、洗衣机、沙发、沐浴洗澡，交通方便。”也谈到了个人感受：“合肥（厂里）领导亲自看望我们，给我们买了日常用品，问我们家里有什么困难，给解决。今天我愿意在这个地方工作、生活，太舒服了！”

在公众认知中，政府帮助贫困人口是职责所在，企业扶贫则是勇于承担社会责任的义举。这种符号性的不同认知，形成了贫困人口对企业扶贫的不同行为预期，以及不同的行为选择，使脱贫攻坚中的一些“老大难”问题迎刃而解，交易成本明显下降。比如村民们预期恒大不可能一直在大方扶贫，因此很珍惜恒大带来的各种发展机遇。在安徽马鞍山市恒大集团玉井湾金碧物业公司做房屋验收、维修师的韦仕明，休假回家自发召开座谈会告诉乡亲们：“恒大集团提供了这么好的一个机会，我们为什么不去珍惜，不去利用好呢？在恒大，不仅可以发挥所长，还能学到新的东西。现在好了，工作稳定了，再也不用四处奔波了，摘掉贫困户的‘帽子’指日可待了。”

除了民众的高度配合以外，当地政府也在“主导”和“配合”两个角色之间自由切换，大大降低了恒大扶贫的交易成本。在恒大协议签订后，大方县委、县政府在全县开展“恒大帮大方，大方怎么办？全省学练基，大方怎么办？”大讨论活动和决战贫困誓师大会，激励全县人民“弱鸟可望先飞，至贫可能致富”；在恒大帮扶大方进程过半之后，大方县委、县政府又着手考虑开展“恒大离开大方，大方怎么办？”大讨论，以厘清未来发展思路，用好这次“补短板”机遇，延伸产业长板，为可持续发展奠定扎实基础。

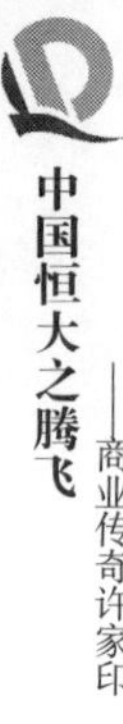

第六节　鼓励创业扶贫

——扶贫先扶志

习总书记强调，扶贫先扶志、扶贫必扶智。扶志就是扶思想、扶观念、扶信心，帮助贫困群众树立起摆脱困境的斗志和勇气。扶智就是扶知识、扶技术、扶思路，帮助和指导贫困群众着力提升脱贫致富的综合素质。如果扶贫不扶志，扶贫的目的就难以达到，即使一度脱贫，也可能会再度返贫。如果扶贫不扶智，就会知识匮乏、智力不足、身无长物，甚至造成贫困的代际传递。要从根本上摆脱贫困，必须智随志走、志以智强，实施“志智双扶”，才能激发活力，形成合力，从根本上铲除滋生贫穷的土壤。

精准扶贫，扶志先行。传统的扶贫工作可能更多意义上是撒钱，通过认定“低保户”和“五保户”，用国家财政拨款保障其基本生活。在入户走访过程中，来自千溪扶贫分部的陈茂军就感受到部分贫困户“等靠要”的思想比较严重，这是极不可取的。扶贫不扶志，扶贫的目的就难以达到，短期内在各种利好的政策帮助下贫困户很容易脱贫，但脱离政策后极易返贫。所以在与贫困户的接触过程中，他也不断鼓励他们自力更生，树立起摆脱困境的斗志和勇气。

恒大集团设立3亿元“恒大大方贫困家庭创业基金”，大力扶持贫困家庭创业，分期分批以贴息、奖补等形式鼓励贫困家庭自主创业，支持贫困群众发展肉牛养殖、养蜂、蔬菜种植及农家旅馆、农家超市等增收业态。投入1亿元成立“恒大大方产业扶贫贷款担保基金”，为每个互助合作社平均提供100万元贷款担保，由企业为贫困农户向银行贷款提供全额担保，对发展母牛、肉牛养殖的贫困群众实行全额贴息、全额购买保险，扶持群众通过发展产业增收脱贫。

以龙头企业带动的方式，让缺资金、缺技术的贫困户参与产业经营，做“老板”脱贫困。以地利集团发展蔬菜产业为例，恒大通过引进地利集团等蔬菜上下游龙头企业，建立供产销一体化的蔬菜产业精准扶贫模式，解决了农户“种什么、种多少、怎么种、卖给谁”的四大难题。恒大集团与地利集团合作建设的蔬菜育苗基地占地面积32000平方米，蔬菜基地帮扶的贫困户户均种植蔬菜2.5亩，育苗品种由农户或合作社根据当地土地、气候等条件来提供订单，年人均纯收入超过4100元。

贫困群众是脱贫攻坚的主体力量，只有帮助他们“扶”起脱贫的志气、挺起脱贫的腰板，才能真正激发出持久的脱贫致富动力。没有脱贫志向，再多扶贫资金也只能管一时，不能管长久。因此，要打赢脱贫攻坚战，就是要帮助贫困群众提高认识、更新观念、自立自强，唤起贫困群众自我脱贫的斗志和决心。鼓励贫困家庭创业扶贫就是恒大在实践中总结出来的“扶志”的最好出路。

2016年第8期吸纳就业培训班学员安星，25岁，是大方县星宿乡人。他是家里四个男孩中的老大。之前，他们兄弟都在浙江温州做消防水箱、楼梯扶手等不锈钢生意，家族里有20多人在浙江做类似的生意。

“去年族叔在贵阳开了一个不锈钢制品小店，我也想贷款办一个小企业或小店。”安星说，“恒大的老师也鼓励我们创业。”

“天干饿不死手艺人！”大方县果瓦乡光明村20岁的王正红，正在职业技术学校读一年级，17岁的弟弟随父母在广东印刷厂打工。他也是第8期培训班学员。“我希望多学些知识，打工、创业都需要技术。”

人们常把“安贫乐道”“穷自在”“等靠要”等思想归结成一个“懒”字，这在现实中确实有一定的道理。对于这类贫困户帮扶的核心就在于教育他们树立起“勤劳光荣、懒惰可耻”的思想观念，让他们用勤劳的双手摘掉贫困帽子，创造幸福生活。

来自恒大幸福二村的高丽，一家四口以前住在几十公里外的深山，蜗居

在两间小破房里，一个月下不了一次山。在经过恒大扶贫队员和村委的反复劝说后，高丽举家搬迁到了山下。与其他搬进恒大二村的贫困户一样，高丽家还分到两个蔬菜大棚，每年入股合作社参加分红，可得到一笔不小的收入。他们不仅住进了二层小楼，还可以到附近的蔬菜基地和恒大援建的蒙古风情园上班，开始新生活。

刚开始的生活很新鲜，但日子久了，高丽心里还是觉得不踏实。虽然恒大提供了优越的住宿条件和配套产业，但她总觉得想再干点什么。经过向二村便民服务中心的咨询，跟老公再三合计后，她终于下定了决心。

高丽通过恒大扶贫公司的担保向当地农村商业银行贷了2万元，并由恒大贴补利息，成功筹集到了启动资金。在恒大创业班派员的指导下，经过紧张的筹备，2016年9月高丽的幸福超市热热闹闹地开业了。

图9-11　扶贫村民小士多

现在她每天都有超过100元的营业收入，平均每月利润超过1000元；老公在附近的蒙古风情园放马还有2000元的工资；将分配的大棚租给蔬菜公司可以拿到1200元的租金。全部算下来一个月得有4000多元的收入，这可比起以前丈夫在外地辛苦打工才挣2000元的日子要开心多了。而且一家四口能常年生活在一起，幸福的笑容洋溢在一家人的脸上，难怪要取名叫幸福超市了。

创业扶贫，是脱贫致富最有效的路径之一。为鼓励支持贫困户创业，激发脱贫致富的内生动力，恒大集团设立了3亿元的“恒大大方贫困家庭创业基金”，3年内分期分批，大力扶持贫困家庭创业，分期分批以贴息、奖补等形式鼓励贫困家庭自主创业，支持贫困群众发展肉牛养殖、养蜂、蔬菜种植及农家旅馆、农家超市等增收业态帮助脱贫致富。目前，已扶持创业户13302户。要打赢这场脱贫攻坚战，不仅需要上下凝心聚力，投入大量的资金、物资等，为贫困群众“输血”，解决迫切的生产生活之需，增加获得感，还要注重有针对性地扶志与扶智，激发贫困群众自我发展的内生动力。只有外部“输血”式扶贫与内部“造血”式脱贫相结合，通过自身“造血”巩固“输血”的成果，才能彻底拔除穷根、消除贫困。

第七节　特困群体保障扶贫
——科学帮扶一个不落

慈善事业，是脱贫攻坚必不可少的组成部分。恒大集团作为有现代管理经验的超大型民营企业，充分利用自身的市场经验，不断为扶贫事业注入新元素，也冲击着当地一些群众的传统观念。

1.针对特困群体，实施特困群体生活保障扶贫兜底线

一是生活有保险。将城市低保标准和农村低保标准分别逐年提高10%和15%以上，由恒大集团出资5000万元，为14140名特困群体每人购买一份固定收益商业保险，补足扶贫线和低保线的差距，使其达到年均人收入3028元的脱贫标准。

二是医养有保障。恒大出资3亿元，新建1所慈善医院、1所敬老院、1所儿童福利院，为特殊贫困户解决医疗、养老等问题，并组织恒大集团员工“一助一”结对帮扶大方县农村全部留守儿童、困境儿童和孤儿4993人。

2.精准确定帮扶对象，帮扶特困群体

恒大集团通过对比特殊人群标准精准确定帮扶对象，通过核算特殊群体收入及基础保障条件差距确定帮扶的路径，通过脱贫指标确定帮扶的措施。

（1）确定帮扶对象

一是通过收入比对定保障对象。拥有当地户籍并在当地常住，家庭经济状况不能维持基本生活需要，财产状况、实际生活水平与基本生活常年困难家庭状况相符，且共同生活的家庭成员人均纯收入低于当地低保标准：农村低保

3528元/年，城市低保532元/月的居民，均是恒大帮扶对象。二是通过年龄比对定保障对象。具有本县常住户籍或持有居住证且在当地连续居住1年以上，无劳动能力、无生活来源、无法定赡养抚养扶养义务人或法定义务人无履行义务能力的60周岁以上老年人、残疾人、未满16周岁的未成年人，以及县级以上人民政府规定的其他特困人员应当依法纳入特困人员救助供养范围。

（2）确定帮扶路径

一是收入底线差额定脱贫收益路径。通过对三无人员收入情况与脱贫收入底线进行对比，分析出2015年农村“三无”人员中实际家庭年人均纯收入低于脱贫线的有14140人，2016年农村“三无”人员中实际家庭年人均纯收入低于脱贫线的有10959人。针对这部分贫困人口采取购买固定商业保险方法。

二是基础条件差距定脱贫保障路径。大方县全县现有人口110万人，大方县医疗机构床位数、敬老院床位数、孤儿院床位数等基础保障条件均低于国家标准，以上基础保障条件的差额部分由恒大集团统一出资修建补齐。

（3）确定帮扶措施

一是购买商业保险。通过购买恒大人寿商业保险，保险连本带息收益用于补贴其家庭年人均纯收入与大方县脱贫标准之间的差额，参保期限截至低保线与脱贫线两线合一。

二是援建救助设施。援建能够容纳500张床位的恒慈善医院1所、400张床位的恒大敬老院1所、300张床位的恒大儿童福利院1所。

三是设立慈善基金。恒大集团出资2亿元，设立 “恒大大方慈善基金”。基金收益用于农村贫困家庭中因重大突发性灾祸及重大疾病造成家庭经济特殊困难群体的生活救助，农村贫困人口中孤寡老人的养老就医和孤儿、困境儿童的生活学习补助，农村贫困人口中残疾人康复治疗和生活保障。

对于恒大的评价，大方县的老百姓们都觉得恒大“靠得住、有办法”。

“靠得住”，来自他们与恒大集团的几次交往——2015年12月，恒大集团在考察期间就为大方县28万户110万老百姓挨家送去了食用油等慰问品；春节前又为5.8万户贫困家庭每户发放了200元过节费；2016年，他们又目睹了恒大集团出资3亿元，援建的1所慈善医院、1所养老院、1所儿童福利院已竣工交付。

“有办法”，不仅来自他们账户里又多了一份收入，而且是他们从来没有想到过的办法——2016年5月28日，恒大集团出资2亿元设立了“恒大大方慈善基金”，基金收益主要用于农村贫困家庭中因重大突发性灾祸及重大疾病造成家庭经济特殊困难群体的生活救助，农村贫困人口中孤寡老人的养老就医和孤儿、困境儿童的生活学习补助，农村贫困人口中残疾人康复治疗和生活保障。恒大集团出资5000万元为14140名特困人群每人购买1份固定收益的商业保险，补足当地低保标准与脱贫标准之间的差额，实现直接脱贫。每人购买、赠送1份万能险，每份万能险的固定收益可使其达到年均人收入3028元的大方县脱贫标准。目前，第一季度的保险收益已经发放。另外，同时组织恒大集团员工“一助一”帮扶全县农村留守儿童、困境儿童和孤儿4993人。

扶贫画卷正徐徐展开，精彩的落墨之处已经让人们对大量的留白产生了无限遐想。

第八节 溯本饮水思源
——弘扬新时代中国企业家精神

社会主义社会是人民当家做主的社会。生活在社会主义家园中的所有社会成员，相互之间应该和谐互助，一方有难、八方支援。正是在根本利益一致和共同价值目标的基础上，可以实现国家、社会和个人三者之间的有机统一。自觉担当社会责任，则是实现这个“有机统一”的坚韧纽带，是对每一个社会成员的内在要求。企业作为经济活动中最活跃的主体，其相对于政府而言，具备独特的市场资源优势，其参与扶贫，通过产业发展等手段实现贫困人口的可持续发展能力建设。许家印常常感慨，民营企业从无到有、从小到大、由弱变强，无不得益于党的改革开放政策和全社会的理解、帮助与支持。饮水思源、回报社会，是企业应尽的社会责任。恒大结对帮扶大方县，就是要让贫困老百姓早日过上幸福生活。

1.推广脱贫攻坚新模式

2016年6月7日，全国政协常委、全国政协经济委员会主任周伯华率队考察恒大集团结对帮扶大方县进展时评价说，在帮扶的过程中，恒大集团变点式帮扶为整县推进、变间接帮扶为直接参与、变单一捐资为立体帮扶、变大水漫灌为精准滴灌，形成了民企直接参与精准扶贫的新模式，为民企参与“补短板”，促进“共同富裕”提供了很好的范例。

2017年10月10日上午，在“万企帮万村”精准扶贫行动论坛上，恒大集团等先进民企因用情用力真扶贫、扶真贫，被全国工商联、国务院扶贫办等联合表彰，以彰显获表彰企业“聚焦精准扶贫加强模式创新，为广大民营企业做

出了表率”。

以毕节市大方县为着力点的“恒大乌蒙山扶贫前线”，已经成为恒大集团遴选“勇于吃苦、甘于奉献、贡献突出”先进个人的重要阵地，成为培养“艰苦奋斗、无私奉献、努力拼搏、开拓进取”恒大精神的主要战场，成为许家印坚定理想信念、发挥企业家精神、参与“万企帮万村”精准扶贫行动、实现个人家国情怀的重要途径。

在整县帮扶大方县之后，恒大集团并没有因为对大方帮扶成效显著而“见好就收”，而是将目光放在了帮扶整个毕节市上，继续派一支能吃苦耐劳、能出思路办法、能激发当地干部群众内生动力的扶贫团队，把精准扶贫经验推广出去。

2017年7月，恒大集团董事局决定，除帮扶大方县外，将主动承担毕节市其他6县3区的帮扶工作，计划再无偿投入80亿元，加上大方县的30亿元，共计无偿投入110亿元扶贫资金，到2020年帮扶毕节市92.43万贫困人口全部稳定脱贫。

为了壮大扶贫力量，恒大集团从全集团系统抽调321名干部和1500名扶贫队员增援扶贫前线，与大方县原有287人的扶贫团队组成2108人的扶贫队伍，派驻到县、乡、村，与当地干部群众并肩作战，工作到村、包干到户、责任到人，助力毕节脱贫攻坚。截至2017年年底，毕节市建筑面积共计400万平方米的九个易地搬迁安置区已全面开工，目前2/3的楼栋已到四层以上，1/2的楼栋已封顶。已开工192个蔬菜基地，80个肉牛基地、59个中药材和经果林基地，建成32821栋蔬菜大棚。全市已培训贫困家庭劳动力47608人，推荐就业37485人。同时，河南省太康县产业扶贫项目于2017年6月30日已全部竣工并交付使用，兰考县扶贫工作已启动；帮扶惠东、博罗两县26个社会主义新农村建设已全面开工。

相较于巨额的资金投入和显著的精准脱贫效果，恒大大方扶贫带来的深层次变化更值得关注。借用恒大集团的阶段性扶贫报告，恒大大方扶贫“不是简单的加减关系，而是复杂的数学变化、物理变化和化学变化。这个过程，不仅是单纯的“给”，而且是“得”的过程。邻里互助的传统恢复了，干群鱼水关系更密切了，各阶层关系、民族关系更融洽了，贫困百姓从传统农民到农业工人的转变开始了，人民群众对中国特色社会主义的道路、理论、制度更有信心了。

2.恒大扶贫收益分析

房地产业一直是我国的支柱产业之一，而恒大集团更是房地产业的领头人，在实现自身盈利的情况下，必须主动承担社会责任。企业履行社会责任是一种无形的力量，必须有较长投入周期并且产出周期也很长。企业必须主动承担社会责任，处理好与各利益相关者的关系，才能够在竞争中立于不败之地，并且能够为其发展提供稳定和谐的环境。扶贫是中国企业履行社会责任的重要方式，无论从哪个角度来看，履行社会责任都是一项十分重要的任务。从大的方面来讲，是整个社会环境要求企业有一个负责任的态度和行为，从自身角度来讲，企业需要通过履行社会责任来建设一个良好的企业形象。恒大集团为履行社会责任，于是选择了对口精准扶贫。

（1）提升企业形象

企业形象的提升主要是通过商品或服务的品牌、口碑、营销等企业信息来实现的。恒大履行企业社会责任所获得的除技术优势和服务优势外，更为重要的一点是声誉优势。恒大以认真的态度履行社会责任，开展扶贫工作，这样的一种企业精神可以提高员工的自豪感，从而加固了企业的凝聚力并且提升了企业的形象。而企业所具有的形象虽然是一种无形的物质，但是他对于恒大企业的发展却起着至关重要的作用，是企业无形的巨大宝藏，这种宝藏除了十分稀有以外，更是无法被另一个公司所复制的。良好的公司形象一旦形成，就会对恒大的发展产生深远的影响。除给自身带来的影响以外，恒大参与扶贫工作引起了大众注意，让社会的各界人士都开始关注这个问题并且切身地参与进来，这对履行社会责任有了很好的表率，起到了积极的示范效应；恒大集团塑造和展现了有益于公众、有益于环境、有益于社会发展的正面形象，将获得更

多的社会美誉度。

（2）吸纳人才资源

人力资源是未来企业竞争力的关键，企业之间的竞争往往表现为人才的竞争。恒大开展精准扶贫积极承担企业社会责任，在社会公众中获得更高的可信度，更具有影响力，在同行业进行人才竞争时，比其他企业更容易获得人们的好感和信任，因此恒大会逐渐吸引更多的人才，而人才对于一个公司的发展是至关重要的，高质量的人才可以让企业在竞争中更具有优势，如此良性循环，会给企业带来更多的经济效益且更有利于企业的竞争。同时恒大集团和战略合作企业提供吸纳大方县贫困户劳动力就业岗位超6000个，有效地补充了房地产企业的低端劳动力资源，在创造就业岗位的同时享受较低成本的劳动贡献。

（3）培育锻炼人才

恒大集团在全国抽调了员工2108人前往毕节市参加扶贫工作，提供了一个锻炼培养员工的良好平台。在艰苦的工作生活环境下，恒大员工扎根基层不仅获取了较强的专业技能，提高了快速、高效、科学解决问题的能力，同时培养了扶贫队员吃苦耐劳、甘于奉献的精神，有效提升了团队凝聚力。恒大扶贫工作结束后，经过考核这批员工将逐步走向恒大集团各系统的管理岗位，成为恒大集团的优秀人才储备资源。

3.社会责任印刻企业使命

2017年10月6日央视新闻联播还播出了恒大整市帮扶毕节专访，恒大集团向毕节人民承诺："不脱贫、不收兵。"这是许家印对毕节市近百万贫困群众的庄严承诺："承担责任，回报社会。"——这是他成长经历以及恒大集团发展过程中对贫困群众的真切感情。许家印用自己的行动，向所有企业家证明着"知党恩、听党话、跟党走"不只是人们演讲稿中出现的文字、不只是新闻专题聚焦的主题，更是流淌在血液里的情怀、铭刻在肌肤里的烙印。

社会主义社会是人民当家做主的社会。在国家、社会和个人之间实现有机统一的根本利益和共同价值观的统一基础上，认真承担社会责任是实现这种团结的统一纽带，是每个社会成员的内在要求。企业作为经济活动中最活跃的主体，具有独特的市场资源优势，参与扶贫工作可通过产业发展等手段实现贫困人口的可持续发展能力。与国外的比尔·盖茨和扎克伯格完全不同，以许家印为代表的这一代中国企业家，多半都有相对艰难的成长经历，对物资匮乏和贫困都深有体会，而后幸运碰到恢复高考，又恰逢改革开放持续推进，他们深知时代机遇和国家战略的重要性，从而能将个人追求与国家发展实现对接。

这几十年来，他们先是在各自领域筚路蓝缕，开疆拓土，为市场机制的完善而努力摸索，不仅成功将企业推向世界500强，而且开创出新的商业模式，积累了相当丰富的物质财富和精神财富，随后则将社会责任印刻在企业使命之中，用企业家精神和市场经验，用不计回报的物质和精神财富，参与国家与时代的进步，促进更多人实现美好生活。

其实，这种精神在中国企业家群体中是一以贯之的。从晚清到民国时期，不少企业家富则回报乡梓，太平之世造福天下，战乱之际则投效国家，在商业上勇于创新，在公共事业上则不计回报，社会责任一直与企业经营相伴，为中国企业家精神注入深刻的内涵。

时代有所进步，国家从贫弱而至富强，社会由贫瘠而至充裕，企业从弱小而至强大。那么，在新的时代背景下，中国需要怎样的企业家？

一是需要企业家们拥有以勇于进取、不断开拓商业模式、创造商业价值、拓宽企业与市场的可能性边界为代表的企业家精神。他们既是开拓者，也是创新者；既要有超出当下的远见韬略，又要有顺应时势的大局意识。在这个时代，企业的愿景使命，企业家的个人奋斗与追求，如果不能与时代相结合，就难以行之长远。

二是要求企业家们有以天下为己任的社会责任感。这种责任感，或体现在致力创造商业之外的社会价值，或体现于扶危济困，或体现于投身国家战略。一言以蔽之，就是不忘初心。

许家印和恒大正是这些精神的深度践行者。

毕节市共7县3区，总人口超过1000万，其中还有贫困人口超过100万。从2017年5月开始，除帮扶大方县外，恒大又承担了毕节市其他6县3区的帮扶工作，计划再无偿投入80亿元实施整市帮扶。从恒大集团系统内选调的321名常驻县乡的各级领导干部、1500名驻村的扶贫队员已增派到位，与大方县原有的287人扶贫团队会师，组成2108人的恒大扶贫铁军决战乌蒙山区，确保到2020年实现毕节市超过100万贫困人口全部稳定脱贫。

2017年4月14日，贵州省织金县县长潘发勇等领导莅临恒大座谈交流党建工作，潘县长感慨地说，恒大帮扶大方县带去的不仅仅是资金和人才，更重要的是精神和作风，一种扎实干事艰苦奋斗的精神，一种雷厉风行办事高效的作风，对当地的基层干部是一种巨大的思想冲击，当地干部群众脱贫致富理念的转变，带来了大方县天翻地覆的变化。织金县是大方县的近邻，恒大人帮助大方县脱贫的义举不仅深深地感动着他们，也深深地影响并促进他们转变观念，确保织金县到2020年全面实现党中央打赢脱贫攻坚战的总体目标，已成为织金县干部群众的首要任务。

2017年10月30日，政协第十二届全国委员会常务委员会第二十三次会议在北京召开，全国政协常委，恒大集团董事局主席、党委书记许家印表示，要致富思源、富而思进，积极承担社会责任，多做慈善公益，积极投身脱贫攻坚战。未来恒大集团还将继续复制、推广帮扶大方县的经验和做法，抓住精准扶贫的“牛鼻子”——产业扶贫、易地搬迁扶贫和就业扶贫，扎实推进毕节整市的帮扶工作。

2018年8月28日，《福布斯》第十二次发布中国慈善榜，上榜的100位企业家现金捐赠总额为173.1亿元，与去年的103.8亿元相比，大幅上涨66%，为近6年来最高值。也是继2011年、2017年之后，第三次突破100亿元。今年的慈善榜中捐赠过亿元的企业家有42位，捐赠总额高达153.5亿元，他们的捐赠金额占到总额的88.7%。许家印以42.1亿元雄踞榜首，一人的捐赠金额就占到榜单总额的1/4。

许家印曾在多个场合强调，企业一方面要做好自身的经营、管理和发展，多解决就业、多缴税、多创造社会财富；另一方面要饮水思源、回报社会，积极承担社会责任，投身慈善公益和脱贫攻坚。“恒大的一切，都是党给的、国家给的、社会给的，我们应该去承担社会责任，我们应该回报社会，我们必须回报社会。”

恒大集团以自己的市场优势、资本优势、技术优势和管理优势，践行“企业在发展中，只有自觉承担社会责任，才能实现经济和社会效益的双赢”的“恒大”社会责任，在贵州省脱贫攻坚战略行动展现风采。在各级党委政府的领导下，在当地群众的共同努力下，恒大集团亦有信心、有决心帮助毕节打赢这场脱贫攻坚战，为实现习近平总书记提出的“确保到2020年所有贫困地区和贫困人口一道迈入全面小康社会”的目标贡献力量。

第十章

中国恒大之未来——超级航母在广袤商海驰骋

崇高的理想、坚定的价值观和一往无前的执行力，是恒大不断超越、追求卓越的基石。恒大人明白：唯有继续高瞻远瞩、脚踏实地，才能成就百年老店、基业长青。恒大人同样深信：我们的一切努力，最终都能从市场中获得公平的回报，赋予投资者、员工和社会最为满意的回馈。过去、现在和未来，正是所有同道中人的信任与支持，给了恒大在这激越年代里大步前行的勇气。雄关漫道，携手同跃。

——许家印

第一节　三轮战投
——引入1300亿元资本换血

2017年11月6日，中国恒大发布《对恒大地产进一步增资》公告，公告显示，中国恒大附属子公司凯隆置业及恒大地产与第三轮增资的投资者于2017年11月6日订立了第三轮增资协议，第三轮投资者将以增资前3651.9亿元的定价向恒大地产增资600亿元，由苏宁集团、山东高速、深圳正威、四川鼎祥等共同完成，共占到恒大地产经扩大股权约14.11%。

至此，恒大地产完成三轮战投的引入，投资者合计增资1300亿元，获得了36.54%的股份，凯隆置业的持股比例降低至63.46%。而恒大地产第三轮战投引入颇具看点：一是估值进一步提高；二是业绩承诺进一步提升；三是战略投资者来头不小。

1.恒大地产估值超4200亿元

2017年1月和6月，恒大先后引进了305亿元和395亿元战略投资，加上此次引进的600亿元，三轮合计引入1300亿元战略投资，完成了国内房企史上最大规模的股权融资。正如恒大总裁夏海钧在中期业绩会所说，恒大地产第三轮估值会比之前高。按照3651.9亿元的增资前估值，600亿元战投到位后，恒大地产的估值高达4252.3亿元。

对比一下，万科总市值2980亿元，碧桂园总市值2160亿元，中国恒大的市值为3152亿元，中国海外发展总市值2308亿元，长和总市值3218亿元。恒大地产此轮投后估值放在A股，可排在第12位，略低于交通银行，高于中国神华，在深市中可排在第一位。

2.恒大承诺进一步提升业绩

根据第三轮增资协议，凯隆置业、恒大地产承诺，恒大地产2018—2020年的扣非后净利润分别不低于500亿元、550亿元、600亿元，合计达到1650亿元。对比前两轮，这一承诺有所提高。在前两轮的有关协议中，恒大地产2017—2019年扣非后净利润分别不低于243亿元、308亿元、337亿元，合计达到888亿元。第三轮的承诺期延伸至2020年，承诺的净利润金额大幅提高。

与此同时，恒大对前两轮增资协议中的承诺净利润进行了修订，将各年度的承诺金额与第三轮保持一致。

中国恒大在公告中表示，三轮增资的完成体现了投资者对恒大地产前景的信心。公告显示，恒大地产2018—2020年的预期合约销售金额分别为5000亿元、5800亿元、6200亿元，而事实上恒大2017年即完成了销售金额突破5000亿元的目标，年报的发布给投资者吃下了定心丸。

3.众多战略投资者蜂拥而至

恒大地产第三轮战投共有6家，分别是山东高速、苏宁集团、深圳正威、嘉寓、广州逸合、四川鼎祥。深圳正威和苏宁集团均为世界500强企业，山东高速则是特大型国有企业集团。苏宁集团、深圳正威等为新面孔，山东高速、嘉寓之前就已参与增资，此次分别追加200亿元、50亿元。

具体来看，在第三轮出资中，山东高速旗下公司将出资200亿元，连同第一轮增资共计出资230亿元，占恒大地产增资后5.67%的股份。深圳正威、广州逸合、四川鼎祥各出资50亿元，均占投后1.18%的股份。嘉寓追加50亿元，连同第二轮增资共计出资70亿元，占投后1.82%的股份。苏宁集团的全资子公司南京润恒企业管理有限公司出资200亿元，占投后4.7%股份。第三轮增资协议还约定，若恒大地产与深深房的重组上市协议未能在2021年1月31日之前完成，战略投资者将有权利要求凯隆置业以原有投资成本回购所持股权，或者由凯隆置业无偿向战略投资者转让部分恒大地产股份。

恒大一年内三次战略引资并赎回全部永续债，“一加一减”优化资本结构，大幅降低净负债率，有助恒大全身心投入经营创造更多利润。

在“加法”方面，战略引资大大改善资本结构，对恒大发展既是动力也是压力。一方面，2017年通过三轮增资成功引入1300亿元战略投资，净负债率大降六成左右，资金成本和财务费用将持续下降，加速恒大“规模+效益”战略的实施；另一方面，恒大对战略投资者做出了利润承诺，倒逼恒大为股东创造更多利润。

在“减法”方面，赎回全部永续债后，恒大释放了更多利润空间，同时有助于消除投资者顾虑。截至2017年6月30日，恒大已全部赎回1129亿元的永续债，早于承诺时间完成。永续债融资高效便捷，能避免股权合作方之间过多的牵制，是近几年恒大规模扩张的撒手锏。凡事皆有两面性，巨额永续债侵蚀了大量利润，摊薄了股东利润，如2016年永续债占用的利润为106.5亿元，占当年净利润的60.4%。目前恒大已经完成规模赶超阶段，永续债也就到了功成身退之时。

在这一系列举措之下，投资者重新认识了恒大，并给予价值重估，该公司股价较2017年年初上涨了400%。

4.恒大利润目标达成可期

2017年恒大的毛利率和核心净利率分别达到了36.1%和13%，均创历史最佳水平。国际投行分析师认为，这两项核心数据未来还有进一步上涨的空间。而截至年底，恒大已售未结转的销售金额约5000亿元，以上述核心净利率估算，恒大目前已经提前锁定650亿元核心净利润。

换言之，2018年刚开年，恒大1650亿元的利润承诺已完成超过1/3。按照恒大引入战略投资三年累计实现净利润1650亿元的业绩承诺，现在已提前锁定巨额利润，意味着恒大三年内只需完成1000亿元的利润任务。

在投行分析师看来，按现在的发展速度完成三年利润目标几无悬念，市场更多聚焦于恒大可以超额完成多少。按13%的利率计算，1000亿元利润对应的是7700亿元的销售额。即便按照20%的增长率保守估算，2018—2020年恒大预计可实现的销售金额将分别达到6000亿元、7200亿元、8640亿元。只需两年，恒大即可锁定上述利润承诺。

2009年上市以来，恒大连续多年坚持派息，一直是港股股息率最高的内地房地产企业，一直保持着50%左右的分红派息率。发布会当天夏海钧也表示："公司的派息是稳定增长的。我们会拿出盈利50%来派息。"这也许仅仅是开始，许家印在2017年年初的内部讲话中曾提到，恒大核心业务利润率要以每年2%~3%的增速提升，并且要连续保持两到三年。不断增大利润蛋糕，对恒大投资者而言显然是喜闻乐见。2018年业绩会上，许家印给恒大描绘的"新蓝图"是——到2020年年底，恒大总资产将达3万亿元、年销售规模8000亿元、年利税1500亿元且负债率下降到同行中低水平，成为世界百强企业。可以想象，若恒大的盈利能力进一步提升，其利润规模显然将有更大的拓展空间。

第二节　连横合纵
——强强联手，聚焦未来

在许家印的主导下，苏宁集团豪掷200亿元战略入股中国恒大，将这两个世界500强企业共同推到了聚光灯下。在本轮增资中，苏宁控股集团旗下苏宁电器集团有限公司的全资附属公司南京润恒将出资200亿元，取得恒大增资完成后约4.7%的股权。

国家企业信用信息公示系统显示，苏宁电器集团有限公司于1999年11月24日成立，注册资本17.14亿元。该公司是苏宁控股对外投资的主要平台，苏宁足球俱乐部、苏宁保险、苏宁云商的控股股东中均有其身影。

恒大集团董事局主席许家印此前于2017年9月20日，携众高管到访苏宁集团总部，被视作这一深度合作的“前哨”。虽然广州恒大与江苏苏宁这两支球队在中超赛场上针尖对麦芒，但这两支球队背后的老板相处得却是相当的融洽。

图10-1　许家印（右二）与张近东（右四）相谈甚欢

恒大是集地产、旅游、健康为一体的世界500强企业，年销售规模超过了5000亿元，苏宁则是民营企业的领军者，已发展起商业、文创、地产、金融、体育、投资6大业务板块，年营业收入达到4100亿元。现如今前者已坐上中国房地产企业头把交椅，后者也于2017年入选了世界500强企业排行榜，两大领域的巨头强强联合，势必会对中国的商界产生不小的影响。

200亿元对苏宁意味着什么？许家印拿什么打动张近东呢？要知道200亿元对于苏宁来说，可不是一个小数目！截至2016年年末，苏宁电器账面现金及现金等价物余额为179亿元。2017年1~9月增加了13.1亿元，也只有190多亿元。另外，此次战略投资，苏宁出资200亿元仅能换取4.7%的股权，而第一轮305亿元即可换取13.16%的股权，不到一年时间价格接近于翻了一倍，所以此次苏宁方面还能坚持拿出200亿元与恒大合作，无疑是下了很大的决心。

对于此次强强联合，张近东表示合作是以资本和业务为纽带，基于为消费者提供更好的产品和服务等方面，并希望双方能把各自领域内的优势资源联合起来，实现双赢局面。

在整个中国的互联网进入“下半场”的背景下，线下线上融合的全渠道智慧零售运营已经成为行业发展趋势。苏宁2017年半年报显示，目前苏宁在全国297个城市拥有连锁店面1489家，苏宁易购服务站直营店2079家，苏宁小店13家，加上海外市场，合计拥有自营店面3645家，但这远远不能满足张近东的胃口。一直占据线下先机的苏宁，开始在进一步巩固线下优势的同时，发展互联网门店，并提出“大店更大、小店更近”的发展策略，尤其是承载了“新零售”这一风口概念的苏宁小店。

所谓大店即为云店，是商品的体验中心，小店即为社区店，也就是便利店，是商品的购买中心。苏宁希望在全国核心商圈，把云店改造成苏宁生活广场，将其升级为新型数字化购物中心；在社区邻里，苏宁则想通过对传统便利店进行升级和覆盖，让苏宁小店成为维系苏宁和用户的邻里关系与社交关系的重要纽带。希望为顾客提供“更近距离的物流售后服务”“更加便利的生鲜产品服务”“金融服务和其他生活服务等多种增值服务”。通过打破常规的商品售卖方式，苏宁想要融合更多场景，给消费者带来全新的体验和服务，为消费者打造“品质生活体验基地”。

众所周知，以往苏宁电器“吃亏”之处在“低频”服务难以培养“自有流量”。按张近东的设想，苏宁小店将成为“对消费者服务最后100米的平台”。数量庞大、抵近社区的小店可以建立并维系着苏宁与消费者之间的“邻里关系”。2018年苏宁计划在全国新增布局5000家不同业态的互联网门店，通过租、建、购、并多种形式并举的方式，快速拓展与获取符合其经营需求的商业物业。张近东表示，仅靠苏宁自己的力量，用传统的租赁方式，尚未形成较大规模的标准化复制，很难快速完成拓展目标，选址、租房几乎是不可能完成的任务。但如果和大型地产商合作那就不一样了。

而恒大作为全国领先的大型房地产企业，在全国范围内有大量的住宅用地和商业用地，可以满足苏宁各种场景需求，降低物业成本，是苏宁的最佳选择。截至2017年年底，恒大在售项目达800多个，分布于260个城市。更重要的是，恒大土地储备达3.12亿平方米，30万平方米左右的社区可以建超1000个。与恒大结盟相当于一举落实近2000个“小店”的选址。正是基于上述合作背景，双方的合作能对苏宁的O2O全渠道经营提供有力帮助，降低其物业成本，提升其经营效率和用户体验，加快苏宁O2O战略的执行和落地。所以，苏宁肯定要从源头、标准开始，要和恒大等全国领先的大型房地产企业以及地方龙头房地产企业合作，相互借力。苏宁和恒大的合作，双方希望能够把各自社会优势资源和能力结合起来，产生聚合能量。未来双方可以在智慧门店上建立深度合作，恒大输出线下门店资源，苏宁输出门店运营与管理能力，强强联合，无疑会是“1+1＞2”的合作。

而这样的异业合作，可以带来品牌共享、资本共享和资源上的共享以及客户群体上的共享，达到双赢的效果。

再度引战，是恒大遵循“三低一高”的发展模式，进一步降低负债率的要求。2017年年初，恒大大张旗鼓提出内部转型，要实现从规模扩张型向利润增长型的转变。此后，恒大通过赎回永续债、引入战略投资等多项资本运作，已初步实现阶段性目标。2017年以来，恒大已经第三次引入战略投资者。对于许家印来说，现在正处于转型的关键时期，降低恒大的资产负债率也成为当前最重要的问题。而恒大也在此前宣布过“下半年计划引入第三轮战略投资300亿~500亿元”，苏宁就在这个关键的时刻递上了关键的一张支票。这200亿元对恒大的重要性就不言而喻了，而且用4.7%的股份就换回来了这么互补的一个盟友，也是物超所值。

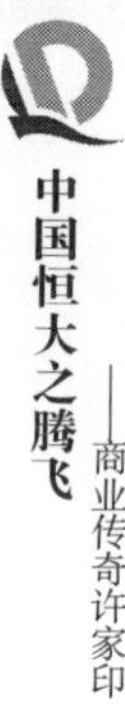

第三节 百尺竿头
——打造新规划新蓝图

在业绩发布会上，许家印提出了到2020年“新恒大”的发展目标，从总资产、销售规模、利税、负债率和500强名次等五个方面，全面提升了恒大未来发展高度。恒大的自信源于2017年的实践，以“增效降负”为目标的两大模式（“规模+效益型”的发展模式和“三低一高”的经营模式）已开始实施，效果出乎市场预料，仅一年恒大就从“规模王”跃升为“利润王”。

1.现金和土地储备提供保障

在不断降低负债的同时，恒大仍然将现金视为企业抵抗风险、捕捉机会的重要砝码。数据显示，截至2017年年末，恒大的可动用的现金达到人民币2877亿元，在宏观调控收紧、企业短期资金偿还压力普遍增大的情况下，这可以保证恒大经营的良性循环，并支持其寻找市场机会。与竞争者相比，“现金为王”让恒大在市场并购上更为灵活。

恒大强大的土地储备也是巨大的优势之一。截至2017年期末，恒大土地储备达到3.12亿平方米，相比去年同期增长了36.2%，而平均土地储备成本仅1711元/米^2。而2018年上半年年报显示，恒大土地储备达3.05亿平方米，平均土地储备成本再度降低为1683元/米^2，为龙头房企最低。据世邦魏理仕评估，土地值已达10386亿元，其中一、二线城市占比达69%。年报发布会上，恒大总裁夏海钧表示，“公司2017年新增土地面积大部分是由并购小企业得来的”。据透露，恒大50%左右的新增土地储备源于二手并购，克而瑞统计显示，2015年下半年，恒大以超过600亿元的总价先后收购了中渝置地、华人置业、信和置业旗下的重庆和成都物业、香港万通大厦及新世界内地物业。此外，恒大于2016年继续收购了盛和四大顶级项目和成都锦江区地块，加上即将开盘及正在建设中的深圳旧改项目，恒大可销售面积持续增加，深圳土地未来将为恒大带来高达约4000亿元的货值。

如今，恒大土地储备达到3.05亿平方米，居上市房企土地储备榜首位。以恒大每年销售5000亿平方米土地储备计算，3.05亿平方米土地储备能够满足恒大未来5年的发展。恒大未来每年销售面积在4000万~5000万平方米，而每年将新增2000~3000平方米。据此计算，到2020年，恒大土地储备规模将高于2亿平方米，土地储备仍将处于行业较高水平。此外恒大还有大量未纳入土地储备的旧改等项目，总规划建筑面积高达7285万平方米，合计提供约5万亿元的可售货值。若维持6000亿元年销售额，足以支持未来8年的销售，若年销售额增长至8000亿元，也足以支持未来6年的销售。以2018年上半年17.7%的净利率估算，5万亿元的可售货值有望在未来数年带来超过8800亿元的净利润。由此可见，庞大的低成本优质土地储备将为恒大业绩持续高增长提供强有力保证。

未来恒大将保持审慎的新增土地策略，夏海钧在2018年上半年业绩发布会上表示“恒大土地储备未来目标主要是覆盖中国一、二线城市和发达三线城市，四线我们不打算去。”在恒大看来，一、二线城市是未来中国房地产发展最好的地方。这首先是因为土地供应不足，例如在北京、上海，供求不足造成这些地方资源稀缺；此外，因为核心城市政府限购限贷，一线城市目前看来没有反映市场的真实需求。除了一线城市以外的二线城市部分存在限购政策，发展前景也是较好。同时经济发达的三线城市，包括围绕着一线城市卫星城、高铁、公路的地方也不错，因为有经济发展、人口迁移。目前国内城镇化率58%，预计和西方的80%还有差距。每年城镇化带来1300万人口进城，主要集中在一、二线城市和三线发达城市。这些城市随着交通的完善，升值空间大、变现速度快，并且受政策调控的影响较小，即便5年内不买地，也可以保证未来几千亿元的销售规模。

更为重要的一点是，恒大在健康、文旅等多元化产业方面发展多年，产业基础相对好，选址在热点城市圈辐射范围内的周边城市，土地成本相对低，这有助于其降低投资成本，如果产品后续运营成功，预计恒大还会有继续加大规模扩张的可能。

2.实现五大目标

（1）总资产达到3万亿元

“恒大的成功转型，一定能为中国的经济发展做出一定贡献。”许家印在2018年年度会议中这样说道。据了解，到2020年，许家印给恒大内部的奋斗目标是，地产、健康、文化旅游等产业总资产超3万亿元。

要实现3万亿元总资产的目标，意味着恒大需要在两年半的时间里再造一个恒大，坚持效益优先，不再追求规模第一的恒大底气何来？事实上根据这一目标，恒大早已开始布局做好准备。庞大的低成本优质土地储备为销售的强劲增长提供有力保证，加上一系列全面提升增长质量的举措，有望推动恒大利润实现持续高增长。坚持效益增长放在第一位，为保持规模稳定增长，大量优质的土地储备为恒大业绩的增长保驾护航。

房地产作为资金密集型的企业，资金为房企发展的生命线。市场普遍认为，房地产市场分化加剧，强者愈强的“马太效应”进一步凸显，未来房地产行业集中度将进一步提升，这也是恒大业绩持续增长的信心所在。财务表现更为健康、资金更为宽裕的企业，将占据市场更多的份额。“恒大在剥离部分非核心业务后，利润率有望进一步提高，加之其庞大的土地储备和现金优势，恒大完成3年1650亿元的利润承诺已是大概率事件。”业内分析师表示。

恒大2013—2017年的总资产复合增长率为50%，且近两年的增速分别达到78.4%和30.4%。2018年上半年，恒大总资产17699亿元，净资产3245亿元，按照目前的增长趋势，2020年总资产达到3万亿元没有问题。据测算，恒大总资产只需保持19%的复合增长率即可实现目标，远低于公司过去十年58%

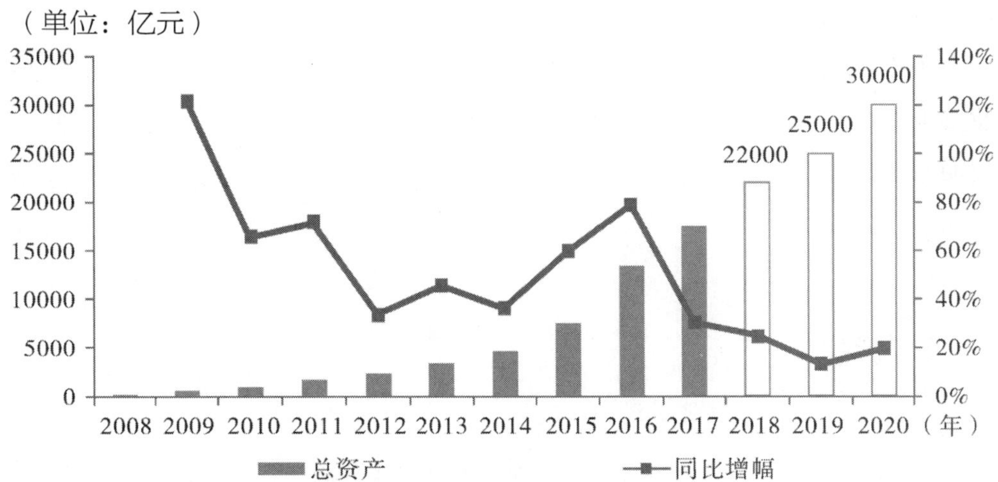

图10-2 中国恒大总资产预测

的复合增长率。按此幅度计算，恒大2020年的目标预计可以超额实现。

（2）销售规模8000亿元

恒大2013—2017年销售金额的复合增长率为49.5%，且按恒大目前土地储备的总量，已经足够满足未来数年的开发需求，因此到2020年销售规模达到8000亿元几乎没有悬念。数据显示，2018年1~2月，恒大累计实现销售额1125亿元，其中1月份录得的合约销售金额为643.6亿元，是恒大最好的单月业绩。前两个月的销售金额同比增长64%；累计销售面积1110.2万平方米，同比上涨48%；市场需求旺盛，销售均价也有一定程度上涨。2018年8月28日，中国恒大发布2018年上半年业绩，恒大共实现销售额3041.8亿元，同比增长24.6%，已达全年5500亿元销售目标的55%；实现营业额3003.5亿元，同比增长59.8%。

若按早前恒大提出的2018年销售额达5500亿元目标计，其仅用了两个月的时间就已完成了年度目标的20%，半年完成了销售目标的55%。恒大在发布会透露，下半年可售货量约7000亿元，只需要销售50%就可以实现3500亿元。这意味着恒大今年销售额突破6000亿元几无悬念，预计其2019年营业收入将达6000亿元左右。在之前的研报中，美银美林亦预期恒大2018年的合约销售可同比增长逾20%，即超过6000亿元，均意味着该公司2019—2020年销

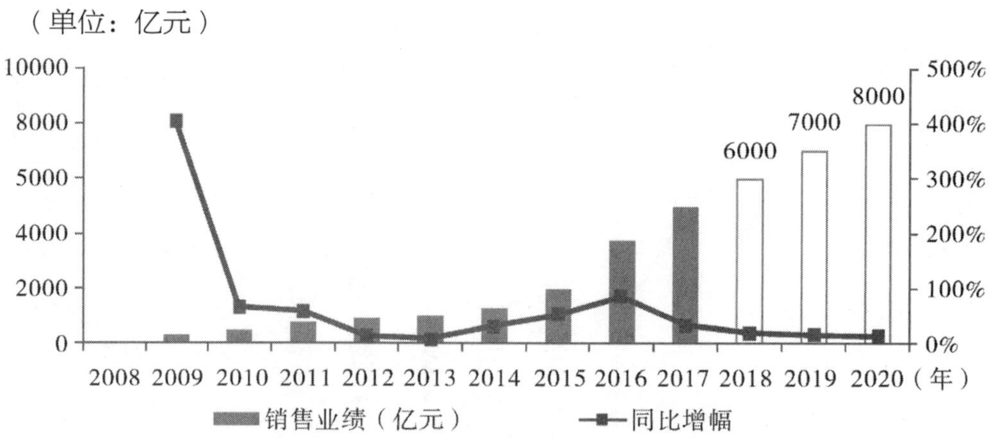

图10-3 中国恒大销售业绩预测

售只需实现年均15%的增长，便可轻松实现8000亿元目标，整体难度不大。

（3）利税1500亿元

美银美林上调了恒大2018—2019年盈利预测8%及20%，看好恒大的盈利增长前景。

按照1500亿元利税计算，预计恒大2020年将实现净利润800亿元左右。以恒大2017年13%的核心业务利润率计算，相当于恒大在2019年只要实现6153亿元的销售额，按照恒大近年来的销售势头，目标达成难度不大，即可完成利润目标（假设在2020年全部结算）。而2018年上半年年报显示，恒大利润指标均创历史新高，核心利润550.1亿元，同比大增101.5%，净利润530亿元，同比大增129.3%，若以上半年17.7%的净利率估算，2019年有望实现净利润1062亿元。更令投资者兴奋的是，从市值角度来看，据国际投行分析师测算，按照目前港股前20大上市房企平均动态PE约13倍计算，按2017年405.1亿元的核心业务利润估算，恒大市值将达6526亿港元；按2020年恒大净利润达到800亿元的话，届时恒大市值将超过12000亿港元。目前恒大市值3800亿港元，按照盈利测算市盈率仅为5.35。考虑到恒大将成为首家年利润超千亿元的房企，若按照港股前十大上市房企平均市盈率约8倍计算，恒大市值将超9200亿港元，对应股价71港元，市值拥有巨大的上涨空间。此外，以最新收盘价29.2港元计算，恒大分红回报率将达9.1%左右，潜在可分红能力强。

（4）负债率下降到同行中低水平

2017年恒大成功引入1300亿元战略投资，并在两个月内迅速还清1129亿元永续债，加上其盈利能力的提升，推动净资产大增204%至2422亿元，净负债率大降六成，资产负债率则降低至71.1%。增效降负立竿见影，让恒大管理层看到了更多的可能，也成为恒大新战略的基础。从2017年开始，恒大已经制定了明确的降负债目标和举措，到2019年资产负债率将降至55%。2018年上半年，恒大净资产大增34%至3245亿元，有息借款大幅下降615亿元，"一增一降"推动净负债率下降至127.3%，较去年同期大幅下降近五成，较去年年末下降超三成。而近年行业平均资产负债率维持在70%左右，基于恒大明确的降负债目标和举措，可见到2020年恒大资产负债率将远低于行业平均水平，该目标基本可实现。有国际投行分析师认为，随着恒大坚定推行"三低一高"的经营模式，其制定的降负债率目标极有可能提前完成。恒大的降负债决心获得大行看好，国际评级机构穆迪上调恒大债券评级，评级展望为"稳定"。瑞信在最新研报中认为恒大负债率改善明显，2018年进一步下降。

（5）进入世界100强

恒大对于未来在世界范围的综合实力和影响力提升至全新的高度信心满满。2017年，恒大已经跻身《财富》2017世界500强第338位。2018年7月19日，恒大以460.19亿美元的营业收入位列230名，较2017年大幅上升108位，较2016年更是飙升266位。恒大已成为世界500强历史上排名提升最快的企业之一，通过销售不断攀升将推动其营收再创新高，预计今后其排名将继续不断提升，2020年最终跻身世界500强前100的希望很大。

由于房地产行业的预售制特性，房企的销售业绩大部分会在次年才结算成营业收入，因此恒大在世界500强的排名其实是略有滞后性的。鉴于2017年恒大全年销售额突破5000亿元，后期若按照20%的复合增长率测算，2020年大概率会突破7000亿元，约1117亿美元，考虑到2018年榜单百强的门槛是764.5亿美元（约5000亿元），届时进入世界百强是大概率事件。考虑到恒大业务涵盖房地产、健康和文化旅游，未来将延伸至高科技产业，并已完成由

“房地产业”向“房地产+服务业”的转型，多产业协同发展将持续快速增长。如果按照净利润排名，恒大以36.1亿美元位列世界500强第153位，这足以说明恒大的真正实力被低估。2019—2020年的世界500强榜单，恒大的排名绝对值得期待。

3.投行集体唱多恒大

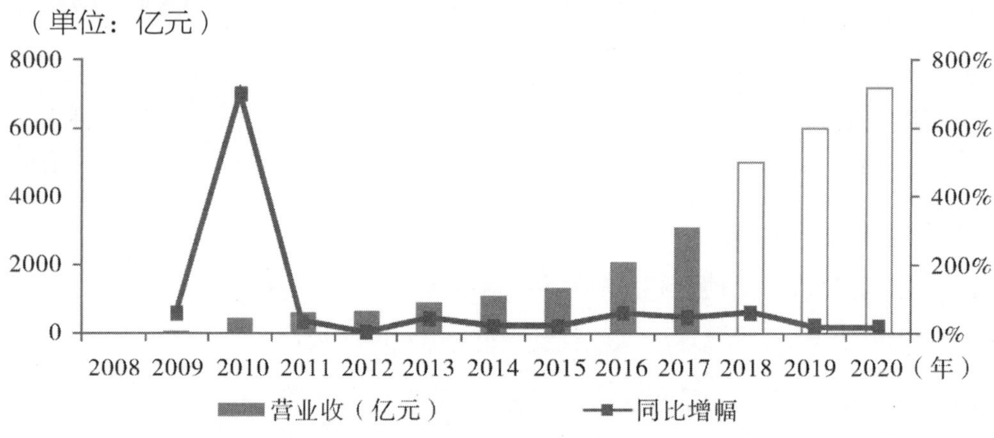

图10-4　中国恒大营业收入预测

对于恒大的新变化，资本市场显然最为敏感。事实上，就在恒大发布盈利预告后，恒大靓丽的业绩远超投资者预期，包括花旗、星展、瑞信在内的国际投行齐发研报，予以“买入”及“跑赢大市”等正面评级，并集体调高其目标价，最高至40.8港元/股。

美银美林上调恒大评级至“买入”，目标价33港元/股，其报告表示，恒大的基本面良好，盈利增长及资产负债表不断改善都是主要的正面因素。瑞信则发表研究报告指，恒大核心盈利符合该行及市场预期，恒大2017年毛利率36.1%远超预期，管理层由看重销售规模转为看重盈利及毛利率，相信公司改善营运效益可积极带动盈利，因此将评级上调至“优于大市”。瑞信进一步指，恒大销售资源充足，以及销售执行能力强，将支持销售持续增长，并将进一步降低净负债率。其认为，恒大2018年继续去杠杆，为此维持“跑赢大市”评级。

花旗最新发布的研究报告指出，恒大“规模+盈利”的战略转型卓有成效，在维持规模扩张的前提下，盈利加速提升，成功实现高质量增长。花旗研报表示：“恒大的新蓝图，是建基于过往的业绩支撑，以及强大的执行力，我们认为实现的可能性非常高。”同时，花旗认为在维持高利润水平，同时多元业务的贡献日益显现的前提下，预期未来三年恒大的利润复合增长达到29%。基于这一预测，花旗认为目前恒大的估值非常有吸引力，因此维持恒大买入评级，并上调目标价至40.8元。

星展最新研报则表示，恒大战略转型专注于盈利能力，毛利好于预期。而销售额持续增长、去杠杆化以及回A等将是今年股价驱动的关键因素，维持“买入”评级。“恒大的目标是未来几年内实现业内最高的利润，如按照每年15%的复合年增长，我们认为其完成目标的可能性非常大。”

第四节　走向深蓝
——超级航母再起航

2017年是恒大集团第七个“三年计划”的收官之年，是恒大战略转型的丰收之年，也是为2018—2020年的第八个“三年计划”奠定基础的一年。是恒大集团由“三高一低”向“三低一高”转型后的第一年，也是恒大地产由“规模型”发展模式向“规模+效益型”发展模式开始转变的第一年。

恒大多元化的发展，经过多年的探索、调研和投入实践，已经形成以民生地产为基础，文旅、健康为两翼，高科技产业为龙头的发展格局。房地产就是恒大最大的基础，只有这个根基牢固了，才能保证向上发展的速度和稳健度。所以说，夯实房地产基础，是其他三大产业多元发展的基础。

尽管目前房地产市场的供应量非常大，人均居住面积也已经不小了，但中国是13亿多人口的国家，住房的总需求量还是很大，今后几年这个需求量也不会有明显地减少。这是因为中国的城镇化建设以及农村人口城市化，都会形成庞大的需求。未来两到三年，总的成交量还会继续增加。恒大2016年销售额尽管已经达到3700多亿元，但在整个市场中的占比也仅约3%，占比并不高，增长的空间还很大。房地产业对恒大来说永远是朝阳产业，因此要进一步地做大做强房地产业，坚定不移地夯实基础，奠定好多元化发展的基础。

土地合理的涨幅、楼价均衡的控制，政府出台的措施，在这样的形势下，恒大2016年销售额仍然是全中国第一，也是全世界第一，同时拥有最大的城市覆盖面积，最大的土地储备，合理的成本。因而许家印在2018年年度工作会议上强调：“党的十九大报告提出我国经济已转向高质量发展阶段，我们的战略决策顺应了新时代的新要求。通过大家一年的努力，我们的总资产大增、净资产大增、利润大增、负债率大降，实现了高质量增长，完成了战略转型，这就是战略决策成功带来的显著成果。”恒大理性面对当前中国房地产市场的风险，选择“高销低储”或“快销慢储”的策略，意味着恒大公司已经站在龙头企业的高度追求“不败”之完胜。

从“三高一低”向“三低一高”的转变是恒大最为重视，也最下功夫的转型。2017年上半年，恒大提前完成了共计1129亿元的永续债赎回工作，既是恒大降低负债的决心，也是其转变迈出的第一步。

接下来恒大要走的“第二步”“第三步”还有很多，就像负债不是一天堆积而成的，恒大的“减负”工作也只能循序渐进。为此，恒大准备在2017年7月至2020年6月，将土地储备总量控制在每年负增长5%~10%；力争在2020年6月30日将净负债率降至70%左右。

从“规模型”发展战略向“规模+效应型”发展战略的转变，就为降低负债指明了具体的操作方向：一方面，适度降低土地储备规模以减少土地款支出，以审慎、务实的策略在必要地区补充优质土地储备；另一方面，通过收购兼并、合作开发等项目获取方式为下阶段拓展项目。

恒大的转型不仅仅停留于房地产，许家印要求，恒大文化旅游、健康、高科技三大新产业的发展必须坚守“稳健第一，发展第二”的原则。新产业的发展过程中，大大小小决策都必须以稳健为主，确保没有任何风险的情况下，才能做大量的投入。现在三大产业的管理架构、组织架构都已经非常清晰，各项制度也非常完善，那么在每个产业的经营过程中，稳健都是第一位，发展是第二位，这是最基本的原则。

与之配套的是，恒大集团“要在每一个环节上打造精品，向精品要效益”。根据许家印的讲话，目前，集团的整个经营目标与考核机制都已围绕此做了调整，包括四大产业集团总部领导按照季度进行浮动工资和奖金的奖罚；地产集团各地区公司全员浮动工资、奖金与利润挂钩；将地区公司划分为特大型公司、大型公司和中型公司三个级别，让同等级别的公司相互比拼等等。

在行业集中度越来越高、企业间分化越来越明显的情况下，“强者恒

强，弱者更弱”成必然趋势。克而瑞信息集团的数据也显示，2012年全国TOP10房企销售额占全国商品销售总额的12.76%，2017年已大幅提高至24.1%，强者恒强愈发明显。那么，究竟如何才能成为真正的强者、可持续的强者？这是摆在诸多品牌企业尤其是龙头企业面前的现实问题。

“这就需要相关企业在不断自我变革的过程中具备强大的市场竞争优势，没有竞争优势的企业未来难以长远立足，要么生存下去越来越难，要么被其他大型企业并购。这也是近年来不少中小规模企业陆续被恒大集团等收购的原因所在。”洪文平分析称，就恒大集团而言，近年来之所以能够实现高质量增长，与其目前具备的强大市场竞争优势密切相关。具体表现在产品品质、成本控制能力、产品线、快速开发能力等多个方面。

产品品质竞争优势方面，恒大集团始终以“质量树品牌”为企业宗旨，严格执行精品战略，是全国唯一一家实施无理由退房的企业，高品质高性价比的产品广泛赢得购房者追捧。

成本控制能力方面，恒大集团在买地、设计、招标、销售等多环节严格实施标准化管理，从源头上控制成本，在市场低迷的时候确保成本低于行业水平，保持着强大的竞争力。

产品线方面，恒大集团结合住房消费市场实际设置产品线比例，中端及中高端产品占比85%，高端及旅游度假产品占比15%，定位刚性需求，市场巨大。

快速开发能力方面，恒大集团一直坚持着标准化运营、强大的执行力，确保项目拿地后4~6个月即可开盘，实现高周转。同时与超过800家国内外品牌企业建立战略结盟，确保装修品质，是为数不多的能够大规模建设，且全部精装交楼的企业，同时与全国知名家居企业合作，实现业主购房拎包入住。

在这一系列的市场竞争优势支撑下，根据恒大集团此前发布的公告，预期2018—2020年净利润分别约为500亿元、550亿元、600亿元，三年合计1650亿元，远超其2017年公布的2017—2019年三年888亿元的利润承诺。国际投行认为，恒大增效降杠杆效果显著，利润目标相对保守，大概率超额完成。从“规模王”到成功蜕变“利润王”，再到“新恒大”的远景目标的制定，恒大已经实现了自我超越，实现了行业中全面领先。

在过去22年发展中，许家印和恒大集团，在收获了规模效应的同时，也面临不少挑战。恒大在创造高价值的品牌效应——无论是产品还是服务方面，都还有进步空间。当然，差异化不是恒大的既定方针，但在追求利润最大的同时，如何追求最佳价值，赋予恒大一些更精细、更沉潜的气质，对其长远发展只有好处。

图10-5　许家印在业绩发布会上

2017年12月18日举行的中共中央经济工作会议，对房地产发展的政策做了决定，提出加快建立多主体供应、多渠道保障、租购并举的住房制度。要发展住房租赁市场特别是长期租赁，保护租赁利益相关方合法权益，支持专业化、机构化住房租赁企业发展。完善促进房地产市场平稳健康发展的长效机制，保持房地产市场调控政策连续性和稳定性，分清中央和地方事权，实行差别化调控。财政部部长肖捷发表在《人民日报》的文章提到了“房产税”，在网上引起热议。未来，这些变化将如何影响恒大的房地产发展战略？恒大如何从单纯的房地产销售型向多主体供应、多渠道保障、租购并举的住房供应战略转型？这都是值得许家印和恒大人深思的问题。受房地产调控持续加码以及信贷紧缩影响，房地产市场持续低迷，部分房企陷入经营困境。而恒大再次实现业绩大幅飞跃，缘于其前瞻性的战略决策。

值得注意的是，在许家印2018年年初所规划的“新战略”里，还有另一项重要内容，即在产业布局上，恒大积极探索高科技产业，逐渐形成以民生地产为基础，文化旅游、健康养生为两翼，以高科技产业为龙头的产业格局。随着地产主业利润持续高增长，为恒大布局高科技产业提供了强劲的资本支持。

2018年4月，恒大与中科院签署全面合作协议，恒大计划未来十年投入1000亿元，即每年投入100亿元，与中科院共同拓展生命科学、航空航天、人工智能、新能源等重点领域。

作为恒大在高科技产业的另一大布局，2018年6月，恒大入主美国新能源汽车公司法拉第未来，正式进军电动汽车市场，首款高端电动汽车FF91已完成首辆预量产车。

党的十九大报告强调，要积极推进科技强国建设。业内人士表示，从半年业绩来看，恒大年利润超千亿元将成常态，即便每年在高科技产业投入上百亿元，也仅占其净利润约10%，强大的盈利能力足以支持高科技产业布局。可以预见的是，随着其利润高速增长，恒大将进一步加大在高科技产业的投入，为建设科技强国贡献更大力量。

恒大地产实施精品战略打造民生地产，截至2017年12月31日，已成功进驻城市286个（其中地级市223个，县级市63个），覆盖了除台湾、澳门以外的国内全部省级行政单位，累计上马新项目334个，新增土地储备约1.4万平方米。土地储备实现大幅增长，布局进一步优化，为公司稳健经营，多元发展奠定坚实基础。

恒大可谓是较早进行转型的房企之一，经历9年探索终锁定健康、文化旅游、高科技产业三大领域。在消费升级加速的客观趋势面前，恒大在上述领域深耕发力的时机已较为成熟。如许家印所言，恒大健康服务于老人，恒大旅游服务于少年儿童，恒大高科服务社会，“房地产＋健康＋旅游＋高科”也就是“房地产业＋服务老人的产业＋服务儿童的产业＋服务社会的产业”。而目前国内消费主体的变化也主要体现在年龄维度上，随着人口老龄化及二孩政策的出台，老年消费及儿童消费需求崛起不可逆转。恒大产业在按照既定规划各自成长的同时，也将发挥较强的协同效应。如恒大健康板块养生谷项目实现与恒大人寿合作，打通内部资源，布局“保险＋医养”的发展模式；旅游和健康板块将充分受益于恒大的地产开发能力，实现价值最大化。

恒大新目标是四大产业共同发展，在房地产市场平稳发展的同时，房企发展多元化的转型，也将在行业中有个新的认知。目前，我国经济进入“新常态”时期，经济增长动力转换、改革全面深化，房地产行业亦在新常态轨道中换挡前行。恒大完成多元产业布局，通过打通服务产业链，不断实现规模和价值的协同突破，为企业的未来发展再增加筹码。

笔者分析认为，在不到一年时间内，恒大就成功引入1300亿元战略投资，完成了国内房企史上最大规模的股权融资，不仅体现了一众实力投资者对恒大发展前景的认可，也体现了恒大增效益、降负债、去杠杆的决心。公告同时显示，恒大承诺2018—2020年净利润分别达到500亿元、550亿元、600亿元。三年承诺净利合计1650亿元，这不仅远超其2016年公布的2017—2019年三年888亿元的承诺利润，也创A股有史以来的最高纪录。

2017年年初，恒大集团董事局主席许家印大刀阔斧坚定实施战略转型，恒大由“规模型”发展战略向“规模＋效益型”发展战略转变，以及由高负债、高杠杆、高周转、低成本的“三高一低”发展模式向低负债、低杠杆、低成本、高周转的“三低一高”发展模式转变。分析认为，此次引战完成后将大幅增加恒大净资产，实现净负债率大幅下降，恒大以更大底气承诺1650亿利润，可见其战略转型成效明显。这也意味着这家曾经以规模扩张为特征的企业，极有可能成为行业中盈利最高的公司之一。

在成功完成逆袭，登顶成为全球领先房企后，恒大还有更大的雄心。到2020年，在许家印的带领下，恒大要实现地产、健康养生、文化旅游、高科

技产业四大产业总资产达到3万亿元，年销售额规模达到8000亿元，年利税1500亿元。强大的执行力、标准化运营模式、高标准的人才机制和紧密型集团化管理模式，是支撑其在新一轮高速增长期中成为行业领先者的关键。而恒大领先其他企业的队伍建设、制度建设、文化建设的体系，作为企业最基本、最基础和最重要的建设，为恒大再次腾飞奠定了坚实而强大的基础。“既然选择了远方，便只顾风雨兼程”，左手抓规模、右手挖利润，抵制规模扩张的诱惑，恒大沿着“规模+效益”增长的赛道上重塑自我。

2018年恒大进入第八个“三年计划”的开局之年，恒大人亦将不忘初心，砥砺前行，始终牢记“质量树品牌、诚信立伟业”的恒大宗旨，不断弘扬“艰苦创业、无私奉献、努力拼搏、开拓进取”的恒大精神，永远保持 “精心策划、狠抓落实、办事高效”的恒大作风。我们有理由相信，在充满政治智慧和商业头脑的舵手许家印的带领下，恒大这艘超级航母未来将坚定不移地夯实基础，做大、做强、做实、做精四大产业，积极承担社会责任，协同发展驱动恒大向万亿元目标稳步向前，实现恒大帝国的再次腾飞。